Penser le Parlement sous la Ve République à l'aune du droit gouvernemental

Logiques Juridiques

Fondée par Gérard Marcou
Dirigée par Thomas Perroud

Le droit n'est pas seulement un savoir, il est d'abord un ensemble de rapports et pratiques que l'on rencontre dans presque toutes les formes de sociétés. C'est pourquoi il a toujours donné lieu à la fois à une littérature de juristes professionnels, produisant le savoir juridique, et à une littérature sur le droit, produite par des philosophes, des sociologues ou des économistes notamment.

Parce que le domaine du droit s'étend sans cesse et rend de plus en plus souvent nécessaire le recours au savoir juridique spécialisé, même dans des matières où il n'avait jadis qu'une importance secondaire, les ouvrages juridiques à caractère professionnel ou pédagogique dominent l'édition, et ils tendent à réduire la recherche en droit à sa seule dimension positive. À l'inverse de cette tendance, la collection « Logiques juridiques » des éditions L'Harmattan est ouverte à toutes les approches du droit. Tout en publiant aussi des ouvrages à vocation professionnelle ou pédagogique, elle se fixe avant tout pour but de contribuer à la publication et à la diffusion des recherches en droit, ainsi qu'au dialogue scientifique sur le droit. Comme son nom l'indique, elle se veut plurielle.

Dernières parutions

Laurent ONYEMBA DJONGANDEKE, *Les partis politiques et la construction de l'Etat de droit constitutionnel en RDC. Contribution à la théorie du multipartisme rationalisé en droit constitutionnel congolais*, 2026.

Guy Armel TAMKAM SILATCHOM, *Droit et médiation dans l'espace OHADA. Le cadre juridique de l'Acte uniforme relatif à la médiation*, 2026.

Francisco VELASCO CABALLERO, *Administrations publiques et droits administratifs*, 2026.

Patience KINSHIE LENYE, *La discipline et l'application du canon 1399 du Code de droit canonique face aux cas de scandales dans l'Église*, 2026.

Vincent Boyer

Penser le Parlement sous la Ve République à l'aune du droit gouvernemental

Préface d'Emmanuel Guiselin
Avant-propos de Jean-Jacques Urvoas

L'Harmattan

5-7, rue de l'École-Polytechnique - 75005 Paris
www.editions-harmattan.fr

ISBN : 978-2-336-60981-2
EAN :9782336609812

Dépôt légal : avril 2026

PRÉFACE

« Repenser le Parlement à l'aune du droit gouvernemental » : une doctrine renouvelée pour le droit constitutionnel de la Ve République

Il est, dans les sciences juridiques comme dans d'autres champs disciplinaires, des parcours de recherche marqués par une grande cohérence, que révèlent, avec le recul, les étapes marquantes qui les ont jalonnés.

L'ouvrage de Vincent Boyer, qu'il nous est donné de préfacer, situe une telle étape dans la construction d'une doctrine de droit constitutionnel. *Penser le Parlement sous la Ve République à l'aune du droit gouvernemental* est la reprise du manuscrit d'inédit d'habilitation à diriger des recherches, soutenue par Vincent Boyer à l'Université Bretagne Sud, le 11 mai 2022, devant un jury présidé par la professeure Mylène Le Roux, professeure à l'Université de Nantes, et composé, outre le rédacteur de la présente préface, du Président Jean-Jacques Urvoas, ancien président de la commission des lois de l'Assemblée nationale et ancien garde des sceaux, rapporteur, des professeurs Jean-Éric Gicquel et Michel Verpeaux, rapporteurs, et du professeur Félicien Lemaire.

L'intitulé, incisif, de l'ouvrage proposé à notre lecture est, en soi, le reflet d'une approche doctrinale construite dans la durée.

D'un côté, l'objet principal de l'ouvrage : « Penser le Parlement sous la Ve République » fait écho à la recherche doctorale de Monsieur Boyer : *La gauche et la seconde chambre de 1945 à nos jours.* Une recherche, elle-même publiée chez L'Harmattan en 2007, dans la collection « Logiques Juridiques »[1], invitant à considérer la position des socialistes et des communistes à l'égard de la seconde chambre, sous deux prismes, apparemment contradictoires, mais en vérité conciliables : le premier analysant les fondements du rejet du Sénat par la gauche, le second « s'attach[ant] à démontrer qu'en dépit de ce rejet »[2], la gauche accepte cependant l'idée d'une seconde chambre. *Penser le Parlement* permet donc de reprendre à nouveau le chemin du Parlement, suivant cette fois une approche renouvelée considérant l'institution parlementaire dans son ensemble, comme dans ses deux parties : Assemblée nationale et Sénat, comme en son temps Eugène Pierre, sous la IIIe République, pour considérer Chambre des députés et Sénat dans les éditions successives de son *Traité de droit politique, électoral et parlementaire*[3].

D'un autre côté, la seconde partie de l'intitulé situant la réflexion sur le Parlement de la Ve République *à l'aune du droit gouvernemental* renvoie à l'ouvrage collectif, codirigé par Vincent Boyer et par Raphaël Reneau : *Pour un droit gouvernemental ?* – ouvrage rassemblant une trentaine d'auteurs, paru en août 2022, peu après la soutenance de l'habilitation à diriger des recherches, et publié par l'Institut

---

[1] V. BOYER, *La gauche et la seconde chambre de 1945 à nos jours*, L'Harmattan, coll. « Logiques juridiques », 2007, 558 p. ; préf. d'Henry Roussillon.

[2] *Ibid.*, p. 39.

[3] Pour la première édition : E. PIERRE, *Traité de droit politique, électoral et parlementaire*, Librairies-Imprimerie réunies, 1893, 1 230 p. Une réédition, en deux tomes, du traité est parue en 1989 aux Éditions Loysel, avec une préface de Michel Ameller et un avant-propos de Pierre Avril et de Jean Gicquel.

Francophone pour la Justice et la Démocratie[1]. Comme le traduit son intitulé, cet ouvrage s'interroge sur l'existence d'un droit gouvernemental. Alors même que l'existence d'un droit parlementaire ne fait pas de doute, confirmée, après Pierre, par un autre ouvrage de référence[2], les codirecteurs de l'ouvrage précité finissent par répondre positivement à la question posée par son intitulé : il existe bien un droit gouvernemental défini comme « le droit encadrant l'exercice du pouvoir gouvernant et la réalisation de la fonction gouvernementale par le gouvernement *lato sensu* »[3]. Le « gouvernement *lato sensu* » est lui-même approché comme le « gouvernement politique regroupant à la fois le Gouvernement au sens du Titre III de la Constitution et le Président de la République »[4].

La focale temporelle de l'intitulé : le Parlement *sous la Ve République* retient enfin l'attention. La Ve République – bientôt 68 ans d'âge au compteur – est devenue le plus long régime politique de la France depuis la Révolution. Elle constitue en soi un terrain de recherche particulièrement fécond pour évaluer les grilles d'analyse existantes du droit constitutionnel, les faire évoluer ou en proposer d'autres, notamment en appréciant dans leurs rapports et dans leurs influences réciproques le Parlement en ses deux chambres et le « gouvernement » en son « bicéphalisme » – pour reprendre la qualification du doyen Georges Vedel dans son

---

[1] V. BOYER, R. RENEAU (dir.), *Pour un droit gouvernemental ?*, IFJD, coll. « Colloques & Essais », 2022, 676 p. L'ouvrage est préfacé par Jean Gicquel.

[2] P. AVRIL, J. GICQUEL, J.-É. GICQUEL, *Droit parlementaire*, LGDJ, 7e éd., 2023.

[3] V. BOYER, R. RENEAU, « Conclusion. Pour un droit gouvernemental (?) », *in* V. BOYER, R. RENEAU (dir.), *Pour un droit gouvernemental ?*, *op. cit.*, p. 662.

[4] *Ibid.*, p. 660.

Manuel élémentaire de droit constitutionnel[1]. Mais la focale temporelle « sous la Vᵉ République » recèle aussi une invitation. Depuis la soutenance par Monsieur Boyer de son habilitation à diriger des recherches, dans l'entre-deux électoral du printemps 2022, entre résultats de l'élection présidentielle reconduisant le président en place pour un second mandat de cinq ans, et élections législatives, la Vᵉ République – et donc son Parlement et son « gouvernement *lato sensu* » – a connu deux législatures : la XVIᵉ, de juin 2022 à juin 2024, qui n'est pas sans rappeler, en en accusant les traits, la IXᵉ législature et sa majorité relative au soutien des gouvernements Rocard, Cresson et Bérégovoy ; et, surtout, la XVIIᵉ législature, depuis juillet 2024, à nulle autre pareille, conduisant Parlement et « gouvernement » dans une succession d'inédits mettant à l'épreuve les institutions du régime. Dans quelle mesure l'ouvrage de Monsieur Boyer offre-t-il la possibilité de comprendre la situation actuelle, ou invite-t-il à ouvrir des voies nouvelles de réflexion ? On y reviendra.

Dans cette mise en miroir du Parlement et du droit gouvernemental, manifeste déjà dans la structure des pouvoirs – au « bicéphalisme gouvernemental » répond en effet un Parlement bicaméral –, l'ouvrage de Monsieur Boyer témoigne d'abord, dans sa première partie, guidée par « la nécessité d'une nouvelle approche du Parlement confirmée par le droit gouvernemental », d'une belle capacité à interroger, à réinterroger les concepts clefs du droit constitutionnel. L'auteur, au fil des pages, nous fait partager sa conviction : « le cadre conceptuel proposé pour le Parlement ne peut se comprendre qu'en lien avec celui

---

[1] Georges Vedel retient en effet l'expression de « bicéphalisme gouvernemental » pour désigner d'un même mouvement « le Président de la République et le Cabinet », *in* G. VEDEL, *Manuel élémentaire de droit constitutionnel*, Sirey, 1949, p. 426. L'ouvrage a fait l'objet d'une réédition aux éditions Dalloz en 2002.

proposé pour le gouvernement ». L'opération de déconstruction et celle de reconstruction opérées pour le droit gouvernemental permettent ainsi d'éclairer et de guider les opérations comparables accomplies pour le Parlement, et donc pour le droit parlementaire. On retiendra que, pour l'auteur, à l'abandon du terme « exécutif » doit répondre le délaissement de l'expression « pouvoir législatif ». À la « fonction gouvernementale » répond la « fonction délibérante », appréciée comme la capacité « à exprimer publiquement la pluralité des opinions »[1]. Au « pouvoir gouvernant » assuré par le gouvernement *lato sensu* répond le « pouvoir parlementaire », portant « la capacité de parler et donc d'exprimer la pluralité des opinions en vue d'exercer une influence »[2] par un débat ou par un vote. Nous laisserons la lectrice, le lecteur apprécier l'harmonie parallèle de ces opérations de déconstruction et de reconstruction dans ce jeu institutionnel de miroirs réfléchis. Qu'on en partage ou non les résultats, on suit ces opérations avec attention. La plume de l'auteur est alerte et nous fait tourner les pages avec l'envie de connaître la suite. À l'issue de la première partie, on se dit que l'auteur, tel Le Nôtre, a remplacé un jardin à la française par un autre, de Vaux-le-Vicomte à Versailles en somme, si on peut oser le parallèle pour un régime qui a pu être qualifié de « monarchie républicaine »[3]. Les juristes ont décidément des âmes d'architecte…

---

[1] V. BOYER, cet ouvrage.

[2] *Ibid.*

[3] M. DUVERGER, *La monarchie républicaine ou comment les démocraties se donnent des rois*, Robert Laffont, coll. « Libertés 2000 », 1974. Pour une critique de la formule, v. F. LEMAIRE, « Retour une formule convenue : la Ve République, une “monarchie républicaine” », *in* E. AUBIN, A. CAVANIOL, E.-P. GUISELIN, F. LEMAIRE, P. MOUZET (dir.), *Droits, protections, proximité, Mélanges en l'honneur du professeur Hervé Rihal*, Presses

Une fois appréhendé « ce que le droit gouvernemental apporte au Parlement » – et donc au droit parlementaire –, Monsieur Boyer invite à considérer « ce que le Parlement apporte au droit gouvernemental ». La seconde partie traite en effet des « possibilité(s) d'un encadrement du droit gouvernemental par le Parlement ». Ce faisant, le jeu de miroirs institutionnel se poursuit car l'auteur entend « évaluer » ces possibilités « à la lumière de la fonction délibérante [du Parlement] et du pouvoir parlementaire »[1], tels qu'ils ont été préalablement définis. Incontestablement, cette approche constitue une « nouvelle façon d'appréhender la place du Parlement au sein des institutions »[2]. Or, de ce point de vue, l'auteur, considérant les sources constitutionnelles et législatives du droit gouvernemental, conclut à « l'effacement du Parlement concernant l'élaboration et le contenu du droit gouvernemental ». Il est vrai que – comme ont pu le montrer les travaux de Matthieu Caron[3] –, le droit gouvernemental, « droit fondamentalement politique »[4], est un droit « en grande partie auto-normé »[5]. Pour autant, s'agissant de deux droits étroitement « imbriqués » et « en interaction »[6] – droit gouvernemental et droit parlementaire n'appartiennent-ils pas à la même discipline : le droit constitutionnel ? –, la seconde partie révèle aussi les vecteurs d'influence du second sur le premier, à commencer par les procédures législatives et de contrôle, inscrites dans les deux fonctions traditionnelles du Parlement : légiférer et contrôler. Pour ces procédures, « phase gouvernementale »

---

universitaires juridiques de Poitiers, coll. « Mélanges », 2021, p. 161 et s.

[1] V. BOYER, cet ouvrage.

[2] *Ibid.*

[3] V., en particulier : M. CARON, *Droit gouvernemental*, LGDJ, 2020.

[4] *Ibid.*, p. 21.

[5] V. BOYER, cet ouvrage.

[6] *Ibid.*

et « phase parlementaire » alternent ; les deux droits se rencontrent, s'imbriquent, pour les assemblées par le truchement de leurs règlements. Par ces règles parlementaires intérieures, le gouvernement voit ainsi ses interventions encadrées, même si les armes dont il dispose, singulièrement en période de fait majoritaire, permettent *in fine* au « pouvoir gouvernant » de traduire en lois sa « capacité d'impulsion, de décision et d'action »[1]. Est-il besoin ici de rappeler la force des armes du parlementarisme rationalisé à la disposition du Gouvernement – en fait, du « gouvernement *lato sensu* » – sous la Ve République ?

Au total, l'essai de Monsieur Boyer offre une lecture renouvelée et bienvenue des institutions de la Ve République, stimulante et revigorante, pour le constitutionnaliste, pour l'étudiant, plus largement pour le citoyen épris de politique.

Une lecture, donc, offerte à la veille d'un quinquennat présidentiel qui allait, singulièrement sous la XVIIe législature, inaugurer des chemins institutionnels et politiques inédits. Institutionnels *et* politiques, tant il est vrai que l'approche que l'on peut avoir des institutions de la Ve République : notamment du Parlement et du gouvernement *lato sensu* pour reprendre la grille de lecture proposée par Vincent Boyer, est dépendante du contexte politique, et singulièrement du fait majoritaire.

C'est le fait majoritaire, en effet, qui, combiné à la révision constitutionnelle de 1962, a modelé l'essentiel du régime, ouvrant la voie à l'emprise du Président de la République sur les institutions, à sa prépondérance, au point d'imposer la qualification – désormais habituelle – de

[1] V. BOYER, R. RENEAU, « Introduction. Pourquoi un droit gouvernemental ? », *in* V. BOYER, R. RENEAU (dir.), *Pour un droit gouvernemental ?*, *op. cit.*, p. 22.

présidentialisme[1], un présidentialisme *majoritaire*. C'est ce même fait majoritaire qui n'a pas fait défaut aux trois périodes de *cohabitation*, même s'il s'en est fallu de peu que la majorité absolue de 289 sièges à l'Assemblée nationale ne soit pas atteinte lors des élections législatives du 16 mars 1986, à la représentation proportionnelle départementale. C'est le fait majoritaire – habituellement présenté comme étant apparu lors des élections législatives de novembre 1962 – qui, à la réflexion, a marqué l'essentiel de la Ière législature. L'usage à deux reprises par Michel Debré de l'article 49, alinéa 1er lui a permis de recueillir en janvier 1959, puis en octobre de la même année, 453, puis 441 votes « pour » (des proportions de votes favorables à la confiance jamais atteintes depuis)[2]. L'usage du même dispositif par Georges Pompidou, en avril 1962[3], se traduisit par 259 votes en faveur de la confiance et 128 votes contre. Seul un contexte politique très particulier a mis un terme à cette législature inaugurale du régime, après l'adoption – et la dissolution consécutive – d'une motion de

---

[1] Pour apprécier « l'application de la Constitution de 1958 », dans leur approche des caractères généraux de la Constitution du 4 octobre 1958 – en ouverture des développements consacrés aux institutions politiques contemporaines de la France –, Jean Gicquel et Jean-Éric Gicquel retiennent comme fil conducteur de cette application « le présidentialisme », de « la marche au présidentialisme avec le général de Gaulle (1959-1969) » à « la restauration du présidentialisme gaullien d'Emmanuel Macron », en passant, entre autres variations du présidentialisme, par « le présidentialisme alterné de François Mitterrand », J. GICQUEL, J.-É. GICQUEL, *Droit constitutionnel et institutions politiques*, LGDJ, 39e éd., pp. 597-613.

[2] Le 15 janvier 1959, c'est sur le programme de son Gouvernement que Michel Debré choisit d'engager la responsabilité de ce dernier ; le 13 octobre 1959, l'engagement de la responsabilité intervient sur une déclaration de politique générale. En janvier 1959, on comptabilisera seulement 56 votes contre la confiance ; la proportion des votes « contre » se réduit à 23 en octobre 1959.

[3] Sur le programme de son premier Gouvernement.

censure visant le général de Gaulle, plus que « son » Premier ministre[1]. Or c'est ce fait majoritaire, amoindri, mais encore présent, sous la XVIe législature, qui s'est volatilisé le soir du second tour des élections législatives consécutives à la dissolution du 9 juin 2024.

De fait, le nouveau contexte politique sous cette législature est marqué par une absence de majorité à l'Assemblée nationale – on parle de « socle commun », et encore. Avec des conséquences en chaîne. Une instabilité gouvernementale inédite : quatre Premiers ministres pour la seule année 2024. Un chef de l'État évoluant dans sa lecture du contexte politique : symptomatique à cet égard sont les choix différenciés des trois premiers ministres successifs de cette législature, la nomination de Sébastien Lecornu faisant oublier la recherche initiale du « parfum de cohabitation » traduite par la nomination de Michel Barnier en septembre 2024. Une incapacité, deux années de suite, à faire voter, dans les délais constitutionnels, l'acte politique le plus important pour un Gouvernement que constitue la loi de finances initiale. Une approche singulière du parlementarisme rationalisé, dont le fameux article 49, alinéa 3 : ne parle-t-on pas, en ce début d'année 2026, d'un « 49.3 négocié » pour doter la France d'un budget ?[2] On pourrait multiplier ainsi ces inédits, peut-être révélateurs d'une forme de crise politique.

---

[1] Le texte de la motion de censure déposée le 2 octobre 1962 est sans équivoque sur la volonté de ses signataires d'atteindre la personne du chef de l'État, forme de reconnaissance (et de contestation) du présidentialisme naissant des premières années de la Ve République : « (…) Considérant qu'en écartant le vote par les deux chambres le Président de la République viole la Constitution dont il est le gardien ; Considérant qu'il ouvre ainsi une brèche par laquelle un aventurier pourrait passer un jour, pour renverser la République et supprimer les libertés (…) ».

[2] O. PÉROU, « Le Parti socialiste, de l'"opposition responsable" au "49.3" négocié », *Le Monde*, 8 janvier 2026, p. 9.

Mais si le basculement de la Vᵉ République dans ces voies nouvelles, perte du fait majoritaire comprise, peut interroger, on est tenté de considérer la mesure dans laquelle les grilles de lecture proposées par Monsieur Boyer sont compatibles avec ce contexte. À s'en tenir à la focale du Parlement – et sans empiéter sur les travaux qui ne manqueront pas de se pencher sur cette XVIIᵉ législature dont on peut prédire la fin anticipée, avant ou après, la prochaine élection présidentielle –, on appréciera d'abord la pertinence d'une approche unifiée du Parlement complétée par une « vision dualiste des deux assemblées »[1] qui le constituent. Qu'il suffise ici de considérer l'évolution du positionnement politique de la majorité sénatoriale, du premier Gouvernement de la législature, celui de Michel Barnier, au deuxième Gouvernement Lecornu, en premier lieu lors des débats budgétaires. On appréciera aussi le bien-fondé de l'approche proposée par Monsieur Boyer de la « fonction délibérante » du Parlement et de son « pouvoir parlementaire ». Pour la première, jamais la fonction qui consiste à « discuter, à échanger des points de vue »[2], et d'abord au sein de la première chambre, n'aura été autant à l'œuvre, recherche de compromis ou confrontation des points de vue aidant. Jamais, sans doute, sauf à remonter aux grandes heures de la IIIᵉ République, le pouvoir parlementaire, considéré comme « la capacité de parler et donc d'exprimer publiquement la pluralité des opinions en vue d'exercer une influence »[3] n'aura autant animé la posture d'une Assemblée nationale morcelée en onze groupes, eux-mêmes répartis en trois grands blocs, à la cohésion politique parfois effilochée au fil des sessions…

On peut poursuivre la confrontation, entre la grille conceptuelle mise en avant par Vincent Boyer et cette

---

[1] V. BOYER, cet ouvrage.

[2] *Ibid.*

[3] *Ibid.*

XVIIe législature, en s'interrogeant sur le concept avancé par l'auteur de « majorité gouvernementale ». Peut-il être appliqué à la partie des députés qui soutiennent – encore – l'action du Gouvernement Lecornu II et du Président de la République ? *Et* du Président de la République, puisque celui-ci a choisi de revêtir, à nouveau, les habits du présidentialisme, après s'en être séparé quelques mois sous le Gouvernement Barnier, brève période de recentrement du chef de l'État sur son « domaine réservé ». Mais un présidentialisme qu'on serait à présent tenté de requalifier, en osant l'oxymore, de *minoritaire*. Ainsi, c'est une nouvelle clef de lecture politique – avec toutes ses nuances, en affinant l'analyse – que nous offre cette XVIIe législature et le comportement de ses acteurs, Président de la République au premier chef : pour une absence de majorité, un *présidentialisme minoritaire*.

Quel que soit l'avenir de cette législature, au-delà, quel que soit l'avenir de la Ve République qui résisterait sans doute difficilement à un nouveau quinquennat sans « majorité gouvernementale » – aussi solide et plastique que soit le régime –, l'ouvrage de Monsieur Boyer fera date dans le renouvellement de l'approche du Parlement, à l'aune du droit gouvernemental. Qu'il soit remercié d'avoir ainsi contribué à l'avancée du droit constitutionnel.

Rennes, ce 9 janvier 2026

Emmanuel GUISELIN,
Professeur à l'Université Rennes 2, Président du conseil académique

AVANT-PROPOS

Le travail conduit par Vincent Boyer s'inscrit dans une trajectoire intellectuelle déjà jalonnée par des contributions décisives. Ainsi ses analyses du Sénat comme contre-pouvoir au bloc majoritaire[1] ont ouvert la voie à une relecture critique des équilibres institutionnels, souvent figés dans des représentations convenues.

Fidèle à une méthode qui privilégie l'examen des tensions entre droit et pouvoir, l'auteur s'attache à interroger les évidences, à mettre au jour les zones de friction que les discours normatifs tendent à occulter. Cette présente réflexion prolonge cette démarche en s'attaquant à un impensé majeur : le droit gouvernemental envisagé comme matrice structurante des rapports entre exécutif et législatif. Il ne s'agit pas seulement d'un changement de focale, mais bien d'un déplacement du centre de gravité de l'analyse constitutionnelle qui conduit à revisiter en profondeur le rôle et les pouvoirs du Parlement.

Pour les constitutionnalistes, la démarche entreprise se révèle aussi audacieuse que stimulante, en ce qu'elle vient ébranler l'un des piliers les plus sacralisés de la pensée juridique : la séparation des pouvoirs. Véritable « formule magique » dans l'analyse des régimes politiques, ce concept jouit d'une telle révérence qu'il en devient presque intouchable, relégué parmi ces notions monumentales que

[1] V. BOYER, « L'article 49, alinéa 4 C. De la volonté des constituants à la pratique politique », *Pouvoirs*, 2021, n° 176, p. 145-148.

l'on n'ose interroger qu'avec précaution. Cette appréhension tient sans doute à l'indétermination de son contenu positif, qui le rend difficile à contester sans paraître iconoclaste. Et puis, n'a-t-on pas déjà tout dit ? Aristote, John Locke, Sieyès, Tocqueville n'ont-ils pas épuisé le sujet ? Toutefois, à rebours de cette clôture apparente, le droit constitutionnel loin de se résumer à une collection de textes figés, n'est-il pas plutôt le champ de bataille vivant où, dans le quotidien des pratiques institutionnelles, se dessine l'avenir de la démocratie ?

C'est ici que l'apport de Vincent Boyer est singulier. Il ne se contente pas de la description ou de l'interrogation, il déplace les lignes, parfois au risque d'interloquer, mais toujours avec la volonté de renouveler les cadres de pensée. Ainsi, il entreprend de redéfinir le « pouvoir parlementaire » en refusant de le réduire à sa fonction législative, lui préférant une approche délibérative, soit « la capacité d'exprimer publiquement la pluralité des opinions » pour le dire avec les mots de l'auteur. A l'instar de Maurice Hauriou qui prôna en son temps la reconnaissance du « pouvoir délibérant », cette distinction n'est pas qu'un jeu de vocabulaire. Elle permet de penser le Parlement avant tout comme un espace de traduction de la volonté politique, et non comme un simple organe de production normative. Cette intention rompt avec un conformisme assez présent dans la doctrine publiciste française selon lequel les classifications du droit public seraient intangibles. Et cette audace doit être portée à son crédit.

Ce déplacement du regard invite donc à reconsidérer la place du Parlement dans l'architecture institutionnelle. Loin d'être un simple contrepoids, il nous est présenté comme un pouvoir dont les marges d'action sont cependant façonnées par les logiques gouvernementales. De ce fait, son influence devrait être mesurée par sa capacité à disposer des moyens nécessaires, non pas pour décider, mais pour peser sur la décision politique et ainsi y contribuer. Ce « droit gouvernemental » trop souvent relégué à une fonction descriptive ou assimilé à une simple déclinaison d'un pouvoir exécutif unifié, devient alors une clé de lecture structurante.

Mais cette relecture ne va pas sans tensions. Si le poids du Parlement se jauge à son aptitude à infléchir la décision politique, comment ignorer la réalité institutionnelle de la Ve République ? Le Constituant n'a-t-il pas doté le pouvoir exécutif d'un ensemble de techniques juridiques, baptisé de manière sucrée « parlementarisme rationalisé » afin de dissimuler sa véritable vocation : la domestication des Chambres ? Le terme trahissait cependant que pour les pères fondateurs de la Ve, le régime parlementaire était intrinsèquement désordonné, incapable d'agir de manière cohérente, et que seul le joug juridique pouvait l'y contraindre.

De fait, dans leur esprit, le Parlement apparaissant comme un fardeau nécessaire plutôt qu'un bien démocratique, il convenait de le confiner dans une modeste fonction de contrepoids. D'ailleurs, dès le 31 juillet 1958, Marcel Prélot écrivait dans *Le Monde* que le projet de nouvelle Constitution organisait « un pouvoir trouvant son centre de gravité hors des assemblées ». Et quelques mois plus tard, Maurice Duverger confirmait que « son second trait saillant » était « l'abaissement du Parlement ».

Pourtant, l'auteur de ces lignes, nourri de l'expérience acquise dans l'exercice de quelques responsabilités publiques, peut attester que l'effacement du Parlement n'est évidemment pas la seule lecture possible de la Constitution. Il convient en effet de distinguer les règles constitutionnelles formelles des pratiques observées dans la vie parlementaire, lesquelles révèlent une dynamique propre, souvent plus souple et inventive que ne le laissent supposer les textes. Nul ne saurait aujourd'hui prétendre que le droit parlementaire est une langue morte : il est traversé de précédents, de réinterprétations et de résurgences qui attestent qu'au sein de l'Assemblée, rien n'est jamais définitivement clos. Seule l'illusion de l'instant pourrait faire croire que des interdits formels suffisent à entraver durablement la volonté politique.

Car pour qu'une Constitution soit véritablement vivante, deux éléments sont nécessaires : des textes, certes, mais aussi la volonté des acteurs qui les mettent en œuvre. Si les premiers peuvent être contraignants, les seconds ont la capacité d'en explorer les failles, d'en exploiter les marges, et parfois d'en réinventer les usages. C'est dans cette plasticité que réside la force du droit parlementaire, à l'image de l'eau qui, par sa fluidité, parvient à éroder la roche la plus solide. Cette vitalité s'est illustrée de manière exemplaire lors des 719 jours de l'état d'urgence sécuritaire (entre 2015 et 2017), période durant laquelle fut conçu un dispositif de contrôle parlementaire inédit qui permit d'ancrer l'action du Parlement comme un repère institutionnel stable dans un contexte marqué par l'incertitude[1].

En effet, les raisonnements de Giorgio Agamben et de François Saint-Bonnet avaient suffisamment alerté sur le véritable précipice qui pouvait s'ouvrir pour les démocraties dans de tels moments de tension pour que tout soit fait pour éviter de connaître une telle dégradation. Aussi est-ce à l'unanimité que le 18 novembre 2015, la commission des Lois de l'Assemblée adopta un nouvel article 4-1 inséré dans la loi du 3 avril 1955 disposant que « l'Assemblée nationale et le Sénat sont informés sans délai des mesures prises par le gouvernement pendant l'état d'urgence. Ils peuvent requérir toute information

---

[1] P. TÜRK, « Les commissions parlementaires et l'état d'urgence », *RFDA*, 2016, n° 3, p. 455.

complémentaire dans le cadre du contrôle et de l'évaluation de ces mesures ». Loin d'être superfétatoire par rapport à la constitutionnalisation du contrôle opérée par la révision de 2008, cette disposition créait un contrôle effectif et singulier de l'action gouvernementale, en mettant à la charge des ministres, tant qu'allait durer l'état d'urgence, une obligation distincte et permanente d'information et de réponse aux interrogations des assemblées.

Cette exigence avait déjà été évoquée lors de l'instauration de l'état d'urgence en 1985 puis en 2005. A chaque reprise, les parlementaires avaient exprimé le besoin de disposer d'un levier institutionnel leur permettant de contrôler l'usage de ces outils exorbitants du droit commun. Mais malgré les déclarations de principe affichées par les gouvernements successifs, les textes adoptés le 25 janvier 1985 et le 18 novembre 2005 n'en portaient que très marginalement la trace. Tel ne fut pas le cas de 2015 puisqu'à côté du contrôle juridictionnel confié au juge administratif, est né un explicite contrôle politique de responsabilité assumé par le Parlement. Ce dernier s'imposa ainsi comme un élément fondateur de la légitimité de cette période d'exception[1].

Cette relecture valide l'approche de Vincent Boyer. Elle s'inscrit dans une même volonté de considérer les interstices du droit non comme des zones d'ombre, mais comme des espaces féconds de réappropriation démocratique. En révélant les potentialités du Parlement comme acteur limitant du droit gouvernemental, il ne propose pas une utopie institutionnelle, mais une lecture lucide et exigeante et profondément ancrée dans les réalités contemporaines des équilibres démocratiques. Son travail est donc bien plus qu'un jalon académique : il constitue une

---

[1] J. SCHMITZ, « Le contrôle parlementaire de l'état d'urgence : un contrôle innovant pour un régime d'exception », *Journal du Droit Administratif*, 2016.

invitation à penser autrement les rapports entre droit et pouvoir. Ce texte n'offre pas une conclusion, mais bien une ouverture. Le lecteur est donc convié à entrer dans une conversation qui, assurément, ne fait que commencer.

Jean-Jacques URVOAS,
Professeur de droit public, Université de Bretagne Occidentale, garde des sceaux, ministre de la justice (2016-2017), président de la commission des lois de l'Assemblée nationale (2012-2016)

Cet ouvrage reprend le texte de l'habilitation à diriger des recherches soutenue à l'Université Bretagne Sud le 11 mai 2022[1]. La rédaction en a été toutefois légèrement modifiée pour permettre sa mise à jour au 30 septembre 2025.

[1] Habilitation à diriger des recherches soutenue le 11 mai 2022 devant un jury composé de Monsieur Jean-Éric GICQUEL (Professeur de droit public à l'Université de Rennes 1, Rapporteur), de Monsieur Emmanuel-Pie GUISELIN (Professeur de droit public à l'Université Rennes 2, Directeur de recherche), de Madame Mylène LE ROUX (Professeure de droit public à l'Université de Nantes, Présidente du jury), de Monsieur Félicien LEMAIRE (Professeur de droit public à l'Université d'Angers), de Monsieur Jean-Jacques URVOAS (Professeur de droit public à l'Université de Bretagne Occidentale, Rapporteur) et de Monsieur Michel VERPEAUX (Professeur émérite de droit public de l'Université Paris 1 Panthéon-Sorbonne, Rapporteur).

LISTE DES PRINCIPALES ABRÉVIATIONS

AJDA	*L'Actualité juridique. Droit administratif*
CC	Conseil constitutionnel
CE	Conseil d'État
D.	*Recueil Dalloz*
DC	Contrôle de constitutionnalité des lois (ordinaires et organiques), des traités et des règlements des Assemblées
Doc.	Document de travail de l'Assemblée nationale ou du Sénat
JO	*Journal officiel*
LGDJ	Librairie générale de droit et de jurisprudence
PUF	Presses universitaires de France
QPC	Question prioritaire de constitutionnalité
RDP	*Revue du droit public et de la science politique*
RFAP	*Revue française d'administration publique*
RFDA	*Revue française de droit administratif*
RFDC	*Revue française de droit constitutionnel*
RFFP	*Revue française de finances publiques*
RFSP	*Revue française de science politique*
RTD civ.	*Revue trimestrielle de droit civil*

SOMMAIRE

Introduction générale

Les recherches portant sur les pouvoirs exécutif et législatif ainsi que sur leurs rapports font partie des travaux s'intéressant à des questions classiques du droit constitutionnel institutionnel. Sur la base de la théorie de la séparation des pouvoirs, ces questions sont en effet au fondement même de la classification des régimes politiques et notamment de la distinction entre le régime parlementaire et le régime présidentiel.

Ces questions sont tout autant classiques du point de vue de la Ve République. Il s'agit en effet de thématiques traditionnellement abordées lorsque l'on étudie la Constitution de 1958 et la pratique du régime instauré. Les pouvoirs exécutif et législatif – et leurs rapports – peuvent alors être appréhendés en partant de la volonté des constituants de 1958 de rationaliser le parlementarisme et de revaloriser la place de l'exécutif. Ils peuvent également être envisagés en mettant en avant les rapports de force entre ces deux pouvoirs tels que l'on peut les constater en pratique. Il faut, dans ce cas, souligner le plus souvent la prépondérance de l'exécutif sur le législatif – voire la prépondérance du Président de la République –, l'effacement des assemblées, et la volonté de revaloriser la place du Parlement au sein des institutions. Les pouvoirs exécutif et législatif – et leurs rapports – peuvent en outre être étudiés en atténuant ou en remettant en cause cette distinction au travers de formules associant, en présence du fait majoritaire, l'exécutif et le législatif.

Certaines recherches récentes portant sur le droit gouvernemental sous la Ve République pourraient être de nature à permettre un renouvellement de ces réflexions. À l'image du droit parlementaire applicable au Parlement, ces recherches tendent à appréhender le pouvoir exécutif sous un angle nouveau en mettant notamment l'accent sur l'existence d'un droit gouvernemental.

Sans qu'il s'agisse ici de faire une recension exhaustive de ces travaux, il convient de préciser que telle est par exemple la démarche poursuivie par Matthieu Caron. Sa thèse portant sur « L'autonomie organisationnelle du Gouvernement. Recherche sur le droit gouvernemental de la Ve République »[1] et son ouvrage consacré au « Droit gouvernemental »[2] sont d'ailleurs considérés comme des travaux précurseurs en la matière. Telle est également l'une des pistes envisagées par Priscilla Jensel-Monge et Ariane Vidal-Naquet dans le cadre du colloque intitulé « Du pouvoir exécutif au pouvoir gouvernant. Réflexions sur la notion de pouvoir exécutif à partir de la Ve République »[3]. En effet, s'il s'agissait alors, au travers de cette recherche, de réfléchir avant tout aux notions de « pouvoir exécutif » et de « pouvoir gouvernant », « l'identification de la notion de pouvoir gouvernant [a également incité les organisatrices de ce colloque] à réfléchir sur l'existence d'un droit gouvernemental, en tant que droit applicable au gouvernement, comme il existe un droit parlementaire applicable au Parlement »[4]. La question de l'existence d'un droit gouvernemental est en outre au cœur de l'ouvrage que nous avons dirigé avec Raphaël Reneau et intitulé « Pour un droit gouvernemental ? »[5]. Cherchant à répondre à la question de l'existence d'un tel champ disciplinaire, cet ouvrage envisage successivement l'objet du droit gouvernemental, l'unité de ses règles et leurs spécificités.

---

[1] M. CARON, *L'autonomie organisationnelle du Gouvernement. Recherche sur le droit gouvernemental de la Ve République*, Institut Universitaire Varenne, 2015.

[2] M. CARON, *Droit gouvernemental*, LGDJ, 2020.

[3] Les actes de ce colloque ont été publiés : P. JENSEL-MONGE, A. VIDAL-NAQUET (dir.), *Du pouvoir exécutif au pouvoir gouvernant*, mare & martin, 2021.

[4] *Ibid.*, p. 16.

[5] V. BOYER, R. RENEAU (dir.), *Pour un droit gouvernemental ?*, IFJD, coll. « Colloques et Essais », 2022.

Au terme de cette étude, la conclusion tend à répondre par l'affirmative à la question initiale posée dans l'intitulé de l'ouvrage.

Dans le cadre de ces travaux de recherche, il faut alors constater que si le droit parlementaire, qui a « fait l'objet d'enseignements et de manuels depuis trois décennies, [et qui] en est maintenant à inspirer des thèses »[1] peut faire l'objet d'un large consensus quant à sa définition, tel n'est pas le cas du droit gouvernemental.

S'agissant du droit parlementaire, la doctrine s'accorde en effet pour relever ses « deux sens » – puisqu'il « peut être défini en considérant soit le domaine qu'il régit, soit la nature de ses normes »[2] –, mais elle est tout autant unanime pour préciser que, quel que soit le sens retenu, le droit parlementaire est le droit applicable au Parlement : « est "parlementaire", selon Marcel Prélot, le droit qui intéresse les assemblées politiques délibérantes »[3]. De ce point de vue, l'objet du droit parlementaire ne pose pas de difficulté.

À l'inverse, à ce stade des réflexions sur ce nouveau champ disciplinaire qu'est le droit gouvernemental, il est possible de distinguer au moins deux façons de l'envisager. La première, que nous devons à Matthieu Caron, consiste à le définir comme « le droit spécialement créé par le Gouvernement pour s'organiser. Il s'agit précisément du droit qui régit l'ordre intérieur du Gouvernement c'est-à-dire, ses organes, ses fonctions et son travail interne »[4]. La seconde, que nous avons pu développer avec Raphaël Reneau, se situe dans la continuité des travaux qui invitent à réfléchir à l'existence d'un pouvoir gouvernemental ou

---

[1] P. AVRIL, J. GICQUEL, « Préface », *in* M. CARON, *Droit gouvernemental*, *op. cit.*, p. 7.

[2] P. AVRIL, J. GICQUEL, J.-É. GICQUEL, *Droit parlementaire*, LGDJ, 7e édition, 2023, p. 20.

[3] *Ibid.*, p. 19.

[4] M. CARON, *Droit gouvernemental*, *op. cit.*, p. 15.

d'un pouvoir gouvernant en tant que forme renouvelée du pouvoir exécutif[1]. Dans le prolongement de ces analyses, on peut en effet considérer que, sous la Ve République, ce pouvoir gouvernant est exercé par le gouvernement entendu comme un gouvernement politique regroupant à la fois le Gouvernement au sens du Titre III de la Constitution et le Président de la République. Le droit gouvernemental est alors défini comme « le droit encadrant l'exercice du pouvoir gouvernant et la réalisation de la fonction gouvernementale par le gouvernement *lato sensu* »[2].

Il ressort de ces deux définitions plusieurs différences. La première d'entre elles concerne l'objet du droit gouvernemental et plus précisément, le périmètre du « gouvernement » auquel s'applique ce droit. En effet, dans la définition retenue par Matthieu Caron, le droit gouvernemental est le droit qui s'applique au Gouvernement *stricto sensu*, c'est-à-dire le Gouvernement au sens du Titre III de la Constitution[3]. Tel n'est pas le cas dans la définition que nous retenons avec Raphaël Reneau. Dans celle-ci, le droit gouvernemental est le droit applicable au gouvernement *lato sensu*, c'est-à-dire le gouvernement politique regroupant à la fois le Gouvernement *stricto sensu* et le Président de la République. Dans ce cas, le gouvernement n'est pas seulement le Gouvernement au sens du Titre III de la Constitution mais il est « l'ensemble des organes et

---

[1] Voir par exemple : P. JENSEL-MONGE, A. VIDAL-NAQUET (dir), *Du pouvoir exécutif au pouvoir gouvernant*, *op. cit.*

[2] V. BOYER, R. RENEAU, « Conclusion – Pour un droit gouvernemental (?) », *in* V. BOYER, R. RENEAU (dir.), *Pour un droit gouvernemental ?*, *op. cit.*, p. 662.

[3] M. CARON, *L'autonomie organisationnelle du Gouvernement. Recherche sur le droit gouvernemental de la Ve République*, *op. cit.*, p. 22-28.

autorités de l'exécutif exerçant une fonction politique de décision, et non seulement d'exécution »[1].

Il convient d'ailleurs de relever que ces éléments n'épuisent pas la question de la définition du terme « gouvernement ». Ils participent au contraire à sa polysémie[2]. Indépendamment des développements précédents, ce terme peut en effet être appréhendé, tout d'abord au sens organique, comme l'« ensemble des pouvoirs publics d'un pays », comme l'« ensemble des organes du pouvoir exécutif » – ce qui correspond à la définition que nous retenons avec Raphaël Reneau – ou comme, « spécialement dans les régimes parlementaires, ceux des organes du pouvoir exécutif [...] qui sont politiquement responsables devant une assemblée législative » – ce qui renvoie à la définition défendue par Matthieu Caron. Le terme « gouvernement » peut ensuite être envisagé au sens fonctionnel comme l'« exercice du pouvoir politique », comme l'« ensemble des compétences et activités du gouvernement (au sens organique) en tant qu'elles assurent la direction suprême des affaires publiques et déterminent l'orientation de la politique du pays », ou comme la « fonction exécutive ». Il peut en outre être synonyme de « structure politique, régime d'un État ». Il peut enfin, et plus généralement, renvoyer à l'« autorité » et à la « direction »[3].

La seconde différence entre les deux définitions identifiées du droit gouvernemental concerne leurs

---

[1] V. BOYER, R. RENEAU, « Conclusion – Pour un droit gouvernemental (?) », *in* V. BOYER, R. RENEAU (dir.), *Pour un droit gouvernemental ?*, *op. cit.*, p. 659.

[2] Sur ce point, voir par exemple : V. BOYER, R. RENEAU (dir.), *Pour un droit gouvernemental ?*, *op. cit.*, « Partie 1 : À la recherche de l'objet du droit gouvernemental », p. 31-204. Ces développements permettent notamment de s'interroger sur le sens du terme « gouvernement » et de constater sa polysémie.

[3] G. CORNU, *Vocabulaire juridique*, PUF, 15e édition, 2024, p. 500.

finalités. En effet, dans la définition retenue par Matthieu Caron, le droit gouvernemental régit l'ordre intérieur du Gouvernement *stricto sensu* c'est-à-dire finalement son organisation et son fonctionnement internes. Tel n'est pas le cas dans la définition que nous en retenons avec Raphaël Reneau. Dans celle-ci, le droit gouvernemental s'entend au-delà comme l'ensemble des règles qui encadrent l'exercice du pouvoir et de la fonction du gouvernement *lato sensu*, lesquels ne peuvent être pensés qu'en lien avec ceux du Parlement.

Sans exclure les différents sens du terme « gouvernement » – puisque nous aurons l'occasion de les mobiliser par la suite –, et sans nier non plus l'intérêt et les mérites des définitions du Gouvernement et du droit gouvernemental retenues par Matthieu Caron, nous utiliserons ici celles que nous avons élaborées dans le cadre de l'ouvrage collectif dirigé avec Raphaël Reneau : le droit gouvernemental sera « le droit encadrant l'exercice du pouvoir gouvernant et la réalisation de la fonction gouvernementale par le gouvernement *lato sensu* »[1], c'est-à-dire par le Gouvernement au sens strict et par le chef de l'État. Cette approche présente l'avantage de prendre en considération l'ensemble des organes constituant « l'exécutif ». Elle permet également de prendre en compte les interactions existant entre le Parlement et le droit gouvernemental. Par conséquent, dans la suite de nos développements, nous distinguerons le « Gouvernement » – pour évoquer le Gouvernement *stricto sensu* du Titre III de la Constitution – et le « gouvernement » – pour désigner le gouvernement *lato sensu*, c'est-à-dire l'ensemble formé par le Gouvernement *stricto sensu* et par le Président de la République.

---

[1] V. BOYER, R. RENEAU, « Conclusion – Pour un droit gouvernemental (?) », *in* V. BOYER, R. RENEAU (dir.), *Pour un droit gouvernemental ?*, *op. cit.*, p. 662.

Ainsi défini, le droit gouvernemental constitue une nouvelle grille d'analyse pour l'étude, sous la Ve République, du gouvernement, de sa fonction et de son pouvoir. Or, comme le soulignent Ariane Vidal-Naquet et Xavier Magnon, « la conceptualisation est, à l'évidence, nécessaire à la connaissance du droit constitutionnel. Pour construire des concepts qui s'éloignent le plus possible des lieux communs, le discours doit avoir pour ambition la connaissance en mettant à distance les objets décrits. Il ne doit pas se contenter des concepts existants, mais doit les interroger et interroger leur pertinence et leur utilité [...] voire proposer de nouveaux concepts permettant de mieux décrire, de mieux ordonner la réalité qu'ils prétendent appréhender »[1].

De ce point de vue, le droit gouvernemental, en tant que nouvelle grille d'analyse du gouvernement, de sa fonction et de son pouvoir, ouvre également de nouvelles possibilités de réflexion pour les autres organes constitutionnels. Il ne peut notamment pas être sans conséquence sur le Parlement et sur les rapports que le gouvernement entretient avec lui. Autrement dit, s'il est possible d'étudier, sous la Ve République, l'ensemble constitué par le Gouvernement *stricto sensu* et le Président de la République au travers du droit qui encadre leur pouvoir et leur fonction, cette nouvelle approche ne peut être sans incidence sur la perception du Parlement et sur les rapports du gouvernement avec l'Assemblée nationale et le Sénat. Il apparaît ainsi bienvenu de renouveler les réflexions, précédemment évoquées, sur le pouvoir législatif et ses rapports avec le pouvoir exécutif, en les interrogeant, sous

[1] X. MAGNON, A. VIDAL-NAQUET, « Le droit constitutionnel est-il un droit politique ? », *Les cahiers Portalis*, Association de l'Institut Portalis, 2019, n° 6, p. 123.

la Ve République, à partir de l'existence d'un droit gouvernemental tel que précédemment défini.

Il convient alors de préciser que le Parlement de la Ve République sera ici envisagé sous quatre angles d'approche. Il pourra tout d'abord être étudié en tant qu'institution comprenant deux assemblées (l'Assemblée nationale et le Sénat[1]), lesquelles sont distinctes compte tenu de leurs modalités de désignation et de leurs prérogatives. Il pourra ensuite être appréhendé en tant qu'organe composé de parlementaires (députés et sénateurs), lesquels peuvent soutenir le Gouvernement *stricto sensu* et/ou le Président de la République ou s'y opposer. Il pourra en outre être perçu en tant que structure comportant, dans chaque assemblée, des organes de direction (tels le bureau et la conférence des présidents) et des formations (tels les groupes et les commissions parlementaires). Il pourra enfin être examiné au travers des règles qui s'appliquent à lui, c'est-à-dire par le biais du droit parlementaire. Ces quatre perspectives, bien que distinctes, sont complémentaires. Elles constituent en effet autant de façons différentes d'aborder – simultanément ou successivement – une même réalité : le Parlement.

Dès lors, comment penser le Parlement, ainsi entendu sous la Ve République, à l'aune du droit gouvernemental ? Telle est la question au cœur de cette recherche.

Cette question peut sembler *a priori* soulever une difficulté d'ordre méthodologique liée à la différence de niveaux d'analyse des notions qui sont ainsi appelées à être confrontées. Il faut en effet convenir qu'il s'agit ici de mettre en balance un organe constitutionnel – à savoir le Parlement – avec un ensemble de règles applicables à d'autres organes constitutionnels – c'est-à-dire le droit gouvernemental applicable au gouvernement *lato sensu*.

[1] De ce point de vue, nous pourrons également faire référence au Congrès du Parlement dans la suite de nos développements.

Cette différence de niveaux d'analyse pourrait ainsi remettre en cause la pertinence de la question posée.

Il apparaît pourtant que tel n'est pas le cas. En effet, le Parlement, nous l'avons vu, peut également être appréhendé au travers des règles qui s'appliquent à lui et donc au travers du droit parlementaire. Il faut surtout rappeler, de manière plus générale, que le droit gouvernemental n'est pas ici uniquement envisagé comme régissant l'ordre intérieur du gouvernement c'est-à-dire, finalement, son organisation et son fonctionnement internes. Il s'entend au-delà comme l'ensemble des règles qui encadrent l'exercice de son pouvoir et de sa fonction, lesquels ne peuvent être pensés qu'en lien avec ceux du Parlement. De ce point de vue, des connexions existent entre le Parlement et le droit gouvernemental. Tel est d'ailleurs ce qui ressort de l'analyse. Deux réponses complémentaires peuvent ainsi être proposées à la question posée dans le cadre de cette recherche.

D'une part, on peut envisager ce que le droit gouvernemental apporte au Parlement. Il apparaît alors que si la réflexion sur l'existence d'un tel droit est la traduction d'une nouvelle appréhension des deux têtes de l'exécutif, elle confirme également la nécessité de renouveler l'approche du Parlement et ainsi de repenser l'institution parlementaire (Partie 1). D'autre part, on peut envisager ce que le Parlement apporte au droit gouvernemental. On peut alors constater que si la réflexion sur la consécration de ce droit traduit l'existence de règles encadrant l'exercice du pouvoir gouvernant et la réalisation de la fonction gouvernementale par le gouvernement *lato sensu*, elle invite également à étudier la possibilité d'un encadrement du droit gouvernemental par le Parlement et ainsi à repenser les rapports entre le gouvernement et le Parlement (Partie 2). Dans les deux cas, ce sont peut-être de nouvelles perspectives et opportunités qui se dévoilent alors pour le

Parlement dont on cherche depuis de nombreuses années à revaloriser la place au sein des institutions de la Ve République.

Partie 1

La nécessité d'une nouvelle approche du Parlement confirmée par le droit gouvernemental

Dans la conception ici retenue du droit gouvernemental, celui-ci se définit comme « le droit encadrant l'exercice du pouvoir gouvernant et la réalisation de la fonction gouvernementale par le gouvernement *lato sensu* »[1]. Cette appréhension du droit gouvernemental traduit la remise en cause de deux cadres conceptuels traditionnellement utilisés pour présenter et pour analyser les institutions de la Vᵉ République. Nous les qualifions ici de « traditionnels » dans la mesure où, nous le verrons, s'ils ne sont pas admis par tous, ils sont au moins compris de tous : on perçoit aisément ce qu'ils désignent même si on peut réfuter leur pertinence.

Le premier cadre conceptuel est celui de la théorie de la séparation des pouvoirs conduisant à utiliser les termes « exécutif » et « législatif » pour désigner certains organes constitutionnels (en l'occurrence sous la Vᵉ République, respectivement, d'une part, le Président de la République et le Gouvernement et, d'autre part, le Parlement). En effet, quelle que soit la position que l'on adopte dans le débat sur l'existence ou l'inexistence de la séparation des pouvoirs[2], force est de constater qu'il est traditionnel – ou à tout le moins courant – d'analyser les fonctions de l'État en évoquant l'« exécutif » et le « législatif », ces termes étant utilisés pour désigner des organes, des fonctions ou des pouvoirs. Même certains auteurs qui relèvent « l'inexistence pratique de la séparation des pouvoirs et

---

[1] V. BOYER, R. RENEAU, « Conclusion – Pour un droit gouvernemental (?) », *in* V. BOYER, R. RENEAU (dir.), *Pour un droit gouvernemental ?*, *op. cit.*, p. 662.

[2] Voir par exemple : J.-Ph. FELDMAN, « la séparation des pouvoirs et le constitutionnalisme. Mythes et réalités d'une doctrine et de ses critiques », *RFDC*, 2010, n° 83, p. 483-496 ; P. GAUDEMET, « La séparation des pouvoirs. Mythe et réalité », *D.*, 1961, chronique 23, p. 121-124.

[…] son inconsistance théorique »[1] envisagent ainsi, tel Raymond Carré de Malberg, l'association, la coopération voire la fusion organique entre les pouvoirs exécutif et législatif[2], ou tel René Capitant, les liens intimes entre ces deux notions à travers une formule restée célèbre selon laquelle « gouverner c'est légiférer »[3]. C'est par conséquent davantage l'idée de « séparation » qui est contestée que la reconnaissance d'organes, de fonctions et/ou de pouvoirs dits « exécutif » et « législatif »[4]. D'ailleurs, si nous verrons par la suite que ces termes mêmes peuvent être critiqués, ils n'en demeurent pas moins « fondateurs et structurants du droit constitutionnel »[5]. La Ve République, du moins son analyse et sa présentation, n'échappe pas à cette règle. Deux exemples peuvent ici être mentionnés. D'une part, la loi constitutionnelle du 3 juin 1958 portant dérogation transitoire aux dispositions de l'article 90 de la Constitution[6] précise, entre autre, les principes devant être respectés par le projet de loi constitutionnelle et évoque pour ce faire « le pouvoir exécutif » et « le pouvoir législatif ». D'autre part, de nombreuses recherches sont consacrées à l'étude de l'« exécutif » et du « législatif » (qu'il s'agisse d'organes, de fonctions et/ou de pouvoirs)

---

[1] J.-Ph. FELDMAN, « La séparation des pouvoirs et le constitutionnalisme. Mythes et réalités d'une doctrine et de ses critiques », *loc. cit.*, p. 485.

[2] R. CARRÉ DE MALBERG, *Contribution à la théorie générale de l'État*, Tome deuxième, Sirey, 1922, p. 47-48.

[3] R. CAPITANT, « La réforme du parlementarisme », *Écrits d'entre-deux-guerres (1928-1940)*, Panthéon-Assas, 2004, p. 327.

[4] « La séparation de l'exécutif et du législatif […] est une idée fausse » (*Ibid.*, p. 333).

[5] X. MAGNON, A. VIDAL-NAQUET, « Le droit constitutionnel est-il un droit politique ? », *loc. cit.*, p. 123.

[6] Loi constitutionnelle du 3 juin 1958 *portant dérogation transitoire aux dispositions de l'article 90 de la Constitution*, *JO*, n° 130, 4 juin 1958, p. 5326.

dans les institutions de 1958 ou évoquent ces notions dans le cadre de travaux portant sur cette période[1].

Le second cadre conceptuel est celui qui pourrait être qualifié de « parallélisme inversé » caractérisé notamment par l'approche duale des organes exécutifs et par l'approche unifiée du législatif. Plus précisément, l'étude des premiers au sein des institutions de 1958 conduit généralement à distinguer le Président de la République et le Gouvernement *stricto sensu* (et donc à mettre l'accent sur le bicéphalisme et sur la dyarchie de l'exécutif en distinguant notamment les pouvoirs et les règles applicables à chacune de ces autorités). Dans le même temps, l'étude du second conduit généralement à évoquer le Parlement dans son ensemble (ainsi que le droit parlementaire qui lui est applicable) ; seuls quelques développements relatifs au mode de recrutement des assemblées permettent d'envisager chacune d'elles séparément. Avec ces approches duale de l'exécutif et unifiée du législatif, il y a donc un « parallélisme inversé » de présentation que l'on retrouve dans de nombreux manuels de droit constitutionnel[2]. S'il apparaît par ailleurs dans

---

[1] Une simple recherche par mots-clés dans les principales revues juridiques spécialisées en droit constitutionnel donne un aperçu de cette importance.

[2] Voir par exemple : Ph. ARDANT, B. MATHIEU, *Droit constitutionnel et institutions politiques*, LGDJ, 37e édition, 2025 ; P. BRUNET, F. HAMON, M. TROPER, *Droit constitutionnel*, LGDJ, 46e édition, 2025 ; B. CHANTEBOUT, *Droit constitutionnel*, Sirey, 33e édition, 2019 ; L. FAVOREU, P. GAIA, R. GHEVONTIAN, J.-L. MESTRE, O. PFERSMANN, A. ROUX, G. SCOFFONI, *Droit constitutionnel*, Dalloz, 28e édition, 2025 ; J. GICQUEL, J.-É. GICQUEL, *Droit constitutionnel et institutions politiques*, LGDJ, 39e édition, 2025 ; O. GOHIN, *Droit constitutionnel*, LexisNexis, 6e édition, 2024 ; A.-M. LE POURHIET, *Droit constitutionnel*, Economica, 11e édition, 2021 ; F. MÉLIN-SOUCRAMANIEN, *Droit constitutionnel*, Sirey, 43e édition, 2025 ; H. PORTELLI,

l'organisation des titres de la Constitution de 1958 qui distingue les deux têtes de l'exécutif dans ses Titres II (« Le Président de la République ») et III (« Le Gouvernement ») et consacre son Titre IV au Parlement dans son ensemble, il n'y puise pas son origine puisqu'on le retrouve dans des ouvrages antérieurs à 1958[1].

La mise en évidence de l'existence d'un droit gouvernemental (tel que précédemment défini) traduit la remise en cause et l'abandon de ces deux cadres conceptuels traditionnels. Il manifeste, d'une part, l'abandon du terme « exécutif » pour désigner les organes que sont le chef de l'État et le Gouvernement, leur fonction et leur pouvoir en raison de son incapacité à traduire la réalité qu'il est censé désigner[2]. Il ne s'agit pas d'ailleurs

---

Th. EHRARD, *Droit constitutionnel*, Dalloz, 16e édition, 2025 ; M. VERPEAUX, *Droit constitutionnel français*, PUF, 2e édition, 2015.

[1] Voir par exemple : G. VEDEL, *Manuel élémentaire de droit constitutionnel*, Sirey, 1949, rééd. Dalloz, coll. Bibliothèque Dalloz, 2002.

Nous pouvons toutefois noter que ce « parallélisme inversé » n'apparaît pas dans tous les ouvrages de droit constitutionnel antérieur à 1958. Voir par exemple : M. HAURIOU, *Précis de droit constitutionnel*, Sirey, 2e édition, 1929.

[2] « Il apparaît assez rapidement aujourd'hui, pour qui prête attention un tant soit peu à la vie politique, que l'usage de ce terme semble particulièrement impropre pour désigner un pouvoir, une fonction ou un organe constitutionnel tout en rendant compte pleinement et justement de la réalité du fonctionnement des institutions. Cette inadéquation du terme "exécutif" ne se résume pas seulement à une dimension esthétique mais s'explique surtout par la profonde transformation de l'objet qu'il désigne. Si l'exécutif a souvent été entendu de façon péjorative dès lors qu'il exprimait – du moins à partir de la Révolution – au mieux la méfiance républicaine à son égard, au pire la volonté de l'affaiblir et de la soumettre à la volonté du législateur, tel n'est plus le cas aujourd'hui. Longtemps perçu comme un simple exécutant de la volonté générale exprimée par l'intermédiaire du Parlement, il est désormais pleinement envisagé comme un dirigeant à part entière présidant aux destinées de la population. L'inadéquation évoquée est donc liée, en premier lieu, à une évolution idéologique.

de la première remise en cause de ce terme. De nombreux auteurs en ont démontré les limites pour désigner les organes présidentiel et gouvernemental, leur pouvoir et leur fonction. Tel fut le cas de Joseph Barthélemy[1], de Maurice Hauriou[2], de Georges Burdeau[3] et, pour faire référence à la doctrine contemporaine, de Stéphane Pierré-Caps et de Vlad Constantinescu[4], de Philippe Ardant et de Bertrand Mathieu[5], mais aussi d'Ariane Vidal-Naquet et de Priscilla Jensel-Monge[6]. Encore convient-il de préciser que, dans le cadre du droit gouvernemental, il s'agit moins d'une remise en cause de l'idée de distinction des pouvoirs ou des fonctions qu'une contestation de l'identification et de la qualification même de ces pouvoirs ou de ces fonctions. Autrement dit, dans le cadre de la reconnaissance d'un tel droit gouvernemental est reconnue la distinction des organes, des fonctions et des pouvoirs, mais est rejeté le

---

Celle-ci est aussi relayée en second lieu par une rupture forte entre la réalité nouvelle qu'elle est censée exprimer et la grille de lecture théorique qu'elle supposait jusque-là. Ainsi est-il possible de constater que l'usage du terme même d'"exécutif" n'a pas évolué depuis, ou si peu, malgré les transformations de l'objet qu'il recouvre » (V. BOYER, R. RENEAU, « Introduction – Pourquoi un droit gouvernemental ? », *in* V. BOYER, R. RENEAU (dir.), *Pour un droit gouvernemental ?*, *op. cit.*, p. 19-20).

[1] J. BARTHÉLEMY, *Le rôle du pouvoir exécutif dans les Républiques modernes*, Paris, V. Giard et E. Brière, 1907, p. 5-54.

[2] M. HAURIOU, *Précis de droit constitutionnel*, *op. cit.*, p. 376-389. S'il ne le remet pas en cause expressément, ses développements reposent pour une large part sur une vision extensive du terme « exécutif » qui y conduit incidemment.

[3] G. BURDEAU, « Remarques sur la classification des fonctions étatiques », *RDP*, 1945, p. 211.

[4] V. CONSTANTINESCO, S. PIERRÉ-CAPS, *Droit constitutionnel*, PUF, 7e édition, 2016, p. 341.

[5] Ph. ARDANT, B. MATHIEU, *Droit constitutionnel et institutions politiques*, *op. cit.*, p. 60 et p. 435.

[6] P. JENSEL-MONGE, A. VIDAL-NAQUET (dir.), *Du pouvoir exécutif au pouvoir gouvernant*, *op. cit.*

terme « exécutif » pour les qualifier s'agissant du chef de l'État et du Gouvernement. La mise en évidence d'un droit gouvernemental porte, d'autre part, l'abandon de l'approche duale de ces deux organes pour lui substituer une approche unifiée du gouvernement *lato sensu*. Cela ne signifie pas que ces deux organes fusionneraient et ne formeraient plus qu'un mais, plus simplement, qu'il serait possible de les penser ensemble et de les analyser comme un tout car présentant une certaine unité et spécificité[1].

Parallèlement, la mise en évidence d'un droit gouvernemental traduit l'élaboration d'un nouveau cadre conceptuel qui se décline sous la forme d'un triptyque. Le premier volet est la reconnaissance d'un gouvernement *lato sensu* (qui remplace ou du moins complète la présentation bicéphale de l'exécutif). Celui-ci renvoie à l'ensemble des organes et des autorités (que l'on qualifiait jusqu'alors d'« exécutifs ») exerçant une fonction politique de décision et non seulement d'exécution, c'est-à-dire, le Gouvernement au sens du Titre III de la Constitution et le Président de la République[2]. Le deuxième volet est la consécration d'une fonction gouvernementale (qui prend la

---

[1] « Il ne saurait en effet être question de concevoir l'unité gouvernementale comme le résultat de la fusion des éléments composant le gouvernement en un seul et unique élément. La notion d'unité gouvernementale apparaît [...] de manière positive dès lors qu'elle peut désigner un ensemble, un collectif, formé de plusieurs éléments dont l'organisation serait régie par un cadre juridique homogène constitué de règles – non nécessairement identiques mais inspirées de principes similaires et devant répondre à des problématiques communes – et dont les pratiques pourraient faire l'objet d'une étude conjointe » (V. BOYER, R. RENEAU, « Partie 2 : À la recherche de l'unité gouvernementale. Propos introductifs », *in* V. BOYER, R. RENEAU (dir.), *Pour un droit gouvernemental ?*, *op. cit.*, p. 207-208).

[2] V. BOYER, R. RENEAU, « Conclusion – Pour un droit gouvernemental (?) », *in* V. BOYER, R. RENEAU (dir.), *Pour un droit gouvernemental ?*, *op. cit.*, p. 659-660.

place de la fonction exécutive). Celle-ci traduit « le déploiement d'une véritable fonction de direction de l'État […]. Dans le cadre plus restreint de la Constitution du 4 octobre 1958, la fonction gouvernementale peut ainsi être appréhendée à l'aune de l'article 20 comme celle consistant à déterminer et conduire la politique de la Nation »[1]. Il s'agit donc de déterminer la politique au sens de la concevoir et de la conduire au sens de réaliser[2]. Le troisième volet, enfin, repose sur l'identification d'un pouvoir gouvernant (qui se substitue au pouvoir exécutif). Une partie de la doctrine[3] propose effectivement l'emploi de cette expression qui marque bien l'idée selon laquelle ce pouvoir, ne pouvant plus être considéré uniquement comme un exécutant, s'est transformé en véritable « *puissance gouvernante* »[4], « c'est-à-dire en un pouvoir doté d'une volition propre et donc d'une capacité d'impulsion, de décision et d'action »[5]. Cette expression renvoie ainsi aux prérogatives dont dispose le gouvernement *lato sensu* pour exercer sa fonction[6].

---

[1] V. BOYER, R. RENEAU, « Introduction – Pourquoi un droit gouvernemental ? », *in* V. BOYER, R. RENEAU (dir.), *Pour un droit gouvernemental ?*, *op. cit.*, p. 23.

[2] Voir en ce sens : V. BOYER, R. RENEAU, « Conclusion – Pour un droit gouvernemental (?) », *in* V. BOYER, R. RENEAU (dir.), *Pour un droit gouvernemental ?*, *op. cit.*, p. 661.

[3] Voir notamment : P. JENSEL-MONGE, A. VIDAL-NAQUET (dir.), *Du pouvoir exécutif au pouvoir gouvernant*, *op. cit.*

[4] B. GARCIA, « Le pouvoir gouvernant en question. Libre propos sur le pouvoir gouvernant dans le régime de la Ve République : l'émergence d'un concept inadapté », *in* P. JENSEL-MONGE, A. VIDAL-NAQUET (dir.), *Du pouvoir exécutif au pouvoir gouvernant*, *op. cit.*, p. 201.

[5] V. BOYER, R. RENEAU « Introduction – Pourquoi un droit gouvernemental ? », *in* V. BOYER, R. RENEAU (dir.), *Pour un droit gouvernemental ?*, *op. cit.*, p. 22.

[6] V. BOYER, R. RENEAU, « Conclusion – Pour un doit gouvernemental (?) », *in* V. BOYER, R. RENEAU (dir.), *Pour un droit gouvernemental ?*, *op. cit.*, p. 661.

Le droit gouvernemental, tel que précédemment défini, est donc le résultat d'une double opération : de déconstruction des cadres conceptuels traditionnels qui ne permettent pas de traduire et d'expliquer la réalité ; de construction d'un nouveau cadre conceptuel devant permettre de fournir une nouvelle grille d'analyse.

Or, cette nouvelle approche du chef de l'État et du Gouvernement dessine en creux la nécessité d'une nouvelle approche du Parlement. En effet, la transformation de l'organe exécutif en gouvernement *lato sensu*, le passage de la fonction exécutive à la fonction gouvernementale et la substitution du pouvoir gouvernant au pouvoir exécutif ne peuvent être sans incidence sur l'organe législatif, la fonction législative et le pouvoir législatif. La redéfinition des contours des uns entraîne logiquement le questionnement sur les contours des autres. La nécessité d'une nouvelle approche du Parlement apparaît ainsi.

Cette nécessité n'est d'ailleurs pas uniquement liée à l'apparition du droit gouvernemental. Elle a déjà pu être relevée par d'autres auteurs et en d'autres occasions. Certains auteurs l'ont fait en s'inscrivant dans une contestation plus globale de la théorie de la séparation des pouvoirs. Ainsi Georges Burdeau, dans le cadre d'une critique de la « théorie constitutionnelle [...] qui répartit l'ensemble des activités étatiques entre trois fonctions : la législative, l'exécutive et la juridictionnelle »[1], souligne que sa remise en cause « n'ira pas sans doute sans entraîner de sérieuses répercussions sur la signification politique attribuée à l'organe législatif »[2]. D'autres l'ont fait, à partir d'une analyse du pouvoir du Parlement, en contestant la terminologie utilisée pour désigner ce dernier. Tel est le cas de Maurice Hauriou : « Nous disons "pouvoir délibérant",

---

[1] G. BURDEAU, « Remarques sur la classification des fonctions étatiques », *loc. cit.*, p. 204.
[2] *Ibid.*, p. 226.

et non pas "pouvoir législatif", bien qu'il s'agisse [...] des Chambres et du Parlement. C'est que nous avons le souci de caractériser chacun des pouvoirs gouvernementaux par son mode d'opération de la volonté. De même que nous avons défini le pouvoir exécutif comme un pouvoir de décision exécutoire, ce qui est un mode d'opération de la volonté, [...] nous définissons le Parlement comme un pouvoir délibérant, parce que la délibération est son mode d'opération de la volonté. Si l'on appelle couramment le Parlement pouvoir législatif, c'est que la législation est l'une de ses fonctions, mais il n'est pas bon de qualifier un pouvoir gouvernemental par l'une de ses fonctions car elles sont multiples »[1]. D'autres, enfin, l'ont fait à partir d'une analyse du fonctionnement des institutions de la Ve République. La révision constitutionnelle de 2008 peut en être une illustration en ce qu'elle a tenté de revaloriser la place du Parlement en insistant notamment sur sa fonction de contrôle et d'évaluation des politiques publiques. Il ne s'agit donc pas de reprendre ici l'ensemble de ces analyses sur la nécessité d'une nouvelle approche du Parlement mais plutôt de confirmer cette nécessité à l'aune du droit gouvernemental.

En effet, parce que la présentation et l'analyse du Parlement, de sa fonction, de ses pouvoirs et des rapports de force qui s'y trouvent, reposent sur les deux cadres conceptuels traditionnels précédemment évoqués, le droit gouvernemental invite tout d'abord à procéder à une opération de déconstruction afin de vérifier la capacité de ces cadres à traduire la réalité du Parlement et à en proposer une explication. Il en résulte, pour le Parlement, le même constat que celui formulé pour le chef de l'État et pour le Gouvernement : celui d'une inadéquation de ces cadres conceptuels traditionnels (Chapitre 1er). En outre, parce que le droit gouvernemental repose sur un nouveau cadre

---

[1] M. HAURIOU, *Précis de droit constitutionnel*, *op. cit.*, p. 469.

conceptuel, cette opération de déconstruction amène ensuite à en rechercher également un pour le Parlement. Cette nouvelle construction peut alors s'inspirer du droit gouvernemental et se bâtir en miroir et en complément de ce dernier (Chapitre 2).

Chapitre 1er : L'inadéquation des cadres conceptuels traditionnels

La pertinence d'un terme ou d'une analyse peut se mesurer à sa capacité d'être à la fois en adéquation avec une réalité donnée et d'en proposer une explication. Or, l'analyse du Parlement sous la Ve République (tout comme l'analyse du Président de la République et du Gouvernement) repose sur les deux cadres conceptuels traditionnels précédemment évoqués. Elle repose d'une part sur la théorie de la séparation des pouvoirs conduisant à utiliser le terme « législatif » pour désigner le Parlement. Elle repose d'autre part sur le « parallélisme inversé » caractérisé notamment par une approche unifiée de celui-ci. Ce sont donc ces deux cadres conceptuels qu'il convient de questionner : permettent-ils de traduire et d'expliquer la réalité du Parlement, de ses fonctions, de ses pouvoirs et des rapports de force qui s'y déploient ?

La réponse semble être négative. Ce constat d'inadéquation peut être dressé en deux temps : en remarquant les limites de l'approche par la théorie de la séparation des pouvoirs pour désigner le Parlement (Section 1), puis en relevant les insuffisances de l'analyse unifiée du Parlement pour l'appréhender (Section 2).

Section 1 : Les limites de l'approche par la théorie de la séparation des pouvoirs

Sous la Ve République, dans le prolongement de la théorie de la séparation des pouvoirs, le Parlement est souvent désigné par le terme de « législatif » ou l'expression de « pouvoir législatif », étant par ailleurs précisé qu'il assure la « fonction législative »[1]. C'est donc

[1] Notons d'ailleurs que l'expression de « pouvoir législatif » est parfois utilisée pour désigner tantôt la fonction législative, tantôt l'autorité qui

l'utilisation du terme « législatif » pour identifier l'organe parlementaire, sa fonction et son pouvoir qui sera ici examinée.

L'analyse tend alors à démontrer que le terme « législatif » est inapproprié pour désigner la fonction du Parlement car ce dernier a d'autres fonctions, telles les fonctions de contrôle et d'évaluation des politiques publiques et que l'existence même d'une « fonction » législative a pu être contestée (§ 1). Ce terme est également inapproprié pour désigner le pouvoir du Parlement car le pouvoir législatif n'est pas exclusivement et totalement détenu par le Parlement (§ 2). Ce terme est par conséquent inapproprié pour désigner l'organe parlementaire. Ce faisant nous remarquerons que les limites de l'approche par la théorie de la séparation des pouvoirs pour désigner le Parlement, si elles ne sont pas propres à celui de la Ve République, trouvent parfaitement à s'y appliquer.

§ 1. L'incapacité à désigner la fonction du Parlement

Le Parlement est parfois identifié par le biais de sa fonction en ayant recours à l'expression de « fonction législative ». Comme le souligne Georges Burdeau, « accomplir une fonction, c'est faire quelque chose »[1], c'est une « activité déterminée par son objet »[2]. En l'occurrence, la fonction législative est l'activité consistant à élaborer la loi. Assimiler la fonction du Parlement à la fonction

---

l'exerce. La même remarque peut d'ailleurs être formulée pour l'expression de « pouvoir exécutif » (voir par exemple : M. TROPER, « Les transformations du pouvoir exécutif : approche théorique », *in* P. JENSEL-MONGE, A. VIDAL-NAQUET (dir.), *Du pouvoir exécutif au pouvoir gouvernant*, *op. cit.*, p. 21-38).

[1] G. BURDEAU, « Remarques sur la classification des fonctions étatiques », *loc. cit.*, p. 209.

[2] *Ibid.*, p. 214.

législative ne paraît pas *a priori* absurde tant légiférer reste pour les parlementaires et les citoyens la raison d'être fondamentale du Parlement. La lecture de la Constitution pourrait d'ailleurs permettre de valider cette expression dans la mesure où, avant la révision constitutionnelle de 2008, l'article 34 de la Constitution prévoyait que « la loi est votée par le Parlement » et depuis cette révision, l'article 24 de la loi fondamentale précise que « le Parlement vote la loi ». L'élaboration de la loi (et donc la fonction législative) semble bien pouvoir permettre de caractériser la fonction du Parlement. Toutefois, identifier celle-ci à celle-là peut à la réflexion être réducteur pour au moins deux raisons, l'une résultant des textes et de leur pratique, l'autre découlant davantage d'une approche théorique aux répercussions pratiques.

Une incapacité découlant des textes et de leur pratique

Même sans remettre en cause l'idée selon laquelle le Parlement exerce la fonction législative (ce que nous ferons par la suite), force est de constater qu'il ne se limite pas à cette seule fonction. La fonction de contrôle et la fonction d'évaluation des politiques publiques sont également des fonctions assurées par le Parlement, lesquelles sont par ailleurs expressément consacrées à l'article 24 de la Constitution depuis la révision constitutionnelle de 2008. Il ne s'agit pas d'ailleurs d'une analyse propre à la Ve République puisqu'elle s'applique à tous les régimes parlementaires. S'agissant des lois constitutionnelles de 1875, Maurice Hauriou notait ainsi à propos du Parlement que « la législation est l'une de ses fonctions » tout en relevant que celles-ci « sont multiples. Le Parlement n'a pas pour unique mission de faire les lois, il est aussi chargé de contrôler le pouvoir exécutif, et le mécanisme du régime parlementaire prouve que sa fonction de contrôle est plus importante encore, si possible, que sa fonction législative »[1].

De ce point de vue, et pour ce qui concerne la Ve République, les statistiques fournies par l'Assemblée nationale et par le Sénat sur leurs séances plénières sont riches d'enseignements. Elles font, d'une part, clairement apparaître que le Parlement, avant comme après la révision constitutionnelle de 2008, consacre la plus grande partie de son temps à la fonction législative. À titre d'exemple, au cours de l'année parlementaire[2] 2017-2018, 666 heures de séance plénière au Sénat ont été consacrées aux travaux législatifs contre 152 heures consacrées à la fonction de contrôle. Cette prédominance des travaux législatifs se retrouve également au cours de l'année parlementaire 2016-2017, où respectivement 361 heures et 101 heures de séance plénière ont été consacrées à ces fonctions[3]. Dans le même sens, au cours de la session[4] 2020-2021 de la XVe législature, l'Assemblée nationale a consacré 62 % des heures de séance à la fonction législative[5].

Toutefois, les statistiques fournies par les deux chambres, si elles illustrent clairement la prédominance de la fonction législative dans le travail du Parlement, permettent de souligner, d'autre part, le caractère réducteur de l'assimilation de la fonction du Parlement à la fonction législative. Il faut en effet constater que le Parlement consacre du temps à ses autres fonctions, et ce, même avant

[1] M. HAURIOU, *Précis de droit constitutionnel*, *op. cit.*, p. 469.

[2] D'après les statistiques fournies par le Sénat, l'expression « année parlementaire » doit être comprise comme couvrant la temporalité du 1er octobre d'une année au 30 septembre de l'année suivante.

[3] Données statistiques disponibles sur le site du Sénat.

[4] Nous reprenons ici le terme de « session » tel qu'il est utilisé dans les statistiques fournies par l'Assemblée nationale. Il doit alors être compris comme couvrant la temporalité du 1er octobre d'une année au 30 septembre de l'année suivante.

[5] Données statistiques disponibles sur le site de l'Assemblée nationale.

2008. Ainsi, au cours de la session 2020-2021 de la XVe législature, 47 séances plénières sur 345 ont été consacrées par l'Assemblée nationale aux fonctions de contrôle et d'évaluation[1]. De même, au Sénat, au cours de l'année parlementaire 2019-2020, 176 heures de séances plénières sur 700 ont été consacrées au contrôle du Gouvernement[2]. Ces chiffres, s'ils illustrent l'importance de l'activité législative dans le travail du Parlement, confirment également que, conformément au texte constitutionnel, cette fonction n'est pas la seule à être assurée par le Parlement. Les fonctions de contrôle et d'évaluation correspondent également à une partie – même si elle est moindre – du temps de travail parlementaire. De ce point de vue, il n'est donc pas faux d'évoquer la fonction législative s'agissant du Parlement, mais il est erroné de s'y limiter et d'occulter alors ses fonctions de contrôle et d'évaluation. Il n'en reste pas moins que cette faible part du temps parlementaire consacré aux fonctions de contrôle et d'évaluation illustre sans doute le constat plus général selon lequel les parlementaires ne se sont pas encore saisis de toutes les potentialités de la révision constitutionnelle de 2008 et ne se sont pas encore pleinement appropriés ces autres fonctions : « que la réforme [de 2008] ait donné de nouveaux moyens d'action [aux parlementaires], cela est un point indiscuté. Que ces mêmes parlementaires en aient tiré toutes les potentialités, cela est plus discutable »[3]. La période 2022-2025 constitue peut-être une exception de ce point de vue. Comme pour les périodes précédentes, les statistiques fournies par les deux chambres illustrent clairement la prédominance de la fonction législative dans

[1] Données statistiques disponibles sur le site de l'Assemblée nationale.

[2] Données statistiques disponibles sur le site du Sénat.

[3] J. BENETTI, « Les rapports entre gouvernement, groupes de la majorité et groupes d'opposition », *Jus Politicum*, 2011, n° 6, p. 2.

le travail du Parlement[1], mais on peut souligner avec Jean-Jacques Urvoas que « l'intensification du contrôle est le trait dominant » de la session 2024-2025, « la courte législature 2022-2024 [ayant] amorcé ce tournant »[2].

Si compte tenu de la Constitution de 1958 et de sa pratique, le terme « législatif » est impropre pour désigner la fonction du Parlement, il l'est tout autant d'un point de vue théorique.

Une incapacité théorique

Une approche théorique de la fonction législative nous conduit à voir dans l'assimilation de cette fonction à celle du Parlement une analyse réductrice. De ce point de vue, les travaux de Georges Burdeau sont particulièrement éclairants. Dans son étude consacrée à la classification des fonctions étatiques[3], l'auteur rejette la théorie constitutionnelle qui « répartit l'ensemble de l'activité étatique entre trois fonctions : la législative, l'exécutive et la juridictionnelle » : « la réalité refuse de se laisser enfermer dans les cadres de [cette] classification courante »[4]. Ce faisant, il rejette moins l'idée de distinction et de séparation des fonctions étatiques que la

---

[1] À titre d'exemple, au cours de l'année parlementaire 2023-2024, 324 heures de séance plénière au Sénat ont été consacrées aux travaux législatifs contre 123 heures consacrées à la fonction de contrôle. De même, au cours de l'année parlementaire 2022-2023, 367 heures et 187 heures de séance plénière au Sénat ont été respectivement consacrées à ces fonctions. Dans le même sens, au cours de la session 2024-2025 de la XVIIe législature, l'Assemblée nationale a consacré 60 % des heures de séance à la fonction législative (Données statistiques disponibles sur les sites de l'Assemblée nationale et du Sénat).

[2] J.-J. URVOAS, « Crise ou renaissance de la fonction parlementaire ? », *Le Club des juristes*, 11 juillet 2025.

[3] G. BURDEAU, « Remarques sur la classification des fonctions étatiques », *loc. cit.*, p. 202-228.

[4] *Ibid.*, p. 204.

reconnaissance même des fonctions législative, exécutive et judiciaire. C'est en effet essentiellement l'identification de ces fonctions que conteste Georges Burdeau. Pour ce faire, il remet en cause deux postulats sur lesquels repose cette théorie.

Le premier consiste à assimiler une fonction à une catégorie d'acte. Ainsi, la fonction législative est assimilée à la loi. Or, selon l'auteur, « les actes juridiques sont, parmi d'autres, et notamment les actes matériels, des moyens à la disposition des gouvernants dans l'exercice de leurs diverses fonctions. [...] Mais en aucun cas on ne peut considérer que le recours à telle catégorie d'actes juridiques soit le privilège exclusif d'une fonction. [...] Définir la fonction par l'acte, c'est oublier que la fonction a d'abord un objet »[1]. Ainsi, pour Georges Burdeau, cette théorie constitutionnelle ne permet pas d'identifier l'objet des différentes fonctions.

Le second postulat consiste « à se référer à la loi, prise comme pivot de la classification »[2]. Il est en effet possible de relever avec l'auteur que dans la théorie constitutionnelle qui nous intéresse ici, les fonctions législative, exécutive et judiciaire se définissent par rapport à la loi : elles sont classées en fonction de « leur signification à l'égard de la loi »[3]. Ainsi, la fonction législative consiste à élaborer les lois, la fonction exécutive consiste à appliquer les lois, la fonction judiciaire consiste à imposer le respect des lois : « toute l'activité de l'État se ramènerait d'une part à l'émission de règles générales sous forme de lois, d'autre part à l'application de ces règles soit par des décisions exécutives, soit par des jugements »[4]. Or,

---

[1] *Ibid.*, p. 209.
[2] *Ibid.*, p. 210.
[3] *Ibid.*, p. 213.
[4] *Ibid.*, p. 210.

comme le souligne justement l'auteur, l'activité de l'État est plus complexe[1]. Par ailleurs, considérer notamment que le gouvernement se limite à « une modeste tâche d'exécution » « procède d'un verbalisme totalement étranger aux faits »[2].

Rejetant au terme de l'analyse cette traditionnelle division tripartite des fonctions fondée notamment sur la distinction entre législatif et exécutif, Georges Burdeau propose d'y substituer une classification fondée sur la distinction entre deux fonctions essentielles de l'État : « l'une à travers laquelle se manifeste la puissance étatique dans toute sa plénitude, créatrice, autonome et inconditionnée, c'est la fonction gouvernementale. L'autre, embrassant des activités où ne se traduit qu'une puissance dérivée, secondaire et subordonnée ; c'est la fonction administrative »[3]. Selon l'auteur, il est possible de faire entrer l'activité juridictionnelle dans la fonction administrative ainsi que « toutes les mesures d'exécution d'une norme préexistante »[4]. Dans la fonction gouvernementale, Georges Burdeau fait entrer « les activités que l'on range traditionnellement, mais par un abus de mots très fâcheux, dans la fonction exécutive » mais aussi et surtout « le pouvoir de faire la loi »[5]. Cela s'explique, selon l'auteur, par le fait que gouverner

---

« [Le] raisonnement est conduit comme s'il n'y avait qu'une seule manière d'envisager l'activité des organes de l'État qui serait de considérer leur rôle par rapport à la loi. Il y a l'autorité qui la fait, celle qui pourvoit à son exécution, celle qui statue sur les différends auxquels peut donner lieu son application, si bien que l'ensemble de l'appareil gouvernemental et administratif paraît destiné à la seule vie législative de l'État » (*Ibid.*, p. 207).

[1] Georges Burdeau propose de traduire cette complexité par l'expression de « fonction gouvernementale » (*Ibid.*, p. 210).

[2] *Ibid.*, p. 211.

[3] *Ibid.*, p. 218.

[4] *Ibid.*, p. 220.

[5] *Ibid.*, p. 222.

nécessite d'édicter des règles obligatoires pour les gouvernés, lesquelles résultent principalement de la loi[1]. « Gouverner c'est d'abord légiférer » conclut ainsi Georges Burdeau[2]. Par conséquent, l'élaboration de la loi ne serait plus l'apanage du seul Parlement mais serait « le privilège inaliénable des gouvernants »[3]. Bien plus, « la confection de la loi ne mérite pas de se voir érigée en fonction spéciale. Elle ne forme qu'une partie de l'activité gouvernementale, et la loi n'est, parmi d'autres, qu'un instrument de la fonction gouvernementale »[4].

De cette riche analyse, nous pouvons tirer deux enseignements. Le premier est que la « fonction » législative n'existe pas. De ce fait, la fonction du Parlement ne peut pas être identifiée par ce biais-là. Le deuxième est que l'élaboration de la loi étant du ressort des gouvernants, il est alors nécessaire de déterminer qui sont ces « gouvernants ». Pour Georges Burdeau, l'organe de gouvernement est celui qui, indépendamment des qualificatifs de pouvoir législatif ou de pouvoir exécutif hérités de la théorie traditionnelle est « maître de la législation »[5]. Il apparaît donc qu'il ne s'agit pas toujours et exclusivement du Parlement. Par exemple, sous la IIIe République, on peut considérer que le Parlement gouvernait car, pour reprendre l'expression de Georges Burdeau, il était « maître de la législation ». Notons tout de même, qu'en raison de l'absence de majorité ou de l'instabilité de ses majorités, le Parlement pouvait être dans l'incapacité de gouverner ce qui le conduisait alors à déléguer au Gouvernement le soin d'édicter des mesures législatives par

---

[1] « Les faits enseignent qu'on ne gouverne qu'en donnant des ordres, en édictant des règles obligatoires pour les gouvernés. Or ces ordres et ces règles sont essentiellement exprimés par la loi » (*Ibid.*, p. 222).

[2] *Ibid.*, p. 223.

[3] *Ibid.*, p. 223.

[4] *Ibid.*, p. 226.

[5] *Ibid.*, p. 224-225.

le biais de la pratique des décrets-lois. Ce faisant, sous la IIIe République, le Gouvernement gouvernait alors. Sous la IVe République, on peut également considérer que le Parlement (et plus précisément l'Assemblée nationale) gouvernait en ce qu'il était « maître de la législation ». Toutefois, là encore, la rupture du tripartisme, l'échec de la rationalisation du parlementarisme et l'instabilité gouvernementale ont entraîné l'incapacité de l'Assemblée nationale et amenèrent la renaissance de la législation déléguée (malgré l'article 13 de la Constitution de 1946 qui l'interdit expressément), faisant alors du Gouvernement celui qui gouverne. Sous la Ve République, les mécanismes de rationalisation du parlementarisme couplés au fait majoritaire ont fait du gouvernement (entendu selon la conjoncture politique de concordance des majorités ou de cohabitation, au sens large ou au sens strict), de la majorité à l'Assemblée nationale le soutenant et des membres du Sénat favorables à sa politique, les « maîtres de la législation ». Ils sont donc, conformément à l'analyse de Georges Burdeau, les gouvernants (ce constat pouvant toutefois être nuancé lorsque le fait majoritaire est atténué, voire contesté s'il disparaît)[1]. Il apparaît donc clairement, dans le prolongement de cette analyse, que si la fonction du Parlement ne peut pas être identifiée à la fonction

---

[1] Le fait majoritaire peut s'atténuer lorsque le Gouvernement ne dispose que d'une majorité relative à l'Assemblée nationale (1988-1993 et 2022-2024). Il peut disparaître, au moins temporairement, lorsque le Gouvernement n'y dispose pas de majorité (même relative) lui permettant de gouverner durablement (2024-2025). Ces configurations parlementaires signent le retour à une pratique dans laquelle le Gouvernement doit chercher pour chaque texte des compromis avec les groupes politiques ne faisant pas partie de la majorité gouvernementale. On peut alors se demander si cette reparlementarisation du régime ne fait pas du Parlement le « maître de la législation » (voir sur ce point : J.-J. URVOAS, « Crise ou renaissance de la fonction parlementaire ? », *loc. cit.*).

législative (parce qu'elle n'existe pas), le Parlement ne peut pas non plus être systématiquement considéré comme le « maître de la législation » car l'élaboration de la loi ne relève pas toujours et pas exclusivement de lui.

De cette analyse du texte constitutionnel de 1958 et de cette approche théorique ressort un constat : si le Parlement est parfois identifié par le biais de sa fonction en ayant recours à l'expression de « fonction législative », cette identification est en pratique réductrice et donc erronée puisqu'elle ne permet pas de refléter la réalité de la fonction du Parlement ni de l'expliquer. En effet, il résulte de ce qui vient d'être exposé trois positions. La plus absolue consiste à dire que la « fonction » législative n'existe pas et ne peut donc pas être celle du Parlement. La position intermédiaire conduit à souligner que l'élaboration de la loi ne relève pas toujours et pas exclusivement du Parlement. Selon la dernière position, le Parlement assure la fonction législative mais assure également d'autres fonctions. À des degrés variables, ces trois positions nous montrent bien que le terme « législatif » est inapproprié pour définir la fonction du Parlement. Par ailleurs, l'analyse démontre que le terme « législatif » l'est tout autant pour désigner son pouvoir.

§ 2. L'incapacité à désigner le pouvoir du Parlement

Le Parlement est parfois identifié par le biais de son pouvoir en ayant recours à l'expression de « pouvoir législatif ». La première difficulté tient ici à la définition même de cette expression. Si elle est couramment utilisée, elle n'est pas pour autant fréquemment définie. L'on s'en tient ainsi le plus souvent à une référence à la théorie de la séparation des pouvoirs de Montesquieu. Cette référence peut d'ailleurs être intéressante car celui-ci évoque tantôt l'expression de « pouvoir législatif », tantôt celle de

« puissance législative »[1]. De ce point de vue, le pouvoir législatif peut alors être défini comme la puissance, la capacité de légiférer. Celle-ci peut être perçue au sens strict comme se limitant uniquement à l'étape de l'adoption de la loi, ou au sens large comme renvoyant à la procédure d'élaboration de la loi dans sa globalité. Dans les deux cas, et là encore, assimiler le pouvoir du Parlement à ce pouvoir législatif ne paraît pas *a priori* absurde tant cette assimilation est entrée dans le langage courant : le Parlement est censé détenir la capacité d'élaborer la loi. La lecture de la Constitution de 1958 pourrait d'ailleurs permettre de valider cette expression pour désigner le pouvoir du Parlement dans la mesure où les articles 45, 46, 47 et 47-1 détaillent la procédure législative et les modalités d'adoption des lois par le Parlement. C'est lui qui, en vertu de la Constitution, a la capacité d'adopter définitivement le texte qui devient alors loi, la promulgation par le Président de la République lui donnant force exécutoire[2]. Les articles 10 et 61 de la Constitution prévoient en effet que le texte adopté par le Parlement, avant même sa promulgation, est une « loi », ce que confirme d'ailleurs l'intitulé des décisions du Conseil constitutionnel en matière de contrôle de constitutionnalité *a priori*. De ce point de vue, l'expression « pouvoir législatif » semblerait donc bien pouvoir permettre de caractériser le pouvoir du Parlement. Toutefois, identifier celui-ci à celui-là peut à la réflexion être là encore réducteur. Cette expression est inappropriée pour désigner le pouvoir du Parlement car ce pouvoir n'est pas exclusivement et totalement détenu par lui[3]. Le

---

[1] MONTESQUIEU, *De l'esprit des lois*, 1748, p. 327 et p. 328.

[2] La promulgation permet ainsi d'attester « l'existence de la loi et donne aux autorités publiques l'ordre de l'observer et de la faire observer » (O. GOHIN, *Droit constitutionnel*, *op. cit.*, p. 1134).

[3] Il est alors possible de souscrire à l'analyse d'Armel Le Divellec qui, évoquant la problématique de la dénomination du pouvoir exécutif, a pu affirmer que « le problème se pose certes pour [cette] notion en

Parlement n'est en effet pas le seul à disposer de la capacité de légiférer lorsque celle-ci est entendue au sens strict et il n'en dispose pas à lui seul lorsqu'elle est entendue au sens large.

L'absence d'exclusivité du pouvoir législatif en faveur du Parlement

Si certains articles de la Constitution de 1958 confèrent au Parlement la capacité de légiférer, entendue au sens strict, ce même texte n'en fait pas le bénéficiaire exclusif. D'autres organes disposent également de ce pouvoir législatif : le Parlement « possède le pouvoir législatif, mais il n'en a juridiquement plus l'exclusivité »[1]. Certains articles du texte constitutionnel confèrent effectivement au gouvernement *lato sensu* et au peuple la capacité de légiférer, entendue au sens strict, c'est-à-dire la capacité d'adopter la loi privant ainsi le Parlement de l'exclusivité du pouvoir législatif.

Cette exclusivité est d'abord remise en cause par l'article 11 de la Constitution qui permet au Président de la République, sur proposition du Gouvernement ou sur proposition conjointe des deux assemblées, d'organiser un référendum législatif. Dans ce cadre, la capacité de légiférer entendue au sens strict est confiée aux citoyens qui se prononcent dans le cadre de la consultation sur l'adoption ou non d'une loi. Le fait que le Président de la République puisse organiser un tel référendum sur proposition

---

général mais également [pour] d'autres notions ou concepts : notamment celle de "pouvoir législatif", de Parlement (qui n'est pas réductible au terme précédent) » (A. LE DIVELLEC, « De la difficulté de penser en juriste une notion de "pouvoir gouvernant" », *in* P. JENSEL-MONGE, A. VIDAL-NAQUET (dir.), *Du pouvoir exécutif au pouvoir gouvernant*, *op. cit.*, p. 156).

[1] V. CONSTANTINESCO, S. PIERRÉ-CAPS, *Droit constitutionnel*, *op. cit.*, p. 384.

conjointe des assemblées et que, depuis la révision constitutionnelle de 1995[1], le Gouvernement ait l'obligation de faire une déclaration suivie d'un débat devant chaque assemblée lorsque le référendum est organisé sur proposition du Gouvernement n'y change rien dans la mesure où, au sens strict, la capacité de légiférer se limite uniquement à l'étape d'adoption de la loi. Ainsi, le premier cas est une simple alternative qui ne remet pas en cause la possibilité pour le Président de la République et le Gouvernement de prendre l'initiative d'un référendum sans avoir besoin de l'accord du Parlement. Le second cas permet d'associer le Parlement à la procédure mais ne lui confère pas pour autant une capacité de blocage dans la mesure où la déclaration suivie d'un débat organisé devant chaque assemblée n'aura aucune incidence juridique sur la suite de la procédure et donc sur l'adoption finale du texte.

Cette exclusivité est ensuite remise en cause par l'article 16 de la Constitution qui donne au Président de la République la plénitude des pouvoirs législatifs et réglementaires en période exceptionnelle. Le Président de la République peut donc, dans le cadre de la mise en application de cet article, exercer notamment « dans les matières énumérées à l'article 34 de la Constitution le pouvoir législatif »[2]. Il s'agit ici d'une véritable remise en cause de l'exclusivité du pouvoir législatif du Parlement dans la mesure où si les présidents des assemblées sont consultés avant le déclenchement de la procédure, cette consultation est sans effet contraignant pour le Président de la République. De même, si le Parlement se réunit de plein

[1] Loi constitutionnelle n° 95-880 du 4 août 1995 *portant extension du champ d'application du référendum, instituant une session parlementaire ordinaire unique, modifiant le régime de l'inviolabilité parlementaire et abrogeant les dispositions relatives à la Communauté et les dispositions transitoires*, *JO*, n° 181, 5 août 1995, p. 11744.

[2] CE, Ass., 2 mars 1962, *Rubin de Servens*, n° 55049, *Rec.* p. 143.

droit pendant la durée de l'application de l'article 16 de la Constitution, il n'a aucune prise sur le pouvoir législatif ainsi reconnu au chef de l'État.

Il convient enfin d'évoquer le cas des ordonnances de l'article 38 de la Constitution. Cet article permet au Gouvernement, sur habilitation du Parlement, « de prendre par ordonnances, pendant un délai limité, des mesures qui sont normalement du domaine de la loi »[1]. Le recours aux ordonnances s'est d'ailleurs accru. L'utilisation importante de celles-ci par le Gouvernement dans le cadre de la gestion de la crise sanitaire n'a été que le révélateur de cette tendance[2], Pierre de Montalivet évoquant dès 2017 « l'inflation des ordonnances » et soulignant que « les statistiques disponibles montrent que l'augmentation a acquis un caractère général et durable »[3]. Si elle peut être critiquée ou mal perçue, notamment par l'opposition, cette « législation par voie gouvernementale »[4] est toutefois encadrée. En effet, pour recourir aux ordonnances, le Gouvernement doit au préalable en obtenir l'autorisation auprès du Parlement. C'est donc ce dernier qui consent ou non à confier au Gouvernement la capacité d'adopter, à sa place et par voie d'ordonnances, des mesures qui relèvent normalement du domaine de la loi. De même, les dispositions d'une ordonnance relevant du domaine de la loi ne peuvent acquérir valeur législative qu'à la condition que le législateur les ratifie, la Constitution de 1958 précisant d'ailleurs, depuis la révision constitutionnelle de

---

[1] Article 38 de la Constitution du 4 octobre 1958.

[2] Voir en ce sens : J.-J. URVOAS, « Le rôle du Parlement en régime d'état d'urgence », *RDP*, 2021, n° hors-série, p. 121.

[3] P. DE MONTALIVET, « L'inflation des ordonnances », *RDP*, 2017, n° 1, p. 37.

[4] Doc., Sénat, n° 795, 22 juillet 2021, *Proposition de loi constitutionnelle garantissant le respect des principes de la démocratie représentative et de l'État de droit en cas de législation par ordonnance*, p. 4.

2008, qu'elles « ne peuvent être ratifiées que de manière expresse »[1]. De ce point de vue, si par sa décision du 28 mai 2020[2], le Conseil constitutionnel a décidé de qualifier de « dispositions législatives » (au sens de l'article 61-1 de la Constitution) les dispositions d'une ordonnance non ratifiée à la condition que le délai de ratification soit expiré, cela n'a pas pour effet de leur conférer le caractère de loi[3]. Ainsi, les interventions *a priori* et *a posteriori* du Parlement restent nécessaires pour que les mesures prises par ordonnances par le Gouvernement, dans le domaine de la loi, prennent pleine valeur législative. De ce point de vue, les ordonnances de l'article 38 de la Constitution ne remettent en cause l'exclusivité du pouvoir législatif du Parlement que du point de vue matériel (car les ordonnances portent sur des matières relevant de la loi) et non formel (car seul le Parlement peut autoriser le Gouvernement à recourir aux ordonnances et peut conférer à leurs dispositions valeur législative).

Le référendum d'initiative du Président de la République sur proposition du Gouvernement ou sur proposition conjointe des deux assemblées (article 11), les ordonnances (article 38), les pouvoirs de crise (article 16), sont autant de procédures qui reconnaissent aux citoyens (pour la première) et au gouvernement *lato sensu* (pour la deuxième

---

[1] Article 38 de la Constitution du 4 octobre 1958.

[2] CC, décision n° 2020-843 QPC du 28 mai 2020, *Force 5 [Autorisation d'exploiter une installation de production d'électricité]*, *JO*, n° 130, 29 mai 2020, texte n° 58.

[3] Sur ce débat, voir notamment : P. DEUMIER, « Les ordonnances non ratifiées ou la pyramide baroque », *RTD civ.*, 2020, n° 3, p. 596 ; J. PADOVANI, « Les ordonnances de l'article 38 de la Constitution : quelle nature juridique ? », *RFDA*, 2021, n° 3, p. 559 ; M. CARPENTIER, « Du système au bric-à-brac ? Le nouveau régime contentieux des ordonnances non ratifiées », *RDP*, 2021, n° 6, p. 1555 ; M. CARPENTIER, « Le Sénat et les ordonnances. Retour sur un curieux épisode de la vie parlementaire », *AJDA*, 2021, n° 41, p. 2380.

et la troisième) la capacité d'adoption et d'édiction de mesures ayant valeur législative ou relevant du domaine de la loi. Le Parlement ne dispose donc pas de l'exclusivité du pouvoir législatif, entendu au sens strict, sous la Ve République. Notons toutefois que si la capacité de légiférer au sens strict est reconnue à d'autres organes que le Parlement, en l'état actuel de la pratique sous la Ve République, soit ces deniers en disposent à leur guise (c'est-à-dire sans que le Parlement ne puisse les priver de cette capacité) mais alors ils n'en usent que très rarement (tel est le cas pour l'article 11 et l'article 16 de la Constitution), soit ils y ont fréquemment recours (tel est le cas de l'article 38 de la Constitution) mais alors les interventions *a priori* et *a posteriori* du Parlement restent nécessaires. Cette absence d'exclusivité du pouvoir législatif au profit du Parlement est donc de ce point de vue à relativiser.

Dans tous les cas, si, entendu au sens strict (comme se limitant à l'étape de l'adoption de la loi), le pouvoir législatif n'est pas exclusivement détenu par le Parlement, entendu au sens large (comme renvoyant à la procédure d'élaboration de la loi dans sa globalité), il n'est pas totalement détenu par les assemblées.

Le caractère incomplet du pouvoir législatif du Parlement

Si nous avons dit précédemment que certains articles de la Constitution de 1958 confèrent au Parlement la capacité de légiférer, il est toutefois possible d'atténuer cette affirmation : le Parlement, en effet, n'a pas la capacité de légiférer à lui seul. Entendue au sens large, c'est-à-dire comme renvoyant à la procédure législative dans sa globalité, la capacité de légiférer du Parlement et donc son pouvoir législatif sont en effet incomplets.

Cela s'explique d'abord juridiquement par l'absence de maîtrise par le Parlement de l'ensemble de la procédure législative, ce qui est d'ailleurs la règle en régime parlementaire. En effet, dans la conception traditionnelle, le régime parlementaire repose sur un équilibre organique (les différents organes disposent de moyens politiques leur permettant de se contrôler et de s'influencer mutuellement) et sur une collaboration fonctionnelle (ils sont tenus de collaborer dans l'exercice des activités étatiques). Cette dernière se manifeste notamment par le fait que le chef de l'État et/ou le chef du Gouvernement interviennent dans la procédure législative avant le vote de la loi (en ayant l'initiative des lois), pendant ce vote (les membres du Gouvernement peuvent intervenir dans la discussion de la loi, proposer des modifications et ceci même lorsque le texte est d'origine parlementaire, les ministres ont le droit d'assister aux réunions des chambres, ils interviennent dans les débats et défendent leur projet) et après le vote de la loi (le chef de l'État peut demander une deuxième lecture et généralement il promulgue les textes votés). Ces caractéristiques se retrouvent sous la Ve République ; elles y sont d'ailleurs accentuées dans la mesure où ce régime est marqué par la rationalisation du parlementarisme. Cette dernière, destinée à renforcer la place du chef de l'État et du chef du Gouvernement, vise à encadrer le travail législatif et à donner au gouvernement les moyens d'imposer ses textes et sa volonté au Parlement (par les modalités de fixation de l'ordre du jour, la limitation du domaine de la loi, l'encadrement du droit d'amendement par exemple). Le principe même du régime parlementaire et la particularité des mécanismes de rationalisation du parlementarisme ont pour conséquence que le Parlement ne maîtrise pas l'ensemble de la procédure législative. Son pouvoir législatif est donc juridiquement incomplet. Suivant cette logique, Pierre Brunet, Francis Hamon et Michel Troper considèrent ainsi que, sous la Ve République, le Gouvernement est un « organe législatif partiel » dans la mesure où « son consentement est indispensable à la formation de la loi »[1].

Cela s'explique ensuite politiquement car en présence du fait majoritaire (couplé aux mécanismes de rationalisation du parlementarisme) c'est davantage le gouvernement qui légifère que le Parlement. Jean Gicquel et Jean-Éric Gicquel notent ainsi qu'il convient « d'écarter cette dénomination [de pouvoir législatif] qui, pour être courante, n'en est pas moins inexacte car [elle] ignore la réalité contemporaine. Sous la pression de la rationalisation de l'activité parlementaire [...] et de la discipline majoritaire [...] le Parlement est moins le législateur que le titulaire du pouvoir exécutif. Les assemblées mettent en forme juridique la volonté que ce dernier exprime, sous le contrôle du Conseil constitutionnel »[2]. Ces auteurs utilisent d'ailleurs l'expression de « Gouvernement-législateur » pour traduire cette réalité dans laquelle le gouvernement dispose de la maîtrise du processus d'élaboration et d'exécution de la loi[3]. Cette expression traduit bien ce que notait déjà René Capitant en 1934 à propos du régime britannique. Analysant son fonctionnement, il relevait que « le gouvernement [...] se caractérise par la concentration des pouvoirs aux mains du Premier ministre. Il gouverne et il légifère. Appuyé sur sa majorité, c'est lui qui dresse et impose aux Communes le programme législatif de la session. L'initiative parlementaire ne s'exerce plus et le vote des Communes se borne à faire écho au programme du cabinet »[4].

---

[1] P. BRUNET, F. HAMON, M. TROPER, *Droit constitutionnel*, *op. cit.*, p. 147.

[2] J. GICQUEL, J.-É. GICQUEL, *Droit constitutionnel et institutions politiques*, *op. cit.*, p. 771.

[3] *Ibid.*, p. 872.

[4] R. CAPITANT, « La réforme du parlementarisme », *op. cit.*, p. 327. De la même manière, Paul Gaudemet affirmait en 1961 que « le gouvernement prépare la plus grande partie des projets de lois. [...] le

À ce stade, il est possible de s'appuyer sur trois exemples qui illustrent parfaitement le caractère incomplet du pouvoir législatif du Parlement. Premièrement, la gestion de la crise sanitaire a bien montré que le Parlement n'intervenait bien souvent qu'après le Président de la République afin de valider les mesures législatives annoncées plus tôt par celui-ci. Le cas de la loi du 5 août 2021 relative à la gestion de la crise sanitaire[1] et instaurant le « passe sanitaire » en est le parfait exemple en ce que ce texte décline les mesures de restrictions sanitaires annoncées dès le 12 juillet 2021 par Emmanuel Macron. Deuxièmement, une part importante des lois adoptées sont d'origine gouvernementale même si les proportions peuvent varier. À titre d'exemple, si l'on tient compte des textes (hors conventions internationales) définitivement adoptés, 25 sur 46 étaient d'origine gouvernementale lors de la session[2] 2016-2017, 29 sur 41 l'étaient lors de la session 2017-2018, 26 sur 51 l'étaient lors de la session 2018-2019, 26 sur 44 l'étaient lors de la session 2019-2020 et 35 sur 54 l'étaient lors de la session 2020-2021[3]. Troisièmement, en dépit des espoirs qu'a pu susciter la révision constitutionnelle de 2008 qui devait permettre à la majorité gouvernementale de légiférer « elle-même dans le cadre des séances d'initiatives parlementaires » et

---

Parlement lui-même ne fait qu'entériner les initiatives gouvernementales [...]. Loin d'avoir le monopole de l'élaboration des règles de droit, les assemblées élues en laissent la charge essentielle au gouvernement » (P. GAUDEMET, « La séparation des pouvoirs. Mythe et réalité », *loc. cit.*, p. 123).

[1] Loi n° 2021-1040 du 5 août 2021 *relative à la gestion de la crise sanitaire*, *JO*, n° 181, 6 août 2021, texte n° 2.

[2] Nous reprenons ici le terme de « session » tel qu'il est utilisé dans les statistiques fournies par l'Assemblée nationale. Il doit alors être compris comme couvrant la temporalité du 1er octobre d'une année au 30 septembre de l'année suivante.

[3] Données statistiques disponibles sur les sites de l'Assemblée nationale et du Sénat.

qu'advienne « l'ère de la "coproduction" législative », force est de constater avec Julie Benetti que si la réforme a donné de nouveaux moyens d'action, les parlementaires n'en ont pas tiré toutes les potentialités[1]. Ces trois exemples illustrent ainsi l'idée selon laquelle, en matière législative, en présence du fait majoritaire, le Parlement « se borne, pour l'essentiel, à entériner la volonté gouvernementale »[2]. Tel n'est d'ailleurs plus le cas lorsque disparaît le fait majoritaire, à l'image de la période issue des élections législatives de 2024. En effet, ces élections, qui n'ont pas permis de dégager une majorité claire et constante à l'Assemblée nationale, ont entraîné la disparition, au moins temporaire, du fait majoritaire. Cela a notamment eu pour conséquence que la proportion des propositions de loi parmi les textes définitivement adoptés a considérablement augmenté au cours de la session 2024-2025 (ce mouvement ayant par ailleurs été amorcé au cours de la XVIe législature marquée par une atténuation du fait majoritaire)[3].

Au terme de cette analyse du terme « législatif », il apparaît que son usage pour qualifier la fonction et le pouvoir du Parlement est inadéquat. Le Parlement a en effet d'autres fonctions que la fonction législative et l'existence même de cette dernière est contestable. Par ailleurs, le pouvoir législatif n'est pas exclusivement et totalement détenu par le Parlement. Il résulte de ce qui précède que si le terme « législatif » est inapproprié pour désigner une fonction et un pouvoir, il est logiquement devenu

---

[1] J. BENETTI, « Les rapports entre gouvernement, groupes de la majorité et groupes d'opposition », *loc. cit.*, p. 4 et p. 5.

[2] J. GICQUEL, « La reparlementarisation : une perspective d'évolution », *Pouvoirs*, 2008, n° 126, p. 49.

[3] Au cours de la session 2024-2025, 45 propositions de loi ont ainsi été adoptées alors que seuls 11 projets de loi (hors conventions internationales) l'ont été (Données statistiques disponibles sur le site de l'Assemblée nationale).

inapproprié pour désigner l'organe parlementaire qui est censé exercer cette fonction et ce pouvoir. Ainsi, même s'il est encore fréquemment utilisé à raison notamment du long usage qui s'y attache, force est de constater qu'il ne correspond pas à la réalité qu'il prétend désigner, à savoir, l'organe parlementaire, sa fonction et son pouvoir. À travers l'inadéquation du terme « législatif », ce sont donc les limites de l'approche par la théorie de la séparation des pouvoirs pour désigner le Parlement qui sont relevées. La remise en cause de ce premier cadre conceptuel traditionnel appelle alors celle du second. Ce sont ainsi les insuffisances de l'analyse unifiée du Parlement pour l'appréhender qui peuvent être étudiées.

Section 2 : Les insuffisances de l'analyse unifiée du Parlement

Sous la Ve République, le « parallélisme inversé » de présentation des institutions de 1958 se traduit par une approche duale du Président de la République et du Gouvernement *stricto sensu* (l'accent est ainsi mis sur le bicéphalisme et non sur les éléments d'unité) et par une analyse unifiée du Parlement (est mise en avant son unité au travers des règles qui lui sont applicables, les spécificités de chacune des deux assemblées, notamment leur mode d'élection, n'étant envisagées qu'à titre second). C'est donc cette analyse utilisée pour appréhender le Parlement, non pas en tant qu'organe ayant une fonction et exerçant un pouvoir mais du point de vue des rapports de force politique qui s'y trouvent, qui sera ici examinée sous deux angles : d'un point de vue concret et d'un point de vue symbolique. Sur le premier point, nous constaterons son incapacité à traduire la réalité qu'elle prétend désigner et donc à caractériser la réalité parlementaire (§ 1). Sur le second point, nous soulignerons les risques qu'elle porte en elle, à savoir celui de symboliser l'indifférenciation des deux chambres (§ 2). Dans les deux cas, nous verrons que les insuffisances de l'approche unifiée du Parlement pour appréhender ce dernier sont en partie liées à l'apparition du fait majoritaire sous la Ve République et sont donc davantage spécifiques au Parlement des institutions de 1958 même si elles ne s'y limitent pas.

§ 1. L'incapacité à caractériser la réalité parlementaire

La présentation unifiée du Parlement sous la Ve République comporte un certain nombre d'avantages et présente une certaine pertinence. L'organisation du Parlement comporte des règles communes et spécifiques aux deux assemblées, comme le montrent les exemples du statut des parlementaires, du contentieux des élections législatives et sénatoriales, des organes du travail parlementaire, des sessions et des séances parlementaires. Du point de vue des attributions du Parlement, les deux chambres se voient confier les mêmes aux termes de l'article 24 de la Constitution, à savoir le vote la loi, le contrôle de l'action du Gouvernement et l'évaluation des politiques publiques, même si leurs prérogatives diffèrent avec, notamment, la possibilité de « dernier mot » pour l'Assemblée nationale en matière législative et l'impossibilité pour le Sénat, contrairement à l'Assemblée nationale, de renverser le Gouvernement. Dès lors, quoi de plus normal que d'évoquer de manière générale l'organisation du Parlement et ses attributions ? Ce parti pris est ainsi retenu par de nombreux manuels de droit constitutionnel[1]. Si cet aspect n'est, en soi, pas critiquable,

---

[1] Voir par exemple : Ph. ARDANT, B. MATHIEU, *Droit constitutionnel et institutions politiques*, *op. cit.* ; B. CHANTEBOUT, *Droit constitutionnel*, *op. cit.* ; L. FAVOREU, P. GAIA, R. GHEVONTIAN, J.-L. MESTRE, O. PFERSMANN, A. ROUX, G. SCOFFONI, *Droit constitutionnel*, *op. cit.* ; J. GICQUEL,

il porte néanmoins en lui le risque d'une généralisation de cette présentation unifiée à des aspects de la vie des assemblées qui ne s'y prêtent guère. Tel est le cas de l'analyse des rapports de force politique au sein du Parlement à travers l'expression de « majorité parlementaire ». Cette expression est en effet fréquemment utilisée par la doctrine[1]. L'auteur lui-même de ces lignes

---

J.-É. GICQUEL, *Droit constitutionnel et institutions politiques*, *op. cit.* ; O. GOHIN, *Droit constitutionnel*, *op. cit.* ; P. BRUNET, F. HAMON, M. TROPER, *Droit constitutionnel*, *op. cit.* ; F. MÉLIN-SOUCRAMANIEN, *Droit constitutionnel*, *op. cit.* ; H. PORTELLI, Th. EHRARD, *Droit constitutionnel*, *op. cit.* ; M. VERPEAUX, *Droit constitutionnel français*, *op. cit.*

[1] On retrouve cette expression dans les thématiques de recherches (voir par exemple : J.-C. ZARKA, *Fonction présidentielle et problématique majorité présidentielle/majorité parlementaire sous la Ve République (1986-1992)*, LGDJ, 1992 ; P. AVRIL, « La majorité parlementaire ? », *Pouvoirs*, 1994, n° 68, p. 45-53 ; B. FRANÇOIS, « La question de la majorité parlementaire sous la Cinquième République », *in Mélanges Pierre Avril. La République*, Montchrestien, 2001, p. 319) et dans leurs développements (voir par exemple : P. AVRIL, « La nature de la Ve République », *Cahiers français*, 2001, n° 300, p. 6 ; J.-P. CAMBY, « Le droit parlementaire, droit de la minorité ? », *in Mélanges Pierre Avril. La République*, Montchrestien, 2001, p. 419 ; B. MATHIEU, « Séance d'ouverture du VIIe Congrès de droit constitutionnel », *RFDC*, 2009, n° 77, p. 36 ; O. DORD, « Vers un rééquilibrage des pouvoirs publics en faveur du Parlement », *RFDC*, 2009, n° 77, p. 108 ; A. VIDAL-NAQUET, « L'institutionnalisation de l'opposition. Quel statut pour quelle opposition ? », *RFDC*, 2009, n° 77, p. 153 ; M. AFROUKH, « La portée du nouveau droit de message à la lumière de la déclaration du Président de la République au Congrès du 22 juin 2009 », *RFDC*, 2011, n° 87, p. 10 ; J. BENETTI, « Les rapports entre gouvernement, groupes de la majorité et groupes d'opposition », *loc. cit.*, p. 5 ; J. BENETTI, « Le président du groupe majoritaire », *Pouvoirs*, 2013, n° 146, p. 33 ; H. PORTELLI, « Le temps parlementaire », *Pouvoirs*, 2013, n° 146, p. 81 ; A. VIDAL-NAQUET, « Le renouveau de l'opposition », *Pouvoirs*, 2013, n° 146, p. 136 ; G. TOULEMONDE, « Anciens présidents de la République : de la force des symboles », *Constitutions*, 2016, n° 4, p. 595 ; D. CONNIL, « Pour des secrétaires d'État parlementaires », *Constitutions*, 2017,

admet l'utiliser[1]. Elle est bien la traduction d'une approche unifiée du Parlement puisqu'elle suppose qu'est envisagée la question de la majorité politique soutenant le Gouvernement (et donc *a contrario* de l'opposition et de la minorité) au niveau du Parlement dans son ensemble sans distinguer l'Assemblée nationale et le Sénat. L'utilisation de cette expression est pourtant contestable en ce qu'elle ne permet pas de traduire et d'expliquer la réalité du Parlement et des rapports de force qui s'y développent[2]. Quatre niveaux d'analyse tendent à le démontrer.

L'abus de langage. Premièrement, cette expression peut constituer un abus de langage par rapport à la réalité qu'elle souhaite désigner. En effet, l'expression « majorité parlementaire » est le plus souvent utilisée par la doctrine pour désigner la majorité de l'Assemblé nationale soutenant le gouvernement[3]. Une telle utilisation traduit ainsi une

---

n° 4, p. 534 ; J.-F. KERLÉO, « Controverses sur l'exigence d'exemplarité politique », *Constitutions*, 2018, n° 3, p. 383).
Notons également que le juge utilise parfois cette expression (voir par exemple : CE, 7 juillet 1999, *Front National*, n° 198357).

[1] V. BOYER, *La gauche et la seconde chambre de 1945 à nos jours*, L'Harmattan, Paris, 2007, p. 170.

[2] Précisons toutefois qu'il s'agit moins de s'interroger sur la notion de « majorité » que sur sa qualification de « parlementaire ». Sur la notion de « majorité », voir notamment : J.-M. DENQUIN, « Recherches sur la notion de majorité sous la Ve République », *RDP*, 1993, p. 949-1015.

[3] Cette utilisation apparaît très clairement dans certains travaux. Voir notamment : P. AVRIL, « La majorité parlementaire ? », *loc. cit.*, p. 45. Toutefois, cela n'est pas toujours aisé à déterminer car, le plus souvent, la doctrine ne précise pas le sens attribué à cette expression lorsqu'elle y recourt. À la lecture de certains travaux et compte tenu du raisonnement retenu, tel semble néanmoins être le cas dans les études suivantes : B. MATHIEU, « Séance d'ouverture du VIIe Congrès de droit constitutionnel », *loc. cit.*, p. 36 ; A. VIDAL-NAQUET, « L'institutionnalisation de l'opposition. Quel statut pour quelle opposition ? », *loc. cit.*, p. 153 ; « J. BENETTI, « Le président du

assimilation de la majorité parlementaire à la majorité de l'Assemblée nationale et donc du Parlement à l'Assemblée nationale. Partant sans doute du fait que, sous la Ve République, est apparu le fait majoritaire, que le Gouvernement n'est responsable politiquement que devant l'Assemblée nationale et que celle-ci peut avoir le dernier mot en matière législative en cas de désaccord avec le Sénat, une telle utilisation nie cependant totalement, volontairement ou incidemment, l'existence du Sénat et son rôle dans l'élaboration de la loi, le contrôle du Gouvernement et l'évaluation des politiques publiques[1]. Sans y souscrire, il est aisé de comprendre cette assimilation ne serait-ce qu'en raison du recours à cette même assimilation par la loi constitutionnelle du 3 juin 1958 portant dérogation transitoire aux dispositions de l'article 90 de la Constitution[2] et par l'article 20 de la Constitution de 1958. Ces deux textes précisent effectivement que le Gouvernement est « responsable devant le Parlement » même si la responsabilité politique du Gouvernement ne peut être engagée que devant la seule Assemblée nationale en vertu des articles 49 et 50 de la Constitution de 1958. Selon Raymond Janot, cette rédaction du troisième principe de la loi du 3 juin 1958 (et cela semble donc applicable à l'article 20 de la Constitution de 1958)

---

groupe majoritaire », *loc. cit.*, p. 33 ; A. VIDAL-NAQUET, « Le renouveau de l'opposition », *loc. cit.*, p. 136.

[1] « La Haute Assemblée est généralement, sinon exclue, du moins oubliée, de cette réflexion en termes de bloc majoritaire et de minorité parlementaire. Ainsi, lorsqu'on évoque le gouvernement et sa majorité parlementaire, la majorité parlementaire désigne dans la plupart des cas uniquement la majorité de l'Assemblée nationale soutenant le gouvernement sans que soient pris en compte les sénateurs » (V. BOYER, « Le Sénat, contre-pouvoir au bloc majoritaire ? », *RFDC*, 2011, n° 85, p. 43).

[2] Loi constitutionnelle du 3 juin 1958 *portant dérogation transitoire aux dispositions de l'article 90 de la Constitution*, *JO*, n° 130, 4 juin 1958, p. 5326.

n'avait pas pour intention de prévoir la responsabilité du Gouvernement devant les deux chambres. Il avait pour but d'affirmer la nature parlementaire du nouveau régime[1]. Cette explication pourrait d'ailleurs s'appliquer en partie à l'expression « majorité parlementaire » : elle traduirait l'existence, dans un régime parlementaire, d'une majorité au sein de la première chambre soutenant le Gouvernement.

L'imprécision et l'indétermination. Deuxièmement, l'expression de « majorité parlementaire » peut porter en elle une imprécision voire une indétermination quant à la réalité qu'elle désigne. En effet, la doctrine utilise parfois cette expression pour désigner non plus seulement la majorité des députés soutenant le gouvernement mais la majorité des députés et la partie des sénateurs soutenant le gouvernement[2]. Tout comme la première utilisation de cette

---

[1] *Documents pour servir à l'histoire de l'élaboration de la Constitution du 4 octobre 1958*, Volume III, La Documentation Française, Paris, 1988, p. 150 : Conseil d'État, Commission constitutionnelle chargée de l'examen du projet de réforme constitutionnelle (25 et 26 août 1958).
Voir également : V. BOYER, *La gauche et la seconde chambre de 1945 à nos jours*, *op. cit.*, p. 138-139.

[2] Comme précédemment et pour les mêmes raisons, cela n'est pas toujours aisé à déterminer. Tel semble néanmoins être le cas dans l'étude suivante : M. AFROUKH, « La portée du nouveau droit de message à la lumière de la déclaration du Président de la République au Congrès du 22 juin 2009 », *loc. cit.*, p. 10.
Telle est également la position d'Alexis Fourmont. Celui-ci relève que « la majorité d'une haute assemblée [peut] faire partie de l'opposition parlementaire ». Cela suppose donc implicitement la possibilité d'inclure certains membres de la seconde chambre dans la majorité parlementaire (A. FOURMONT, *L'opposition parlementaire en droit constitutionnel*, LGDJ, Paris, 2019, p. 3).
Telle est en outre la position que nous avons pu défendre dans certains de nos travaux. Voir par exemple : V. BOYER, « Le Sénat, contre-pouvoir au bloc majoritaire ? », *loc. cit.*, p. 43 : « […] du fait de l'apparition du fait majoritaire au Sénat et de l'enrôlement de ce dernier dans la logique majoritaire, le Sénat ne peut plus être exclu de ce

expression, ce second emploi traduit l'idée que la majorité parlementaire se définit toujours par rapport à celle de l'Assemblée nationale (sans doute pour les raisons précédemment évoquées). Si le Sénat n'est donc pas totalement nié, il n'est pour autant appréhendé que par rapport à la première chambre. Ce second emploi de l'expression en cause révèle surtout une indétermination quant à la réalité qu'elle désigne.

L'occultation. Troisièmement, l'expression de « majorité parlementaire » traduit une occultation de cette même réalité. En effet, telle qu'elle est utilisée, c'est-à-dire qu'il s'agisse de désigner la majorité des députés soutenant le Gouvernement ou cette même majorité à laquelle s'ajoutent les sénateurs le soutenant également, cette expression ne tient pas compte de deux éléments : d'une part, il existe une majorité et une opposition au Sénat et, d'autre part, celles-ci peuvent être différentes de celles de l'Assemblée nationale.

Sur le premier point, il faut effectivement constater que s'il existe une majorité et une opposition (ou des oppositions) à l'Assemblée nationale, il existe de la même

---

raisonnement en termes de bloc majoritaire et de minorité parlementaire. En effet, en raison de l'apparition du phénomène majoritaire au Sénat, de son enrôlement dans la logique majoritaire, la majorité et l'opposition sénatoriales vont se positionner par rapport au gouvernement, soit comme soutiens, soit comme opposants. Dans le cadre présidentialiste de la Ve République, les sénateurs de la majorité et de la minorité vont également se positionner face au chef de l'État soit en tant que soutiens soit en tant qu'opposants. Les sénateurs se positionnent donc par rapport aux contingences politiques. Majorité et opposition sénatoriales doivent donc être intégrées dans le raisonnement en termes de bloc majoritaire et de minorité parlementaire. Le bloc exécutif/législatif ne se limite pas ainsi au gouvernement et à sa majorité à l'Assemblée nationale mais comprend également une partie du Sénat. Certains sénateurs font donc partie de la majorité parlementaire ».

manière une majorité et une opposition (ou des oppositions) au Sénat. La spécificité du Sénat dans le système bicaméral de la Ve République a longtemps été liée à la spécificité des groupes sénatoriaux le composant. Ceux-ci, à la différence des groupes de l'Assemblée nationale, n'avaient pas de correspondance partisane claire puisqu'ils n'étaient pas clairement liés à un parti politique. Il existait bien quelques exceptions mais elles restaient minoritaires[1]. Or, depuis la fin des années soixante-dix ou le début des années quatre-vingt, les groupes aux correspondances partisanes claires, forts de leurs succès électoraux et compte tenu du ralliement de certains sénateurs, ont vu leurs effectifs augmenter au détriment des groupes traditionnels du Sénat[2]. Ces groupes qui enjambent les frontières partisanes sont moins nombreux et leurs effectifs sont moins importants. Ils sont supplantés par les formations que l'on retrouve également à l'Assemblée nationale. Il y a ainsi une reproduction au Sénat des groupes politiques de la chambre basse.

À titre d'exemple, on retrouve au 30 septembre 2025, à l'Assemblée nationale, les groupes « Ensemble pour la République » (91 membres), « Socialistes » (68 membres), « Droite Républicaine » (50 membres), « Écologiste et Social » (38 membres), « Les Démocrates » (36 membres). Ces députés (mais on pourrait ici citer d'autres exemples) appartiennent à des groupes aux correspondances partisanes claires. Dans le même temps, on retrouve au Sénat les groupes « Les Républicains » (130 membres), « Socialiste, Écologiste et Républicain » (65 membres), « Union Centriste » (59 membres), « Rassemblement des Démocrates, Progressistes et Indépendants » (19

[1] Pour des exemples, voir : V. BOYER, « Le Sénat, contre-pouvoir au bloc majoritaire ? », *loc. cit.*, p. 44-45.
[2] Pour des exemples, voir : *Ibid.*, p. 45-47.

membres)[1], « Communiste Républicain Citoyen et Écologiste » (18 membres). S'il existe toujours au Sénat des groupes qui incarnent la tradition sénatoriale et qui échappent à ces références partisanes (tels les groupes du « Rassemblement Démocratique et Social Européen » et « Les Indépendants - République et Territoires »), ce sont ainsi 291 sénateurs qui appartiennent à des groupes aux correspondances partisanes claires et que l'on retrouve également à l'Assemblée nationale.

Le renforcement de ces groupes a eu pour conséquence l'apparition au sein du Sénat d'une « majorité » et d'une « opposition »[2]. Alain Delcamp a ainsi pu affirmer que depuis 1974 et surtout 1981 sont apparues les notions de « majorité sénatoriale » et d'« opposition sénatoriale » alors que pendant longtemps c'est du Sénat tout court dont il était question lorsqu'il s'agissait de faire allusion à la Haute Assemblée[3]. Cela pose d'ailleurs la question de l'identification de la majorité sénatoriale. Celle-ci ne se définit pas par son soutien (ou son opposition) au Gouvernement mais par l'obtention de la majorité des sièges de sénateurs et/ou la désignation du président du

---

[1] Dans sa déclaration politique du 3 octobre 2023, ce groupe affirme qu'il s'inscrit « dans la majorité présidentielle ».

[2] Pour approfondir, voir : V. BOYER, « Le Sénat, contre-pouvoir au bloc majoritaire ? », *loc. cit.*, p. 47-49 ; V. BOYER, « Analyse institutionnelle de l'alternance de 2011 au Sénat », *in Mélanges en hommage à Henry Roussillon. Le pouvoir, mythes et réalité*, Presses de l'Université Toulouse 1 Capitole, 2014, p. 1190-1192.

[3] A. DELCAMP, *Le Sénat et la décentralisation*, Economica, Paris, 1991, p. 17.

Voir dans le même sens : G. TUSSEAU, *Droit constitutionnel et institutions politiques*, Seuil, 7e édition, 2024, p. 1013-1014.

L'absence de majorité et d'opposition au Sénat a alors pu être un élément expliquant l'usage de l'expression « majorité parlementaire » pour désigner la majorité de l'Assemblée nationale (et éventuellement les sénateurs) soutenant le Gouvernement.

Sénat[1]. Concrètement, cette apparition d'une majorité et d'une opposition au Sénat a pu se manifester par la création en son sein, à partir de 1981, d'une instance dénommée « concertation de la majorité sénatoriale » ayant pour but d'arrêter une position commune entre les groupes de cette majorité. Cette instance s'est ensuite transformée en intergroupe « majorité sénatoriale » confirmant le développement au Sénat d'un clivage majorité/opposition[2]. La création le 10 décembre 2002 du groupe « Union pour un Mouvement Populaire » au Sénat, auquel adhère la quasi-totalité de la majorité sénatoriale n'a finalement été que l'aboutissement de cet intergroupe.

La possibilité, reconnue depuis la révision constitutionnelle de 2008, pour les groupes sénatoriaux (tout comme pour ceux de l'Assemblée nationale) de se déclarer comme groupe minoritaire ou d'opposition n'a fait que consacrer juridiquement cette situation politique de clivage. C'est d'ailleurs parce que la Haute Assemblée est soumise à la dichotomie majorité-opposition, qu'elle a pu être concernée par les alternances qui s'y sont produites en 2011 et 2014[3]. Parmi les conditions nécessaires à l'alternance figure en effet l'existence « d'une suffisante bipolarisation des forces politiques en compétition »[4]. La

---

[1] Sur ce point, voir : V. BOYER, « Analyse institutionnelle de l'alternance de 2011 au Sénat », *in Mélanges en hommage à Henry Roussillon. Le pouvoir, mythes et réalité*, *op. cit.*, p. 1196-1199.

[2] Pour approfondir, voir : V. BOYER, *La gauche et la seconde chambre de 1945 à nos jours*, *op. cit.*, p. 164 ; L. FONDRAZ, *Les groupes parlementaires au Sénat sous la Ve République*, Economica, Paris, 2000, p. 160.

[3] Pour approfondir, voir : V. BOYER, « Le Sénat et l'alternance (25 septembre 2011 - 1er octobre 2014) », *Politeia*, 2014, n° 26, p. 15-28.

[4] O. DUHAMEL, Y. MÉNY, *Dictionnaire constitutionnel*, PUF, 1992, p. 26.

Voir également : V. BOYER, « Analyse institutionnelle de l'alternance de 2011 au Sénat », *in Mélanges en hommage à Henry Roussillon. Le pouvoir, mythes et réalité*, *op. cit.*, p. 1190.

présidence du Sénat, de 1958 à 1998, par des sénateurs appartenant à des groupes sénatoriaux du centre (Gaston Monnerville, de 1959 à 1968, membre du groupe de la « Gauche démocratique », Alain Poher, de 1968 à 1992, membre du groupe « Union Centriste des démocrates de progrès » devenue en 1984 « Union Centriste » et René Monory, de 1992 à 1998, membre du groupe « Union Centriste ») traduisait jusqu'alors la faible bipolarisation de cette assemblée et rendait impossible l'alternance. Depuis 1998, les présidents du Sénat qui se succèdent (Christian Poncelet de 1998 à 2008, Gérard Larcher de 2008 à 2011, Jean-Pierre Bel de 2011 à 2014 et Gérard Larcher depuis 2014) appartiennent à des groupes sénatoriaux de droite ou de gauche (groupe « Rassemblement pour la République », groupe « Union pour un Mouvement Populaire », groupe « Socialiste », groupe « Les Républicains ») traduisant ainsi une bipolarisation du Sénat et rendant donc possible l'alternance. L'élection d'Emmanuel Macron à la présidence de la République ne contredit pas ce constat dans la mesure où si elle a remis (temporairement ?) en cause la bipolarisation droite/gauche, demeurent à l'Assemblée nationale comme au Sénat des groupes composant la majorité et d'autres constituant l'opposition ou les oppositions. Il existe donc au Sénat, tout comme à l'Assemblée nationale, une majorité et une opposition. La seule différence réside dans le fait qu'au Sénat, la majorité et l'opposition peuvent soutenir ou s'opposer au gouvernement.

Ces derniers éléments sont liés au second point. Celui-ci nous amène à constater que les majorités et les oppositions présentes au sein de chaque chambre ne coïncident pas forcément. La majorité sénatoriale n'est pas forcément une majorité soutenant le Gouvernement. Sous la Ve République, depuis 1981 (date à laquelle on peut considérer qu'apparaissent une majorité et une opposition au Sénat) plusieurs périodes permettent d'en faire le constat. Tel est le cas de 1981 à 1986, de 1988 à 1993 (même si les votes favorables du Sénat en 1989 et 1991 dans le cadre de la procédure de l'article 49, alinéa 4 de la Constitution peuvent nous amener à nuancer ce propos[1]), de 1997 à 2002, de 2011 à 2012, de 2014 à 2017 et de 2017 à 2022[2]. Pour cette dernière période, cette différence entre la majorité de l'Assemblée nationale et celle du Sénat s'est notamment manifestée, le 13 juin 2019, par le vote de désapprobation du Sénat intervenu à l'issue d'une déclaration de politique générale du Gouvernement prononcée dans le cadre de l'article 49, alinéa 4 de la Constitution. Il convient toutefois de nuancer cette différence car ce vote a été marqué par une très forte abstention (181 sénateurs ne participant pas au vote). Si en s'abstenant les sénateurs ont signifié leur refus de soutenir le Gouvernement, par cette même abstention ils ont refusé de s'y opposer[3]. Cette énumération conduit à remarquer que les périodes de coexistence entre un Président de la République et un chef de Gouvernement de bords politiques opposés sont moins fréquentes que les périodes de coexistence entre une Assemblée nationale et un Sénat de majorités différentes : la cohabitation *gouvernementale* (c'est-à-dire au sein du gouvernement *lato sensu*) et ainsi moins fréquente que la cohabitation *parlementaire* (c'est-à-

---

[1] V. BOYER, « L'article 49, alinéa 4 C. De la volonté des constituants à la pratique politique », *Pouvoirs*, 2021, n° 176, p. 146 et p. 148.
Dans les deux cas, la particularité du contexte lié à la situation internationale dans lequel a été utilisé cet article (la chute du Mur de Berlin en 1989, la Guerre du Golfe en 1991), nous conduit à nuancer le propos, sans toutefois le remettre en cause.

[2] Compte tenu des résultats des élections législatives de 2022 puis de 2024, la période correspondant au second quinquennat d'Emmanuel Macron est plus difficilement classable selon cette grille de lecture.

[3] Pour approfondir, voir : V. BOYER, « L'article 49, alinéa 4 C. De la volonté des constituants à la pratique politique », *loc. cit.*, p. 147.

dire au sein du Parlement). L'expression « majorité parlementaire » conduit pourtant à nier totalement cette situation.

Il résulte de ce qui précède que la majorité et l'opposition parlementaires n'existent réellement que lorsque les majorités de l'Assemblée nationale et du Sénat coïncident, c'est-à-dire lorsqu'il existe une majorité homogène de députés et de sénateurs. La période 2002-2004 en est le parfait exemple puisque les groupes « Union pour un Mouvement Populaire » de l'Assemblée nationale et du Sénat étaient les groupes numériquement les plus importants dans chaque assemblée et y disposaient même de la majorité absolue dans chacune d'elles. En l'absence d'une telle coïncidence, il convient alors de parler non plus de « majorité parlementaire » au singulier mais « des » majorités parlementaires au pluriel voire, si l'on souhaite distinguer les deux chambres, de « majorité législative »[1] (ou de « majorité à l'Assemblée nationale ») et de « majorité sénatoriale ».

La confusion. Quatrièmement, l'expression de « majorité parlementaire » porte en elle le risque d'une confusion avec ce qu'elle ne désigne pas. En effet, telle qu'elle est généralement entendue, la majorité parlementaire n'est pas forcément la majorité des parlementaires. Si l'on prend l'hypothèse dans laquelle une formation politique dispose à l'Assemblée nationale d'un groupe comprenant 200 membres (et n'y est pas majoritaire) et dispose dans le même temps au Sénat d'un groupe comprenant 270 membres (et y est donc majoritaire), cette formation politique, au travers de ses

[1] « Mais que peut signifier "majorité législative" sinon "majorité obtenue par un ou des partis aux élections législatives" ? » (J.-M. DENQUIN, « Recherches sur la notion de majorité sous la Ve République », *loc. cit.*, p. 967).

deux groupes, dispose de la majorité des parlementaires (470 sur 925), sans pour autant disposer de la « majorité parlementaire » au sens où cette expression est généralement entendue. Inversement, dans cette hypothèse, la formation politique qui disposerait de la « majorité parlementaire » ne disposerait donc pas de la majorité des parlementaires. De ce point de vue, l'expression de « majorité parlementaire », telle qu'elle est généralement entendue, n'est donc pas une majorité indifférenciée de députés et de sénateurs.

On perçoit bien l'intérêt de désigner la majorité des députés soutenant le gouvernement voire d'y adjoindre la partie des sénateurs le soutenant également. C'est, en effet, sur ces parlementaires que le Gouvernement, en régime parlementaire, s'appuie pour rester en fonction et pour faire adopter les textes dont il a besoin pour déterminer et conduire la politique de la Nation. Il résulte toutefois de ce qui précède que l'expression « majorité parlementaire » n'est pas l'expression idoine pour ce faire.

L'une des solutions serait alors de lui substituer l'expression de « majorité gouvernementale ». Celle-ci présenterait un triple avantage. Elle serait tout d'abord suffisamment souple dans sa signification pour correspondre aux différentes conjonctures politiques puisqu'elle pourrait renvoyer au Gouvernement *stricto sensu* en période de cohabitation et au gouvernement *lato sensu* en période de concordance des majorités. C'est d'ailleurs cette même raison qui pourrait conduire à écarter l'expression de « majorité présidentielle » laquelle n'est pas opérante en période de cohabitation et présente ainsi un caractère moins englobant. Elle présenterait ensuite l'avantage de la clarté en termes de réalité ainsi désignée. Cette majorité gouvernementale désignerait, en effet, les députés de l'Assemblée nationale soutenant le gouvernement et y étant, du fait même de la logique du régime parlementaire, majoritaires et, éventuellement, les sénateurs (majoritaires ou non au Sénat) soutenant le Gouvernement. Elle serait enfin en conformité avec la situation politique de la Ve République dans laquelle le Gouvernement tient moins sa légitimité politique de l'Assemblée nationale qu'il ne s'appuie sur sa majorité pour gouverner[1]. Soulignons enfin, que cette expression est déjà utilisée par une partie de la doctrine. Parmi les multiples exemples, nous pouvons notamment mentionner, les auteurs tel Michel Verpeaux qui peuvent utiliser cette expression en référence à une période de concordance des majorités et à une période de cohabitation illustrant ainsi la souplesse de cette expression et son caractère opérant[2].

L'analyse unifiée du Parlement, à travers l'expression de « majorité parlementaire », ne permet donc pas de caractériser la réalité parlementaire du point de vue des rapports de force politique présents à l'Assemblée nationale et au Sénat. Il semble au contraire nécessaire d'insister sur la différence entre les assemblées. Ce constat se double

---

[1] « […] l'objet de l'élection présidentielle est la nomination du Premier ministre qui "dirige l'action du Gouvernement" et celui de l'élection des députés est de fournir à ce Gouvernement la majorité qui lui est nécessaire » (P. AVRIL, « La nature de la Ve République », *loc. cit.*, p. 5).

[2] M. VERPEAUX, « Le report des élections locales, une coutume française renouvelée par la pandémie de covid-19 », *RFDA*, 2021, n° 3, p. 487.

Dans cet article, Michel Verpeaux utilise l'expression de « majorité gouvernementale » en référence à une loi votée pendant la deuxième cohabitation. Il l'utilise donc pour désigner le Gouvernement *stricto sensu*. Mais cette expression est précédée du mot « autre » renvoyant à une loi votée en 1990, en période de concordance des majorités. Il utilise donc cette même expression pour désigner le gouvernement *lato sensu*.

alors d'un risque : celui, pour cette analyse, de symboliser l'indifférenciation des assemblées.

§ 2. Le risque de symboliser l'indifférenciation des assemblées

Si la présentation unifiée du Parlement est critiquable en ce qu'elle ne permet pas de caractériser la réalité des rapports de force politique au sein du Parlement, elle l'est également, et en sens inverse, parce qu'elle illustre, sans avoir forcément chercher à le faire, une dérive conduisant à nier l'intérêt du bicamérisme du fait de la remise en cause de toute spécificité sénatoriale et donc de toute différence entre les assemblées.

En effet, le bicamérisme n'a d'intérêt que si la seconde chambre est en capacité de porter un regard différent de celui de la première sur les questions qui lui sont soumises. Si elle ne se contente que d'en reproduire la composition et les comportements, elle n'est alors qu'une « Assemblée nationale *bis* » remettant ainsi en cause l'intérêt du bicamérisme. Les caractéristiques du mode de recrutement du Sénat (parmi lesquelles nous pouvons citer le suffrage universel indirect, le rôle des délégués des conseils municipaux dans l'élection des sénateurs, l'importance de la position locale du candidat plus que son investiture)[1] sont souvent présentées comme les éléments permettant d'éviter cet écueil et de garantir la spécificité du Sénat au sein d'un « bicamérisme différencié »[2]. Elles sont censées assurer

---

[1] Pour approfondir, voir : V. BOYER, « Le Sénat, contre-pouvoir au bloc majoritaire ? », *loc. cit.*, p. 58-59 ; V. BOYER, *La gauche et la seconde chambre de 1945 à nos jours*, *op. cit.*, p. 161.

[2] J.-L. HÉRIN, *Le Sénat en devenir*, Montchrestien, Paris, 2e édition, 2012, p. 7 ; J. GICQUEL, J.-É. GICQUEL, *Droit constitutionnel et institutions politiques*, *op. cit.*, p. 787.

Ce « bicamérisme différencié » est toutefois compatible avec un certain « mimétisme bicaméral » (voir en ce sens : J.-É. GICQUEL,

une composition différente au Sénat par rapport à l'Assemblée nationale. Elles sont également censées garantir un « style sénatorial » marqué par une volonté d'autonomie et d'indépendance des sénateurs par rapports aux contingences politiques[1], se traduisant notamment, pour les groupes sénatoriaux, par une « certaine désinvolture vis-à-vis des adhésions partisanes »[2].

Sur le premier point, il ne fait pas de doute que, de par leur composition, l'Assemblée nationale et le Sénat diffèrent. Ces assemblées peuvent avoir conjoncturellement des majorités identiques (et nous en avons précédemment donné un exemple) mais leur mode de recrutement est structurellement différent.

Le second point est quant à lui plus problématique. En effet, si la spécificité du Sénat dans le système bicaméral de la Ve République a longtemps été liée à la spécificité des groupes sénatoriaux le composant, nous avons pu voir précédemment que cette spécificité s'est largement estompée. Depuis la fin des années soixante-dix ou le début des années quatre-vingt, on assiste à un double mouvement. Un mouvement d'identification des groupes parlementaires du Sénat à leurs homologues de l'Assemblée nationale et aux partis politiques. Un mouvement de regroupement de ces partis entre une majorité et une opposition. Ce double mouvement a conduit à une plus grande politisation des

---

« Quelques remarques sur le mimétisme bicaméral », *in Mélanges en l'honneur de Jean-Louis Hérin. Un haut fonctionnaire au service du Parlement*, mare & martin, 2020, p. 105-111) et avec l'existence de structures communes aux deux assemblées (voir en ce sens : J.-J. URVOAS, « La délégation parlementaire au renseignement, organisme bicaméral », *in Mélanges en l'honneur de Jean-Louis Hérin. Un haut fonctionnaire au service du Parlement*, *op. cit.*, p. 453-466).

[1] Voir : V. BOYER, « Le Sénat, contre-pouvoir au bloc majoritaire ? », *loc. cit.*, p. 58.

[2] F. CHEVALIER, *Le sénateur français 1875-1995*, LGDJ, Paris, 1998, p. 255.

groupes au sein du Sénat et donc du Sénat lui-même. S'y est ainsi développée la logique majoritaire : « [celle-ci] est devenue, dans les faits, une réalité, même si on hésite sur la date de son apparition : 1974 pour d'aucuns, ou 1981, plus certainement »[1]. En raison de l'enrôlement du Sénat dans la logique majoritaire, les groupes du Sénat aux correspondances partisanes claires vont se positionner par rapport au gouvernement entendu au sens large ou au sens strict, soit comme soutiens, soit comme opposants. Ils vont donc se positionner, par rapport aux contingences politiques, en tant que soutiens ou opposants à la politique gouvernementale[2]. Le risque est alors que le Sénat, à travers ses groupes politiques, se comporte comme chambre d'opposition ou chambre d'enregistrement en fonction de la configuration politique[3], remettant ainsi en cause le « style sénatorial » tant revendiqué et marqué par une volonté d'autonomie et d'indépendance des sénateurs par rapports aux contingences politiques : « à partir du moment où le Sénat [...] doit prendre position sur l'échelle majoritaire nouvelle, il risque de se comporter, en tant que tel, comme une force politique d'approbation ou d'opposition. L'image qu'il donnera de lui-même se reflètera dans un autre miroir que celui auquel vont ses préférences. Il sera impliqué dans la bataille politique, alors

[1] J. GICQUEL, « Préface », *in* L. FONDRAZ, *Les groupes parlementaires au Sénat sous la Ve République*, *op. cit.*, p. VIII.
Il est néanmoins à noter que certains auteurs contestent cette analyse et soulignent au contraire l'absence de logique majoritaire au Sénat (É. BUGE, M. MUGNIER, « Le rapporteur, clé de voûte de la délibération parlementaire », *Jus Politicum*, 2021, n° 26, p. 296).
[2] Sur les conséquences de l'apparition de la logique majoritaire au Sénat, voir : V. BOYER, *La gauche et la seconde chambre de 1945 à nos jours*, *op. cit.*, p. 165-166.
[3] Sur les mécanismes utilisés par les groupes sénatoriaux pour pratiquer l'obstruction et l'acquiescement aux volontés gouvernementales, voir notamment : V. BOYER, *La gauche et la seconde chambre de 1945 à nos jours*, *op. cit.*, p. 186-211 et p. 232-253.

que la distanciation par rapport à l'évènement est revendiquée »[1]. En étant prisonnière des solidarités majoritaires, le danger est alors pour la seconde chambre de ne pas pouvoir se différencier de l'Assemblée nationale[2] dont elle se distinguerait du point de vue de sa composition mais dont elle reproduirait les comportements. On peut dès lors s'interroger sur l'existence même du bicamérisme et son intérêt dans ces conditions[3]. De ce point de vue, si le Sénat, dans le cadre de « l'affaire Benalla », a pu être présenté comme un contre-pouvoir grâce au travail de sa mission d'information[4], il ne s'agit peut-être que d'une apparence trompeuse en ce sens que l'attitude du Sénat a surtout été le résultat d'un positionnement de circonstance plus que d'un rôle institutionnel établi. En effet, si le Président de la République avait disposé au Sénat d'une majorité de sénateurs le soutenant, qui peut réellement penser que la mission d'information du Sénat serait allée aussi loin dans son contrôle ?

Cette crainte de l'enrôlement du Sénat dans la logique majoritaire peut certes être nuancée. Il convient notamment de relever qu'il existe une distinction à opérer entre les textes politiques par lesquels les gouvernements mettent en œuvre leur programme politique et les textes plus techniques. Si pour les premiers la spécificité sénatoriale

---

[1] J. MASTIAS, cité par L. FONDRAZ, *Les groupes parlementaires au Sénat sous la Ve République*, *op. cit.*, p. 115.

[2] F. CHEVALIER, *Le sénateur français 1875-1995*, *op. cit.*, p. 274.

[3] Pour approfondir, voir : V. BOYER, « Le Sénat, contre-pouvoir au bloc majoritaire ? », *loc. cit.*, p. 41-68.

[4] Doc., Sénat, n° 324, 20 février 2019, *Rapport d'information fait au nom de la commission des lois constitutionnelles, de législation, du suffrage universel, du Règlement et d'administration générale sur la mission d'information sur les conditions dans lesquelles des personnes n'appartenant pas aux forces de sécurité intérieure ont pu ou peuvent être associées à l'exercice de leurs missions de maintien de l'ordre et de protection de hautes personnalités et le régime des sanctions applicables en cas de manquements*.

tend à s'estomper en raison de la logique majoritaire, pour les seconds la logique majoritaire va s'atténuer et la spécificité sénatoriale va retrouver sa vitalité et son importance. Cette distinction se rapproche d'ailleurs de celle opérée par Marc Milet. Celui-ci avance plus généralement l'hypothèse selon laquelle « la marge de manœuvre des parlementaires se révèle plus étendue sur des textes portant sur des questions techniques qui sans être "a-politique" […] recèlent des potentialités de conflictualité moindre, et sont dès lors moins en vue au sein de l'espace public, et/ou moins tenus par l'exécutif »[1]. Une telle approche conduit à distinguer les « lois à potentialité d'ouverture » et les « lois fermées ». Il en conclut que les lois politiques confèrent aux parlementaires une capacité d'action plus limitée que les lois techniques[2]. On pourrait également relever que le Sénat étant le seul organe constitutionnel qui ne dépend pas de l'élection présidentielle, il échapperait à la logique majoritaire. Il faut pourtant remarquer que la configuration politique découlant de l'élection présidentielle puis des élections législatives a une influence sur l'attitude du Sénat. Ainsi, sous le premier quinquennat d'Emmanuel Macron, le Sénat peut être qualifié de chambre d'opposition car la majorité sénatoriale ainsi que les groupes sénatoriaux de gauche s'opposent à la majorité gouvernementale.

L'analyse unifiée du Parlement n'est certes pas à l'origine de cet alignement des forces politiques du Sénat sur celles présentes à l'Assemblée nationale, ni de l'enrôlement du Sénat dans la logique majoritaire et du risque d'indifférenciation (du point de vue de leur comportement) entre les assemblées qui en découle. Ce n'est donc pas cette analyse qui, directement, présente le

---

[1] M. MILET, « Pour une sociologie législative du pouvoir parlementaire en France », *RFAP*, 2010, n° 135, p. 603.
[2] *Ibid.*, p. 618.

risque de nier l'intérêt du bicamérisme. Il n'en demeure pas moins qu'en procédant à une analyse d'ensemble du Parlement sans opérer de distinction entre l'Assemblée nationale et le Sénat, elle symbolise involontairement ce risque d'effacement de la nécessaire différence entre les deux assemblées. Certes, en dépit de l'analyse unifiée du Parlement, les auteurs prennent systématiquement le soin de distinguer le mode de recrutement du Sénat de celui de l'Assemblée nationale en précisant qu'il est nécessaire que la composition des deux chambres soit différente[1] : « les parlementaires procèdent de l'élection, selon des modalités différenciées, suivant la logique bicamérale. En effet, une seconde chambre calquée sur la première serait un doublet inutile »[2]. Sans doute conviendrait-il de pousser plus loin le raisonnement et d'intégrer la logique majoritaire. Plus précisément, cette différence de composition perd tout intérêt si le Sénat, tout comme l'Assemblée nationale, est intégré dans la logique majoritaire et donc si la plupart des sénateurs se comportent comme leurs homologues à l'Assemblée nationale en tant que soutiens indéfectibles ou opposants irréductibles à la politique gouvernementale. Il serait dans ce cas opportun d'insister davantage sur cet enjeu actuel du mode de recrutement du Sénat qui doit être différent de celui de l'Assemblée nationale pour ne pas en

---

[1] Cette présentation se retrouve dans de nombreux manuels de droit constitutionnel. Voir par exemple : Ph. ARDANT, B. MATHIEU, *Droit constitutionnel et institutions politiques*, *op. cit.* ; L. FAVOREU, P. GAIA, R. GHEVONTIAN, J.-L. MESTRE, O. PFERSMANN, A. ROUX, G. SCOFFONI, *Droit constitutionnel*, *op. cit.* ; J. GICQUEL, J.-É. GICQUEL, *Droit constitutionnel et institutions politiques*, *op. cit.* ; O. GOHIN, *Droit constitutionnel*, *op. cit.* ; P. BRUNET, F. HAMON, M. TROPER, *Droit constitutionnel*, *op. cit.* ; F. MÉLIN-SOUCRAMANIEN, *Droit constitutionnel*, *op. cit.* ; H. PORTELLI, Th. EHRARD, *Droit constitutionnel*, *op. cit.* ; M. VERPEAUX, *Droit constitutionnel français*, *op. cit.*

[2] J. GICQUEL, J.-É. GICQUEL, *Droit constitutionnel et institutions politiques*, *op. cit.*, p. 774.

faire, du point de vue de sa composition, une « Assemblée nationale *bis* » mais qui doit également lui permettre d'échapper aux pièges majoritaires afin de ne pas retrouver au Sénat les comportements que l'on observe à l'Assemblée nationale. Autrement dit, le mode de recrutement du Sénat ne doit pas être seulement évalué à l'aune du premier objectif (ne pas faire du Sénat une « Assemblée nationale *bis* »). Il doit également l'être en fonction du second (permettre à la seconde chambre d'échapper aux pièges majoritaires). Or, comme nous l'avons vu, si actuellement il satisfait le premier objectif, il ne remplit pas le second.

C'est donc dans ce cadre qu'il faut envisager la réforme du mode de recrutement du Sénat et les différentes propositions de modifications le concernant. De ce point de vue, il est possible d'opérer une distinction entre les propositions que se situent dans le cadre du procédé électif et celles qui tentent de sortir de cette logique. S'agissant des premières, « ces propositions peuvent se résumer à l'alternative suivante : élargir (dans une mesure variable en fonction des propositions) voire généraliser le scrutin proportionnel dans le mode d'élection du Sénat pour en faire une chambre plus représentative voire pour en faire un "conseil des opinions" ou faire du Sénat une seconde chambre socio-professionnelle dont les membres seraient, pour partie au moins élus »[1]. Ces propositions ne sont pas exemptes de critiques. « Par exemple, on peut craindre que, poussée à son extrême, la première proposition n'aboutisse à un conflit de légitimité entre les deux assemblées. Quant à la deuxième proposition, elle est entachée d'une connotation négative et soulève des difficultés quant à l'établissement de critères de composition de la seconde chambre justes et acceptés par les forces

---

[1] V. BOYER, « Pour un Sénat désigné par tirage au sort », *Constitutions*, 2017, n° 1, p. 148.
Pour approfondir, voir : V. BOYER, *La gauche et la seconde chambre de 1945 à nos jours*, *op. cit.*, p. 389-435.

économiques et sociales »[1]. On pourrait *a priori* penser que ces propositions favoriseraient le caractère pluraliste de la seconde chambre et limiteraient l'emprise majoritaire en son sein. La généralisation du scrutin proportionnel jouerait en effet en faveur du multipartisme en permettant la représentation des courants minoritaires. De même, la représentation des intérêts économiques et sociaux au sein de la seconde chambre permettrait d'y représenter des courants, des aspirations qui échappent à la logique partisane[2]. Mais « force est de constater que le procédé électif (quel que soit le mode de scrutin : représentation proportionnelle ou scrutin majoritaire), s'il n'est pas la seule cause de [l'enrôlement du Sénat dans la logique majoritaire] (puisque l'on peut considérer que la logique majoritaire n'est apparue au Sénat qu'entre la fin des années soixante-dix et le début des années quatre-vingt), est aujourd'hui indissociable de cette évolution. Le seul moyen [d'y] mettre fin [...] serait donc de remettre en cause le procédé électif pour la désignation de ses membres »[3]. C'est la raison pour laquelle certaines propositions tentent de sortir de cette logique élective en suggérant de désigner les sénateurs par tirage au sort[4]. « Ce mode de désignation pourrait permettre de soustraire le Sénat au fait majoritaire. En effet, avec un tel mode de désignation (et dès lors que le tirage au sort est effectué sans condition préalable de dépôt de candidature, par exemple directement à partir des listes électorales), les partis politiques n'auraient

---

[1] V. BOYER, « Pour un Sénat désigné par tirage au sort », *loc. cit.*, p. 148.
[2] V. BOYER, *La gauche et la seconde chambre de 1945 à nos jours*, *op. cit.*, p. 444-445.
[3] V. BOYER, « Pour un Sénat désigné par tirage au sort », *loc. cit.*, p. 147-148.
[4] Sur la distinction entre tirage au sort et élection, voir par exemple : V. BOYER, « Du tirage au sort et de l'élection en politique », *in Mélanges en l'honneur du Professeur Christian Lavialle*, Presses de l'Université Toulouse 1 Capitole, 2020, p. 129-136.

plus de prise sur la désignation des sénateurs et ces derniers ne seraient pas désignés par rapport à un positionnement politique. [...] Le Sénat serait ainsi débarrassé de toutes contraintes partisanes »[1] étant précisé que dans ce cas, les fonctions et pouvoirs du Sénat pourraient tout à fait être maintenus. Dans ce cadre, la première chambre « représenterait le peuple et sa volonté au travers des partis politiques lesquels sont chargés de donner une signification politique aux aspirations et aux revendications des citoyens et donc de structurer le monde et l'offre politiques » alors que la seconde chambre « représenterait le peuple dans toute sa diversité c'est-à-dire au travers de tout ce qu'est concrètement un individu (socialement, économiquement, géographiquement, idéologiquement,...) »[2]. Cette proposition, même si elle comporte d'autres difficultés[3] a le mérite d'inviter à la réflexion. Elle illustrerait l'idée selon laquelle « la pluralité de visages peut exister, ne serait-ce qu'à travers les différences de représentation qu'impliquent des modes de scrutin également démocratiques mais obéissant à des logiques dissemblables »[4].

Loin de l'analyse unifiée du Parlement qui, tout comme l'enrôlement du Sénat dans la logique majoritaire, tend à passer sous silence toute spécificité sénatoriale par rapport à l'Assemblée nationale, c'est au contraire une approche différenciée des deux chambres et notamment de leur mode de désignation qu'il faut développer en gardant à l'esprit l'impérieuse nécessité d'avoir une composition différente pour les deux chambres et en prenant désormais en compte l'absolue exigence de faire échapper le Sénat à la logique

---

[1] V. BOYER, « Pour un Sénat désigné par tirage au sort », *loc. cit.*, p. 148-149.

[2] *Ibid.*, p. 149.

[3] Voir notamment : *Ibid*, p. 150-151.

[4] A. DEMICHEL, « Les phobies institutionnelles de la gauche », *in* F. HAMON, D. ROUSSEAU (dir.), *Les institutions en question*, L'Harmattan, 1992, p. 65.

majoritaire. À défaut de tenir compte de l'une et/ou de l'autre, apparaît le risque d'indifférenciation des assemblées, de perte d'intérêt du bicamérisme et de négation de son objet même.

Après avoir souligné l'inadéquation du premier cadre conceptuel traditionnel (celui de la séparation des pouvoirs), nous pouvons porter le même jugement sur le second. Au terme de cette réflexion sur l'approche unifiée du Parlement, il apparaît en effet que son utilisation pour appréhender ce dernier, non pas en tant qu'organe ayant une fonction et exerçant un pouvoir mais du point de vue des rapports de force politique qui s'y trouvent, en révèle les insuffisances : insuffisances en raison de son incapacité à traduire la réalité qu'elle prétend désigner et donc à caractériser la réalité parlementaire ; insuffisances en raison des risques qu'elle porte en elle, à savoir celui de symboliser l'indifférenciation des deux chambres. Il s'agit bien ici d'une insuffisance, en ce sens que l'approche unifiée du Parlement ne doit pas être abandonnée et remplacée par une autre approche mais plus simplement complétée par une vision dualiste des deux assemblées. Un nouveau schéma de présentation apparaît alors : dans le cadre de l'approche unifiée, seraient évoqués d'un côté le gouvernement *lato sensu* et de l'autre côté le Parlement ; dans le cadre de l'approche duale, il s'agirait du « bicéphalisme gouvernemental »[1] et du bicamérisme parlementaire. Le parallélisme inversé de présentation laisserait ainsi la place à une présentation symétrique[2].

---

[1] Expression utilisée par Georges Vedel pour désigner le Président de la République et le Cabinet sous la IVe République (G. VEDEL, *Manuel élémentaire de droit constitutionnel*, *op. cit.*, p. 426).

[2] Tel est d'ailleurs le parti pris de Maurice Hauriou dans sa présentation des institutions de la IIIe République (M. HAURIOU, *Précis de droit constitutionnel*, *op. cit.*, p. 376-468 et p. 469-543).

Conclusion du chapitre 1er

La définition du droit gouvernemental illustre l'abandon du terme « exécutif » issu de la théorie de la séparation des pouvoirs en raison de son incapacité à traduire la réalité qu'il est censé désigner. On pouvait donc se demander ce qu'il en était du terme « législatif » et de sa capacité à traduire la réalité de l'organe parlementaire sous la Ve République, de sa fonction et de son pouvoir. L'analyse a démontré que l'abandon du terme « exécutif » invite à abandonner celui de « législatif ». De même, la définition du droit gouvernemental est fondée sur une approche unifiée du gouvernement *lato sensu* qui se substitue, ou du moins complète celle, plus traditionnelle, du bicéphalisme de l'exécutif. On pouvait donc là encore se demander ce qu'il en était pour le Parlement de la Ve République. L'examen établit qu'il faut compléter l'approche unifiée du Parlement par une approche insistant sur la dualité des chambres (donc le bicamérisme) et leurs différences.

À l'invitation du droit gouvernemental, c'est donc le constat d'une inadéquation des deux cadres conceptuels traditionnellement utilisés pour penser le Parlement sous la Ve République qui a été dressé. Cette inadéquation doit toutefois être précisée. Celle concernant la théorie de la séparation des pouvoirs est moins une remise en cause de l'idée de distinction qu'une contestation de la reconnaissance d'organes, de fonctions et/ou de pouvoirs dits « exécutif » et « législatif ». Celle concernant l'approche unifiée du Parlement ne signifie pas son rejet total mais la nécessité de la compléter par une approche duale.

Si cette étape de déconstruction est fondamentale, elle ne suffit pourtant pas. Elle suppose nécessairement une seconde étape : celle de la reconstruction sur des bases nouvelles. Un nouveau cadre conceptuel permettant d'analyser le Parlement institué par la Constitution de 1958 doit ainsi être recherché. Plus précisément, doit être établie une nouvelle grille d'analyse permettant d'étudier la réalité du Parlement, de son pouvoir, de sa fonction et des rapports de force qui s'y trouvent et d'expliquer cette réalité. Ce nouveau cadre conceptuel peut alors être bâti en miroir et en complément de celui utilisé pour le droit gouvernemental. Si l'opération de déconstruction a pu être opérée sur invitation de ce dernier, celle de reconstruction peut ainsi s'inspirer de lui.

Chapitre 2 : La recherche d'un nouveau cadre conceptuel

S'il faut renoncer à certains cadres conceptuels et, ce faisant, à certaines expressions, il convient d'en rechercher d'autres pour désigner la réalité et l'expliquer. La doctrine s'y est déjà attelée s'agissant du Parlement, de sa fonction, de son pouvoir, et des rapports de force qui s'y manifestent. Sans qu'il s'agisse ici de dresser une liste exhaustive, nous pouvons mentionner Maurice Hauriou qui évoque le « pouvoir délibérant » des Chambres[1], Georges Burdeau qui substitue la distinction entre la fonction gouvernementale (laquelle englobe la fonction exécutive et le pouvoir de faire la loi) et la fonction administrative à celle entre la fonction exécutive et la fonction législative[2], Ferdinand Mélin-Soucramanien qui relève la transformation des fonctions exécutive et législative en fonctions directive et délibérante[3], Jean Gicquel et Jean-Éric Gicquel qui désignent le Parlement par l'expression de « pouvoir délibérant » plutôt que par celle de « pouvoir législatif »[4], Vlad Constantinesco et Stéphane Pierré-Caps qui utilisent celle de « pouvoir parlementaire »[5] ou encore Frédérique Rueda pour qui « les tensions inhérentes à la réalité du pouvoir » ne se situent plus « entre le Parlement et le titulaire du pouvoir exécutif » mais « entre un pôle majoritaire, qui dépasse la seule majorité parlementaire

---

[1] M. HAURIOU, *Précis de droit constitutionnel*, *op. cit.*, p. 469.
[2] G. BURDEAU, « Remarques sur la classification des fonctions étatiques », *loc. cit.*, p. 202-228.
[3] F. MÉLIN-SOUCRAMANIEN, *Droit constitutionnel*, *op. cit.*, p. 83.
[4] J. GICQUEL, J.-É. GICQUEL, *Droit constitutionnel et institutions politiques*, *op. cit.*, p. 771.
[5] V. CONSTANTINESCO, S. PIERRÉ-CAPS, *Droit constitutionnel*, *op. cit.*, p. 383.
Ces auteurs utilisent cette expression sans toutefois la définir.

pour s'étendre au gouvernement, et la minorité parlementaire »[1].

Cette liste, si elle n'a pas pour but de faire le point sur l'ensemble des propositions en la matière, permet néanmoins de constater que les propositions sont nombreuses, diverses et peuvent parfois se recouper, même si ce n'est qu'imparfaitement puisqu'une même expression ne renvoie pas forcément à la même réalité selon les auteurs. L'hésitation entre le « pouvoir » ou la « fonction » délibérante en est le parfait exemple. Au risque de complexifier davantage encore la situation, il est possible de formuler une autre proposition de cadre conceptuel, qui emprunte certaines formulations aux propositions précédentes mais qui, surtout, s'inscrit en miroir et en complément du cadre conceptuel propre au droit gouvernemental.

De par sa définition – « droit encadrant l'exercice du pouvoir gouvernant et la réalisation de la fonction gouvernementale par le gouvernement *lato sensu* »[2] – le droit gouvernemental traduit, nous l'avons vu, l'élaboration d'un nouveau cadre conceptuel qui se décline sous la forme

---

[1] F. RUEDA, *Le contrôle de l'activité du pouvoir exécutif par le Juge constitutionnel. Les exemples français, allemand et espagnol*, LGDJ, Paris, 2000, p. 4.
Voir dans le même sens : A. VIDAL-NAQUET, « L'unité gouvernementale par le contrôle du Parlement », *in* V. BOYER, R. RENEAU (dir.), *Pour un droit gouvernemental ?*, *op. cit.*, p. 248. L'auteur défend une « vision renouvelée de la séparation des pouvoirs, une vision non plus institutionnelle mais politique. La séparation des pouvoirs ne repose plus sur la répartition tripartite exécutif / législatif / juridictionnel, mais sur une logique politique bipartite majorité / opposition qui invite, d'ailleurs, à revoir le positionnement du juridictionnel, dans une logique non plus de pouvoir mais de contre-pouvoir ».

[2] V. BOYER, R. RENEAU, « Conclusion – Pour un droit gouvernemental (?) », *in* V. BOYER, R. RENEAU (dir.), *Pour un droit gouvernemental ?*, *op. cit.*, p. 662.

d'un triptyque[1]. Le premier volet est la reconnaissance d'un gouvernement *lato sensu* (approche unifiée qui complète, celle duale, du bicéphalisme). Le deuxième volet est la consécration d'une fonction gouvernementale (qui prend la place de la fonction exécutive). Le troisième volet repose sur l'identification d'un pouvoir gouvernant (qui se substitue au pouvoir exécutif).

Ce nouveau cadre conceptuel nous a précédemment conduit à renoncer au terme « législatif » pour désigner l'organe parlementaire, sa fonction et son pouvoir. Il nous a également incité à envisager le Parlement non plus seulement dans une approche unifiée mais également selon une approche duale. Ce faisant, cette opération de déconstruction nous a d'ores et déjà conduit sur le chemin de la construction d'un nouveau cadre conceptuel pour le Parlement qui s'inscrit en miroir et en complément de celui retenu pour le gouvernement dans le cadre du droit gouvernemental. En effet, si l'approche duale du Président de la République et du Gouvernement est complétée par l'approche unifiée du gouvernement *lato sensu*, l'approche unifiée du Parlement l'est tout autant par son approche duale insistant sur la différence entre les deux chambres.

C'est donc cette voie que nous proposons de poursuivre : celle de la construction d'un nouveau cadre conceptuel pour le Parlement s'inscrivant en miroir et en complément de celui retenu pour le gouvernement dans le cadre du droit gouvernemental. Cela suppose d'ailleurs une remarque. Cette construction, puisqu'elle s'opère en miroir de celle applicable au gouvernement *lato sensu*, implique d'adhérer à l'idée d'une distinction entre, d'une part, le gouvernement *lato sensu* constitué du Président de la République et du

---

[1] *Cf.* Partie 1 - Chapitre 1er.
Voir également : V. BOYER, R. RENEAU, « Conclusion – Pour un droit gouvernemental (?) », *in* V. BOYER, R. RENEAU (dir.), *Pour un droit gouvernemental ?*, *op. cit.*, p. 659-664.

Gouvernement et, d'autre part, le Parlement constitué des deux assemblées distinctes que sont l'Assemblée nationale et le Sénat. Pour les raisons que nous avons précédemment évoquées[1], si cette construction réfute ainsi les termes « exécutif » et « législatif » pour désigner le gouvernement *lato sensu* et le Parlement, leurs pouvoirs et leurs fonctions, elle ne conteste pas l'idée de distinction entre ces mêmes organes, leurs fonctions et leurs pouvoirs que l'on perçoit dans la théorie de la séparation des pouvoirs.

Dans le cadre de cette construction en miroir, il convient de remarquer que la fonction gouvernementale et le pouvoir gouvernant du gouvernement *lato sensu* traduisent l'idée d'unité : unité de l'organe car, sans qu'il s'agisse de fusionner les deux organes que constituent le chef de l'État et le Gouvernement qui ne formeraient plus qu'un, il est possible de les penser ensemble et de les analyser comme un tout car présentant une certaine unité et une certaine spécificité[2] ; unité de sa fonction car si celle-ci traduit « le déploiement d'une véritable fonction de direction de l'État » qui « peut [...] être appréhendée à l'aune de l'article 20 comme [...] consistant à déterminer et conduire

---

[1] *Cf.* Partie 1 - Chapitre 1er.

[2] « Il ne saurait en effet être question de concevoir l'unité gouvernementale comme le résultat de la fusion des éléments composant le gouvernement en un seul et unique élément. La notion d'unité gouvernementale apparaît [...] de manière positive dès lors qu'elle peut désigner un ensemble, un collectif, formé de plusieurs éléments dont l'organisation serait régie par un cadre juridique homogène constitué de règles – non nécessairement identiques mais inspirées de principes similaires et devant répondre à des problématiques communes – et dont les pratiques pourraient faire l'objet d'une étude conjointe » (V. BOYER, R. RENEAU, « Partie 2 : À la recherche de l'unité gouvernementale. Propos introductifs », *in* V. BOYER, R. RENEAU (dir.), *Pour un droit gouvernemental ?*, *op. cit.*, p. 207-208).

la politique de la Nation »[1], cette direction ne peut être donnée que dans un seul sens ; unité de son pouvoir enfin car, se matérialisant par « une capacité d'impulsion, de décision et d'action »[2], son unité s'impose de fait[3].

Au contraire, nous avons pu souligner que le Parlement devait être appréhendé non seulement dans une approche unifiée mais également duale soulignant ainsi la nécessité de relever la diversité en son sein[4]. Cette opposition entre unité et pluralité a déjà pu être soulignée par certains auteurs. Adhémar Esmein relevait ainsi que : « [...] la collégialité du pouvoir exécutif présente les inconvénients les plus graves. Pour tous ceux qui veulent assurer au pouvoir exécutif une certaine force et une certaine indépendance, elle est inadmissible. Car l'unité seule est un élément de force ; la division [...] est une cause d'affaiblissement, et devant la puissance toujours grandissante des assemblées représentatives, tendant à dominer le pouvoir exécutif, il est sage de ne point infuser à celui-ci une débilité constitutionnelle. Pour maintenir l'équilibre et la séparation entre les pouvoirs, [...] il faut diviser le plus fort et unifier le plus faible ; de sorte que le système des deux chambres et la présidence de la République sont les rouages harmoniques d'un même système »[5]. Ainsi, si Adhémar Esmein présentait l'unité comme un élément pour renforcer le gouvernement et la pluralité comme un élément censé affaiblir les assemblées

[1] V. BOYER, R. RENEAU, « Introduction – Pourquoi un droit gouvernemental ? », *in* V. BOYER, R. RENEAU (dir.), *Pour un droit gouvernemental ?*, *op. cit.*, p. 23.

[2] *Ibid.*, p. 22.

[3] V. BOYER, R. RENEAU, « Conclusion – Pour un droit gouvernemental (?) », *in* V. BOYER, R. RENEAU (dir.), *Pour un droit gouvernemental ?*, *op. cit.*, p. 662.

[4] *Cf.* Partie 1 - Chapitre 1er.

[5] A. ESMEIN, *Éléments de droit constitutionnel français et comparé*, Sirey, 6e édition, 1914, p. 637.

qui étaient à ce moment-là toutes puissantes, dans le cadre des régimes modernes marqués par la prédominance du gouvernement sur les assemblées, cette pluralité peut alors prendre un nouveau sens : il s'agit de permettre, face à la volonté unique exprimée par le gouvernement, une expression pluraliste des opinions. Cette idée se retrouve déjà chez René Capitant qui a pu affirmer que le régime parlementaire « réalise la synthèse de l'autorité et de la liberté »[1]. Elle se retrouve également dans la distinction entre la décision et la discussion[2], entre « l'exigence gouvernante, qui suppose un pouvoir attribué, effectif, durable, dirigé et l'exigence délibérante qui suppose un pouvoir contrôlé, contesté, limité, précaire » : ces deux exigences sont, selon Guillaume Tusseau, les deux composantes du gouvernement démocratique[3]. Le gouvernement serait ainsi le symbole de l'autorité gouvernante ce qui suppose son unité alors que le Parlement serait celui de l'instance délibérante où la pluralité a la liberté de s'exprimer[4] : « La solidarité gouvernementale symbolise l'unité majoritaire d'un pouvoir face à un

---

[1] R. CAPITANT, « La réforme du parlementarisme », *op. cit.*, p. 332.
[2] Éric Buge et Mathieu Mugnier évoquent ainsi la « dialectique de la délibération et de la décision – dans laquelle on a tendance à voir aujourd'hui plutôt une opposition » (É. BUGE, M. MUGNIER, « Le rapporteur, clef de voûte de la délibération parlementaire », *loc. cit.*, p. 298).
[3] G. TUSSEAU, *Droit constitutionnel et institutions politiques*, *op. cit.*, p. 68.
[4] Telle est l'idée qui peut d'ailleurs apparaître chez René Capitant : « Donc un gouvernement puissant, un Premier ministre aussi puissant qu'un dictateur, tenant dans sa main et sous sa volonté l'ensemble des prérogatives et de la machine gouvernementales. Voilà la première règle du parlementarisme. Mais un gouvernement qui ne soit qu'une délégation, qu'une émanation des chambres et qui soit responsable devant elles. Voilà ce qu'exige la liberté, voilà en quoi consistent les prérogatives parlementaires » (R. CAPITANT, « La réforme du parlementarisme », *op. cit.*, p. 328).

Parlement qui représente la diversité partisane »[1]. L'organe parlementaire, sa fonction et son pouvoir pourraient donc traduire cette idée de pluralité en miroir et en complément du gouvernement *lato sensu*, de sa fonction et de son pouvoir traduisant l'unité.

Si dans le cadre du droit gouvernemental, le gouvernement est pensé comme un ensemble présentant une certaine unité, nous avons déjà pu noter que le Parlement doit au contraire faire l'objet d'une approche duale (qui complète l'approche unifiée) et doit être pensé comme présentant une nécessaire pluralité. Si nous avons ainsi identifié le premier volet du triptyque (celui relatif à l'organe), reste donc, sur cette base, à trouver pour le Parlement le pendant de la fonction gouvernementale et le pendant du pouvoir gouvernant. Ainsi, face à la fonction gouvernementale par laquelle le gouvernement exerce une fonction de direction de l'État, le Parlement exerce au contraire une fonction consistant à exprimer et à manifester la pluralité des opinions, c'est-à-dire une fonction qui pourrait être qualifiée de « délibérante »[2]. De même, face au pouvoir gouvernant grâce auquel le gouvernement exerce un pouvoir de décision, le Parlement dispose au contraire d'un pouvoir traduisant la capacité, pour la pluralité, de s'exprimer, c'est-à-dire un pouvoir qui pourrait être qualifié de « parlementaire ». Ainsi, si le gouvernement *lato sensu* exerce la fonction gouvernementale, le Parlement exerce quant à lui la *fonction délibérante* (Section 1) et si le premier dispose d'un pouvoir

---

[1] J.-F. KERLÉO, « Le pouvoir exécutif en débat », *in* P. JENSEL-MONGE, A. VIDAL-NAQUET (dir.), *Du pouvoir exécutif au pouvoir gouvernant*, *op. cit.*, p. 96.

[2] Nous revenons ainsi, en partie, aux origines du Parlement, lorsqu'il était « simplement une instance consultative et délibérative d'aide à la décision de la Couronne » (L. FAVOREU, P. GAIA, R. GHEVONTIAN, J.-L. MESTRE, O. PFERSMANN, A. ROUX, G. SCOFFONI, *Droit constitutionnel*, *op. cit.*, p. 901).

gouvernant, le second dispose pour sa part d'un *pouvoir parlementaire* (Section 2).

Section 1 : La fonction délibérante du Parlement

La question ici posée est la suivante : si, sous la Ve République, la fonction exécutive devient la fonction gouvernementale, qu'en est-il de la fonction (jusqu'ici « législative ») du Parlement ? Comment peut-on la désigner et donc quel terme substituer à celui de « législatif » ? La réponse proposée peut être formulée ainsi : partant de l'idée qu'« agir est le fait d'un seul ; délibérer est le fait de plusieurs »[1], si la fonction gouvernementale par laquelle le gouvernement *lato sensu* exerce une fonction de direction de l'État traduit l'idée d'unité car cette direction ne peut être donnée que dans un seul sens, la fonction du Parlement qui consiste, à l'inverse, à exprimer la pluralité est la fonction délibérante. Cela signifie donc que l'activité du Parlement a pour objet la délibération, exprimant ainsi publiquement la pluralité des opinions[2]. Il ne peut cependant le faire qu'à certaines conditions : il doit refléter en lui-même cette pluralité. Ainsi, si la fonction du Parlement peut être identifiée par son objet qui est la délibération (§ 1), elle ne peut se concrétiser qu'à la condition que le Parlement, de par sa composition, traduise cette pluralité (§ 2). De ce point de vue, la fonction délibérante peut être appréhendée à l'aune de l'article 24 de la Constitution comme celle consistant à exprimer la pluralité des opinions dans le cadre du vote de la loi, du contrôle de l'action du Gouvernement et de l'évaluation des politiques publiques (article 24, alinéa 1er

---

[1] M. HAURIOU, *Précis de droit constitutionnel*, *op. cit.*, p. 471.

[2] Nous appliquons ici la définition de Georges Burdeau : « accomplir une fonction, c'est faire quelque chose », c'est une « activité déterminée par son objet » (G. BURDEAU, « Remarques sur la classification des fonctions étatiques », *loc. cit.*, p. 209 et p. 214).

de la Constitution) et ce, grâce au bicamérisme et aux modes de recrutement des assemblées devant permettre de refléter cette pluralité (article 24, alinéas 2, 3, 4 et 5 de la Constitution).

§ 1. L'identification de la fonction : la délibération, expression publique de la pluralité des opinions

La délibération est au cœur de l'activité du Parlement. Ferdinand Mélin-Soucramanien relève ainsi que « les assemblées sont, par leur nature même, des organes de réflexion et de discussion »[1]. Jean Gicquel et Jean-Eric Gicquel notent également que « le propre d'une chambre est de procéder à une délibération »[2]. À la question « où délibère-t-on ? », Dominique Rousseau affirme quant à lui que « la réponse, évidente pour le constitutionnaliste, est le Parlement. Il est vrai que le Parlement a été, est et reste le lieu où se discutent et se tranchent les questions de société »[3]. De nombreux auteurs ont alors pu se saisir de ce terme pour caractériser soit la fonction, soit le pouvoir du

---

[1] F. MÉLIN-SOUCRAMANIEN, *Droit constitutionnel*, *op. cit.*, p. 88.

[2] J. GICQUEL, J.-É. GICQUEL, *Droit constitutionnel et institutions politiques*, *op. cit.*, p. 771.

Voir dans le même sens : É. BUGE, M. MUGNIER, « Le rapporteur, clef de voûte de la délibération parlementaire », *loc. cit.*, p. 286 et p. 298. Ces auteurs évoquent les « assemblées parlementaires, organes délibérants par essence » et relèvent que « le Parlement tient précisément une partie de sa légitimité institutionnelle et de sa spécificité de son caractère délibérant ».

[3] D. ROUSSEAU, « Ouverture : situer la délibération », *in* J.-Ph. DEROSIER, M. DORAY (dir.), *La délibération après la révision constitutionnelle de 2008*, mare & martin, 2015, p. 13.

L'auteur précise toutefois « qu'émergent d'autres lieux où s'élaborent, se préparent, se discutent et parfois se décident les normes » et relève ainsi un « glissement » vers d'autres lieux de délibération que le Parlement.

Parlement. Maurice Hauriou[1], Jean Gicquel et Jean-Eric Gicquel évoquent ainsi le « pouvoir délibérant »[2] pendant que d'autres auteurs, tel Ferdinand Mélin-Soucramanien[3], relèvent l'existence d'une « fonction délibérante »[4]. Certains auteurs utilisent même les deux expressions[5]. Sur cette première controverse, nous pouvons considérer que la délibération illustre davantage la fonction du Parlement que son pouvoir. En effet, si l'on part de la définition de Georges Burdeau selon laquelle « accomplir une fonction, c'est faire quelque chose », c'est une « activité déterminée par son objet »[6], l'activité du Parlement a bien pour objet de délibérer. Arnaud Haquet précise ainsi que « le rôle premier d'une assemblée démocratique est de débattre des affaires publiques, que la discussion aboutisse à l'adoption d'une norme, sous forme de loi, ou à une prise de position, comme une résolution »[7]. Armel Le Divellec rappelle également que Walter Bagehot « souligne avec raison que les débats parlementaires ne sont pas de "simples bavardages" mais remplissent une véritable fonction. [...] les parlements demeurent le principal lieu institutionnel où

---

[1] M. HAURIOU, *Précis de droit constitutionnel*, *op. cit.*, p. 469.

[2] J. GICQUEL, J.-É. GICQUEL, *Droit constitutionnel et institutions politiques*, *op. cit.*, p. 771.

Ces auteurs affirment ainsi utiliser la terminologie du doyen Maurice Hauriou.

[3] F. MÉLIN-SOUCRAMANIEN, *Droit constitutionnel*, *op. cit.*, p. 83 et p. 87.

[4] Sans la retenir, Michel Troper s'est également interrogé sur la possibilité d'utiliser cette expression pour caractériser la fonction du Parlement (M. TROPER, « Les transformations du pouvoir exécutif : approche théorique », *in* P. JENSEL-MONGE, A. VIDAL-NAQUET (dir.), *Du pouvoir exécutif au pouvoir gouvernant*, *op. cit.*, p. 30).

[5] Voir par exemple : A. HAQUET, *Droit constitutionnel*, Dalloz, 4e édition, 2024, p. 351.

[6] G. BURDEAU, « Remarques sur la classification des fonctions étatiques », *loc. cit.*, p. 209 et p. 214.

[7] A. HAQUET, *Droit constitutionnel*, *op. cit.*, p. 351.

la politique d'un pays peut être exprimée solennellement »[1]. Éric Buge et Mathieu Mugnier affirment en outre que « la fonction traditionnellement attribuée aux assemblées parlementaires [est] de délibérer »[2]. Jean-François Kerléo note enfin que « le parlement joue un rôle délibératif »[3]. De ce point de vue, la délibération est bien l'activité principale du Parlement et permet donc d'identifier sa fonction.

Pour autant, chez les auteurs qui relèvent l'existence de la fonction délibérante, celle-ci n'est, pour la plupart d'entre eux, qu'une fonction du Parlement parmi d'autres. Ferdinand Mélin-Soucramanien note ainsi qu'il y a, outre la fonction délibérante, la fonction « représentative » ou « de représentation » (qui « tient à ce que à partir de la fin du XVIIIe siècle [...] les assemblées parlementaires étaient les seuls organes pouvant se prétendre mandatés par la Nation parce que procédant de l'élection »), la fonction « sélective » (qui correspond à l'« activité de formation et de sélection du personnel politique et gouvernemental ») et la fonction « de contrôle du Gouvernement » (qui « s'applique à toute l'activité du Gouvernement, de sa

---

[1] A. LE DIVELLEC, « Bagehot et les fonctions du Parlement (britannique). Sur la genèse d'une découverte de la pensée constitutionnelle », *Jus Politicum*, 2012, n° 7, p. 7.
Voir dans le même sens : L. FAVOREU, P. GAIA, R. GHEVONTIAN, J.-L. MESTRE, O. PFERSMANN, A. ROUX, G. SCOFFONI, *Droit constitutionnel*, *op. cit.*, p. 902. Ces auteurs relèvent que « juridiquement et idéologiquement, le Parlement est l'assemblée ou l'ensemble d'assemblées composé de représentants où chacun parle et décide individuellement au nom de l'État ou de la nation ou du peuple tout entier ».

[2] É. BUGE, M. MUGNIER, « Le rapporteur, clef de voûte de la délibération parlementaire », *loc. cit.*, p. 312.

[3] J.-F. KERLÉO, « Le pouvoir exécutif en débat », *in* P. JENSEL-MONGE, A. VIDAL-NAQUET (dir.), *Du pouvoir exécutif au pouvoir gouvernant*, *op. cit.*, p. 95.

naissance à sa disparition »)[1]. Il relève par ailleurs que « la fonction délibérante a été longtemps confondue avec la fonction législative »[2]. De même, Jean-François Kerléo précise que « le Parlement remplit des fonctions de délibération, de publicité et de pluralisme »[3].

La fonction délibérante du Parlement, telle que nous l'envisageons ici (c'est-à-dire comme miroir de la fonction gouvernementale du gouvernement *lato sensu*), ne peut se satisfaire d'une telle présentation. Elle ne se réduit pas à la fonction législative (expression que nous avons d'ailleurs préalablement contestée lorsqu'elle se rapporte au Parlement[4]) et n'est pas « une » fonction du Parlement parmi d'autres. Elle est bien plus que cela puisqu'elle est « la » fonction du Parlement. Autrement dit, la fonction délibérante du Parlement est ici entendue comme sa fonction unique car la plus générale[5] : cette fonction englobe toutes les autres en se déclinant dans différents domaines.

---

[1] F. MÉLIN-SOUCRAMANIEN, *Droit constitutionnel*, *op. cit.*, p. 87-88.
La fonction délibérante semble néanmoins être mise en avant par rapport aux autres fonctions puisque les auteurs distinguent clairement « la fonction directive [du gouvernement] et la fonction délibérante [du Parlement] » (*Ibid.*, p. 83).
[2] *Ibid.*, p. 87.
[3] J.-F. KERLÉO, « Le pouvoir exécutif en débat », *in* P. JENSEL-MONGE, A. VIDAL-NAQUET (dir.), *Du pouvoir exécutif au pouvoir gouvernant*, *op. cit.*, p. 96.
[4] *Cf.* Partie 1 - Chapitre 1er.
[5] Telle est également la position d'Arnaud Haquet : « Le Gouvernement participe activement à la fonction législative et le Parlement exerce d'autres fonctions, comme le contrôle politique du Gouvernement, l'évaluation des politiques publiques, ou l'adoption de résolutions ; elles n'ont pas pour objet l'adoption de lois. Ces différentes compétences relèvent d'une fonction plus générale : la délibération. Elle est la raison d'être du Parlement. » (A. HAQUET, *Droit constitutionnel*, *op. cit.*, p. 351).

Une fonction englobante

Une telle approche ne peut se comprendre qu'en partant de la définition du terme de « délibération ». Le *Trésor de la Langue Française* en propose plusieurs sens : il peut s'agir de l'« action de délibérer, en vue de prendre une décision » ainsi que, par métonymie, de la « décision résultat d'une délibération »[1]. Ces deux sens sont d'ailleurs repris par Maurice Hauriou lorsqu'il définit la délibération comme « une résolution collective, sur un objet de gouvernement ou d'administration, prise à la majorité des voix et après discussion publique, par une assemblée formant corps et constituée en autorité publique »[2], ce que Jean Gicquel et Jean-Éric Gicquel résumeront en précisant qu'il s'agit d'une « résolution collective, prise à la majorité

---

[1] Site du Centre National de Ressources Textuelles et Lexicales [https://www.cnrtl.fr/definition/d%C3%A9lib%C3%A9ration].
Voir dans le même sens : J.-Ph. DEROSIER, E. DEBAETS, « Introduction », *in* J.-Ph. DEROSIER, M. DORAY (dir.), *La délibération après la révision constitutionnelle de 2008*, *op. cit.*, p. 10. Les auteurs précisent que « la délibération correspond [...] à l'examen entre plusieurs personnes et par la parole, touchant une résolution à prendre ou une question à résoudre. Il s'agit de confronter divers points de vue afin d'aboutir à une position et une solution uniques. La délibération renvoie donc à la réflexion mais également et *in fine* à la décision ».
Voir également : G. CORNU, *Vocabulaire juridique*, *op. cit.*, p. 320. Dans le prolongement du *Trésor de la Langue Française*, le terme « délibération » y est défini comme « une opération par laquelle on réfléchit (seul ou avec d'autres) avant de prendre parti » et « plus spécialement [comme l'] examen d'un texte par une assemblée en vue de son adoption par vote après discussion ». Par extension, elle est définie comme les « décisions ou avis issus de la séance au cours de laquelle une assemblée délibère ». Toutefois, sont également proposées, par extension, deux autres définitions. La première renvoie à la « séance au cours de laquelle une assemblée délibère » et la seconde correspond à l'étape de l'« adoption de la décision par l'assemblée au terme de l'examen ».

[2] M. HAURIOU, *Précis de droit constitutionnel*, *op. cit.*, p. 470.

des voix après une discussion publique »[1]. Comme le relevait Maurice Hauriou, la délibération est donc un « mode d'opération de la volonté »[2], ou, comme le notent Jean Gicquel et Jean-Eric Gicquel, un « mode opératoire »[3]. Dès lors, la fonction délibérante est l'activité qui est réalisée selon ce mode opératoire. Elle doit ainsi être appréhendée comme la fonction consistant à discuter, à échanger des points de vue au sein des assemblées et entre les assemblées et à clôturer cette discussion par un vote.

Toutefois, la fonction délibérante ne se limite pas à cela. Elle doit également être appréhendée à travers ce que sous-entend ce mode opératoire, et que l'on retrouve plus explicitement dans la définition de Maurice Hauriou reprise par Jean Gicquel et Jean-Éric Gicquel, c'est-à-dire l'expression publique de la pluralité des opinions. En effet, alors que dans le *Trésor de la Langue Française*, la délibération renvoie à la discussion et à la résolution qui résulte de cette discussion, la définition proposée par Maurice Hauriou présente le mérite de préciser que la discussion a été publique et que la résolution qui s'en suit a été prise à la majorité des voix. La délibération suppose donc que puisse s'exprimer publiquement, tant au niveau de la discussion qu'au niveau de l'adoption de la résolution, la pluralité des opinions. Si, comme nous l'avons vu, Jean-François Kerléo précise que « le Parlement remplit des fonctions de délibération, de publicité et de pluralisme »[4], nous considérons donc ici que la première de ces fonctions englobe les deux autres.

---

[1] J. GICQUEL, J.-É. GICQUEL, *Droit constitutionnel et institutions politiques*, *op. cit.*, p. 771.
[2] M. HAURIOU, *Précis de droit constitutionnel*, *op. cit.*, p. 469.
[3] J. GICQUEL, J.-É. GICQUEL, *Droit constitutionnel et institutions politiques*, *op. cit.*, p. 771.
[4] J.-F. KERLÉO, « Le pouvoir exécutif en débat », *in* P. JENSEL-MONGE, A. VIDAL-NAQUET (dir.), *Du pouvoir exécutif au pouvoir gouvernant*, *op. cit.*, p. 96.

La fonction délibérante consiste ainsi à exprimer publiquement la pluralité des opinions, et ce, à un double niveau : au niveau tout d'abord de la discussion puisque l'expression publique de la pluralité des opinions se manifeste dans les travaux et dans les débats au sein des commissions et en séance plénière[1] ; au niveau ensuite de la résolution qui résulte de la discussion puisque la « résolution collective » qui est alors adoptée, si elle exprime la volonté de la majorité, permet également aux opposants d'exprimer librement leur volonté dont on a connaissance soit parce que les parlementaires expriment publiquement leur position (tel est le cas lorsque le vote a lieu à main levée), soit au travers des résultats du vote rendus publics car publiés en annexe du compte rendu de la séance (tel est le cas lorsque le vote a lieu par scrutin public ordinaire ou par scrutin public à la tribune)[2]. À cet égard, si, lorsque le vote a lieu par scrutin secret, les parlementaires ne manifestent pas publiquement leur position individuelle, celle-ci apparaît néanmoins publiquement de manière globale au travers des résultats du

---

[1] « La discussion et les débats sont l'élément le plus important de la procédure, d'autant qu'ils sont publics. Ce qui frappe le plus les populations, lorsqu'un Parlement est inauguré dans un pays, ce sont les *débats parlementaires*, c'est que les affaires gouvernementales, qui jusque-là étaient traitées secrètement par le pouvoir exécutif, peuvent être discutées au grand jour. […] la délibération suppose la réflexion et l'esprit critique » (M. HAURIOU, *Précis de droit constitutionnel*, *op. cit.*, p. 471).
Notons toutefois qu'il existe des exceptions à cette publicité. Voir par exemple : B. FARGEAUD, « Auditions à huis clos au sein de l'Assemblée nationale : le règlement et la pratique », *JP Blog*, 25 juin 2021.

[2] L'article 26 de la Constitution de 1958 qui précise qu'« aucun membre du Parlement ne peut être poursuivi, recherché, arrêté, détenu ou jugé à l'occasion des opinions ou votes émis par lui dans l'exercice de ses fonctions » peut ainsi être analysé comme une protection de la fonction délibérante.

vote que l'on retrouve dans le compte rendu intégral des débats publié au *Journal Officiel*. Ces précisions permettent d'ailleurs de distinguer la délibération du Parlement, qui permet l'expression publique de la pluralité des opinions, de celle à laquelle procède le Conseil des ministres, selon les articles 13, 39, 49 et 76 de la Constitution de 1958, qui ne le permet pas en vertu des principes de collégialité et de solidarité gouvernementales[1].

De ce point de vue, la fonction délibérante du Parlement a une double dimension : elle permet d'une part de relayer la diversité des opinions des électeurs et de la faire connaître au gouvernement ; elle permet d'autre part d'informer les électeurs sur les raisons qui expliqueront la décision finalement adoptée[2]. Cette fonction délibérante peut ainsi être rapprochée des théories de la délibération que l'on retrouve en sciences politiques et qui font « reposer la légitimité des décisions politiques sur la délibération de tous ceux auxquels elles s'imposent »[3]. Dans le prolongement de celles-ci, le Parlement est, pour Clément Viktorovitch, une « institution délibérative » car il

---

[1] Voir en ce sens : L. MOLINERO, « Le Conseil des ministres, un organe délibérant ? », *in* V. BOYER, R. RENEAU (dir.), *Pour un droit gouvernemental ?*, *op. cit.*, p. 591-613. L'auteur va même plus loin en démontrant que, dans le cadre du Conseil des ministres, il n'y a que peu de débats et pas de décision.

[2] L'ouverture de plateformes participatives tant sur le site de l'Assemblée nationale que sur le site du Sénat concourt à cette fonction, de même que la participation des membres du Gouvernement aux débats parlementaires.

[3] C. VIKTOROVITCH, *Parler, pour quoi faire ? La délibération parlementaire à l'Assemblée nationale et au Sénat (2008-2012)*, thèse, SciencesPo Paris, 2013, p. 15.
Pour approfondir, voir également L. BLONDIAUX, B. MANIN (dir.), *Le tournant délibératif de la démocratie*, SciencesPo Les Presses, 2021 ; M.-K. DAOUST, « Pourquoi délibérer ? Du potentiel épistémique à la justification publique », *Philosophiques*, 2016, vol. 43, n° 1, p. 23-48.

apparaît à la fois comme « le cœur décisionnel du système délibératif : l'enceinte fermée où convergeraient toutes les contributions ayant émergé durant le débat public, et où une prise de décision interviendrait au terme d'une discussion délibérative rigoureuse », et comme « l'une des tribunes du débat contradictoire : des orateurs soutenant des positions antagonistes y confronteraient leurs arguments, afin de permettre aux citoyens de se forger une opinion éclairée sur les enjeux publics »[1].

Ainsi appréhendée, la fonction délibérante englobe certaines des fonctions du Parlement identifiées par Walter Bagehot[2]. Tel est le cas de la fonction « expressive », reprise par certains auteurs – tels Olivier Gohin[3] et Ferdinand Mélin-Soucramanien[4] – sous la dénomination de fonction « de représentation » ou de fonction « représentative »[5]. La fonction délibérante suppose

---

[1] C. VIKTOROVITCH, *Parler, pour quoi faire ? La délibération parlementaire à l'Assemblée nationale et au Sénat (2008-2012)*, *op. cit.*, p. 15-16.

[2] A. LE DIVELLEC, « Bagehot et les fonctions du Parlement (britannique). Sur la genèse d'une découverte de la pensée constitutionnelle », *loc. cit.*, p. 1-8 ; W. BAGEHOT, « La Chambre des Communes. Les fonctions non-législatives du Parlement », *Jus Politicum*, 2012, n° 7, p. 9-12 ; W. BAGEHOT, « Le travail invisible du Parlement », *Jus Politicum*, 2012, n° 7, p. 13-15.
Ne seront pas ici évoquées la fonction « élective » ou « électorale », la fonction « informative » et la fonction « législative » identifiées par Walter Bagehot, dans la mesure où elles renvoient à des domaines (respectivement le contrôle pour les deux premières et la législation pour la dernière) que nous évoquerons par la suite.

[3] O. GOHIN, *Droit constitutionnel*, *op. cit.*, p. 1054.

[4] F. MÉLIN-SOUCRAMANIEN, *Droit constitutionnel*, *op. cit.*, p. 87.

[5] Sur ce point, Ariane Vidal-Naquet relève d'ailleurs « le glissement pernicieux de la question de la représentation à celle de la représentativité » (A. VIDAL-NAQUET, « L'unité gouvernementale par le contrôle du Parlement », *in* V. BOYER, R. RENEAU (dir.), *Pour un droit gouvernemental ?*, *op. cit.*, p. 248).

effectivement que les assemblées, « organes pouvant se prétendre mandatés par la Nation parce que procédant de l'élection »[1], représentent la diversité de ses aspirations et l'expriment. La fonction délibérante permet ainsi de faire connaître cette diversité d'opinion au gouvernement. Pierre Avril a d'ailleurs pu relever que la principale contribution du Parlement à la législation consiste à « influencer l'exécutif en lui faisant sentir les réactions de l'opinion »[2]. Dans le même sens, Jean-François Kerléo relève qu'« à la technicité indispensable à la rédaction des textes normatifs répondent, au Parlement, une mise en perspective des choix retenus et un questionnement de leur pertinence. [...] Ce débat public est soumis à un pluralisme politique, confrontant la majorité et les diverses oppositions, là où l'expertise gouvernementale répond d'une logique majoritaire. [...] le Parlement est le lieu d'une discussion pluraliste où l'autorité majoritaire qu'est le pouvoir exécutif

---

Ce glissement s'explique sans doute par l'évolution de la signification de « l'acte de représentation politique du peuple » : « l'idée traditionnelle de la démocratie, telle qu'elle s'est implantée au XIXe siècle, a engendré une représentation de la collectivité où "juridiquement le pouvoir du peuple est tout entier inclus dans l'organe représentatif" [G. BURDEAU, *La démocratie*, Paris, Seuil, 1956, p. 40]. L'organe représentatif s'approprie alors la souveraineté du peuple. L'idée contemporaine de démocratie conçoit plutôt la représentation comme exprimant une volonté qui préexisterait à l'élection des représentants, ces derniers ne pouvant en conséquence agir qu'en vertu d'une délégation temporaire de la souveraineté populaire » (É. CLOUTIER, « Représentation politique et représentation statistique du peuple », *Politique*, 1986, n° 9, p. 42-43).

[1] F. MÉLIN-SOUCRAMANIEN, *Droit constitutionnel*, *op. cit.*, p. 87.

[2] P. AVRIL, cité notamment par C. VIKTOROVITCH, *Parler, pour quoi faire ? La délibération parlementaire à l'Assemblée nationale et au Sénat (2008-2012)*, *op. cit.*, p. 53.

[…] vient éprouver ses choix auprès d'une plus grande représentativité »[1].

Tel est également le cas de la fonction « éducatrice » ou « pédagogique ». Parce que « les parlementaires ne se limitent pas au rôle de simples relais d'informations : ils se font également l'expression de prises de position – généralement divergentes – sur ces informations »[2], la fonction délibérante, nous l'avons vu, permet aux citoyens de se faire leur propre opinion (donc de former l'opinion publique) et de les informer sur les raisons qui expliquent la décision finalement adoptée. Ce faisant, il apparaît d'autant plus clairement que la fonction délibérante du Parlement a pour destinataire tant le gouvernement que les citoyens.

Une fonction se déclinant dans différents domaines

La fonction délibérante, telle que nous venons de l'identifier, peut être déclinée dans différents domaines. Pour ce faire, elle peut notamment être appréhendée, pour ce qui concerne la Ve République, à l'aune de l'article 24, alinéa 1er de la Constitution : « Le Parlement vote la loi. Il contrôle l'action du Gouvernement. Il évalue les politiques

---

[1] J.-F. KERLÉO, « Le pouvoir exécutif en débat », *in* P. JENSEL-MONGE, A. VIDAL-NAQUET (dir.), *Du pouvoir exécutif au pouvoir gouvernant*, *op. cit.*, p. 95-96.
Ce point de vue se rapproche de l'analyse selon laquelle la « fonction du Parlement, ce n'est pas la législation, mais la critique, le contrôle et l'assentiment » (G. VEDEL, « Le problème des relations entre le législatif et l'exécutif », *RFSP*, 1958, n° 4, p. 780).
Il se rapproche également de l'analyse de Priscilla Jensel-Monge qui consacre la seconde partie de sa thèse à « la fonction de contradiction des minorités parlementaires » (P. JENSEL-MONGE, *Les minorités parlementaires sous la Cinquième République*, Dalloz, Paris, 2015).

[2] C. VIKTOROVITCH, *Parler, pour quoi faire ? La délibération parlementaire à l'Assemblée nationale et au Sénat (2008-2012)*, *op. cit.*, p. 55.

publiques ». Il est ainsi possible de considérer que cet article identifie les trois pans de la fonction délibérante, c'est-à-dire les trois domaines dans lesquels le Parlement assume sa fonction. Une telle approche implique donc une triple déclinaison de la fonction délibérante du Parlement.

Celle-ci se décline tout d'abord dans le domaine de l'élaboration des lois. Dans ce domaine, la fonction délibérante consiste à exprimer publiquement la pluralité des opinions tant dans le cadre des débats portant sur la discussion des projets et des propositions de loi, que ce soit en commission ou en séance plénière, que dans le cadre des différents votes qui peuvent être émis (vote sur un amendement, vote sur un article, vote sur l'ensemble du texte). En ce sens, Éric Buge et Mathieu Mugnier notent que « l'objectif principal de la procédure législative [est d'] organiser la discussion et le débat sur les projets et les propositions de loi dont le Parlement est saisi, afin d'élaborer, dans des délais contraints et dans un contexte pluraliste, la meilleure loi possible, par une délibération publique »[1]. L'article 10 de la Constitution confirme également cette présentation puisqu'il permet au chef de l'État de « demander une nouvelle *délibération* de la loi ou de certains de ses articles ». Il en est de même pour l'article 46, alinéa 2 de la Constitution qui impose le respect de certains délais avant que le projet ou la proposition de loi organique puisse être soumis, en première lecture, « à la *délibération* » des assemblées.

La fonction délibérante se décline ensuite dans le domaine du contrôle du Gouvernement. Dans ce domaine, la fonction délibérante consiste à exprimer publiquement la pluralité des opinions dans le cadre des débats qui peuvent par exemple avoir lieu en séance plénière dans le cas d'une séance de questions au Gouvernement ou au cours d'un

---

[1] É. BUGE, M. MUGNIER, « Le rapporteur, clé de voûte de la délibération parlementaire », *loc. cit.*, p. 287.

débat portant sur l'engagement de la responsabilité du Gouvernement. Cette pluralité des opinions peut également s'exprimer publiquement dans le cadre des débats portant sur le rapport d'une commission d'enquête ainsi qu'à l'occasion des votes portant sur l'engagement de responsabilité du Gouvernement.

La fonction délibérante se décline enfin dans le domaine de l'évaluation des politiques publiques. Dans ce domaine, la fonction délibérante consiste à exprimer publiquement la pluralité des opinions dans le cadre des mécanismes d'évaluation des politiques publiques, notamment au sein des commissions et des délégations parlementaires.

En identifiant la fonction du Parlement comme étant une fonction délibérante, nous retrouvons finalement la conception aristotélicienne qui considère que « dans toute société politique, il y a trois fonctions : 1° la délibération, 2° le commandement et 3° la justice »[1] : « il est donc nécessaire qu'il y ait des hommes capables de commander, et qui se dévouent pour la société à ce genre de service, soit pour tout le temps de leur vie, soit à tour de rôle. Il reste encore les fonctions dont nous avons parlé tout à l'heure, celle de délibérer sur les intérêts généraux et celle de décider, en cas de contestation, pour les droits entre les citoyens »[2]. On ne peut pourtant pas en conclure que la fonction gouvernementale doit être entendue comme l'équivalent de la fonction de commandement chez Aristote et que la fonction du Parlement serait la fonction de délibération d'Aristote. Ce retour à la conception aristotélicienne doit effectivement être nuancé pour au moins deux raisons. D'une part, il convient de souligner l'importante diversité des traductions de cette œuvre. Si celles-ci demeurent sans incidence sur la distinction opérée

---

[1] M. DE LA BIGNE DE VILLENEUVE, *La fin du principe de séparation des pouvoirs*, Sirey, 1934, p. 12.
[2] ARISTOTE, *La Politique*, Garnier Frères, 1881, p. 232.

entre commander, délibérer et juger, dans certaines traductions il s'agit d'une distinction entre trois fonctions alors que dans d'autres il s'agit d'une distinction entre trois pouvoirs[1]. D'autre part, la fonction délibérante, telle qu'entendue par Aristote, semble bien plus large que la fonction délibérante telle que nous l'entendons ici. En effet, pour Aristote, la fonction délibérante « a pour objet toutes les grandes fonctions de l'État » et il « y range le droit de paix et de guerre, la confection des traités, la peine de mort, le bannissement, la confiscation, le contrôle des finances et des magistrats, avec la législation proprement dite [car] l'Assemblée des citoyens appelée à délibérer sur l'Agora (d'où le nom de fonction délibérante) y exerçait tout à la fois des attributions législatives, gouvernementales, de haute finance, de police et, au besoin, de justice pénale suprême »[2]. De ce point de vue, Georges Burdeau note que « sous le titre de délibération, [Aristote] range les principaux objets de ce qu'[il appelle] la fonction gouvernementale »[3].

---

[1] À titre d'exemple, s'il s'agit de trois fonctions pour Marcel De La Bigne de Villeneuve (M. DE LA BIGNE DE VILLENEUVE, *La fin du principe de séparation des pouvoirs*, *op. cit.*, p. 12), il s'agit de trois pouvoirs pour Paul Gaudemet (P. GAUDEMET, « La séparation des pouvoirs. Mythe et réalité », *loc. cit.*, p. 23) : « C'est Aristote dans un chapitre, un peu oublié aujourd'hui, de sa Politique, qui a lancé l'idée de la distinction des trois pouvoirs : "Dans tout gouvernement il y a trois pouvoirs essentiels à chacun desquels le sage législateur doit faire place de la manière la plus convenable… Le premier de ces trois pouvoirs est celui qui délibère sur les affaires de l'État (législatif). Le deuxième comprend toutes les magistratures ou pouvoirs constitués, c'est-à-dire ceux dont l'État a besoin pour agir… (exécutif). Le troisième embrasse les offices de juridiction (judiciaire)" ».

[2] M. DE LA BIGNE DE VILLENEUVE, *La fin du principe de séparation des pouvoirs*, *op. cit.*, p. 12.

[3] G. BURDEAU, « Remarques sur la classification des fonctions étatiques », *loc. cit.*, p. 205.

Ainsi identifiée, la fonction délibérante ne peut se concrétiser qu'à la condition que le Parlement, de par sa composition, traduise cette pluralité des opinions.

§ 2. La concrétisation de la fonction : la composition du Parlement, reflet de la pluralité des opinions

Si le Parlement a une fonction délibérante, comment s'assurer qu'il sera bien en position d'assumer cette fonction et donc de la concrétiser ? Au travers de cette question, il ne s'agit pas de se demander comment faire pour que le Parlement puisse effectivement délibérer car cela renvoie, en aval de sa fonction, au pouvoir du Parlement lui permettant de l'exercer[1]. Il s'agit en revanche de s'interroger, en amont de la fonction délibérante, sur les conditions nécessaires pour que le Parlement puisse être en mesure de l'assurer. Il apparaît alors que la fonction délibérante, parce qu'elle est entendue comme la fonction consistant à exprimer publiquement la pluralité des opinions, ne peut se concrétiser qu'à la condition que le Parlement, de par sa composition, reflète cette pluralité des opinions. Nous retrouvons ici l'analyse de René Capitant qui a pu relever que « l'organisation exécutive repose sur la dualité des gouvernants et des gouvernés, tandis que l'organisation législative repose sur l'identité du législateur et de l'assujetti à la loi »[2]. Dans ce cadre, la fonction délibérante peut être, ici encore, appréhendée à la lumière de l'article 24 de la Constitution. Ses alinéas 2, 3, 4 et 5 tentent en effet de concrétiser cette fonction car en consacrant le bicamérisme et des modes de recrutement

---

[1] *Cf.* Partie 1 - Chapitre 2 - Section 2.

[2] R. CAPITANT, cité notamment par J. HUMMEL, « Le pouvoir exécutif en débat. L'équivocité d'une "puissance mystérieuse" », *in* P. JENSEL-MONGE, A. VIDAL-NAQUET (dir.), *Du pouvoir exécutif au pouvoir gouvernant*, *op. cit.*, p. 89.

différents entre les assemblées, ils ont pour vocation de permettre au Parlement de refléter la pluralité des opinions entre les chambres et au sein de chaque chambre.

La pluralité des opinions entre les assemblées

Si l'alinéa 2 de l'article 24 de la Constitution consacre le bicamérisme, les alinéas 3 et 4 de ce même article posent quelques garanties afin que la composition des deux chambres ne soit pas identique et permette ainsi de refléter la pluralité des opinions entre les assemblées. Le bicamérisme moderne est en effet un bicamérisme technique dans lequel la seconde chambre doit apporter un regard différent de la première. Ainsi, s'il est prévu que l'Assemblée nationale, qui ne peut comprendre plus de 577 députés, est élue au suffrage universel direct, il est également précisé que le Sénat, qui ne peut comprendre plus de 348 membres, est élu au suffrage universel indirect. Cette différence, si elle est un élément jouant en faveur d'une composition différente entre les deux assemblées, n'est pas pour autant un élément suffisant. Tout dépend ensuite des modalités précises de recrutement des deux chambres.

De ce point de vue, et afin d'apporter une garantie supplémentaire à la distinction entre les deux assemblées, l'alinéa 4 de l'article 24 de la Constitution précise en outre que le Sénat « assure la représentation des collectivités territoriales de la République ». Sur ce dernier point, il faut remarquer avec une partie de la doctrine que la représentation des collectivités territoriales par le Sénat est davantage une modalité électorale qu'une fonction spécifique du Sénat[1]. Vlad Constantinesco et Stéphane

---

[1] Sur cette controverse, voir notamment : F. ROBBE, *La représentation des collectivités territoriales par le Sénat*, LGDJ, Paris, 2001 ; P. KLIMT, *Les fonctions du Sénat français : entre continuité et*

Pierré-Caps notent ainsi que « l'on ne saurait [...] déduire [de l'article 24 de la Constitution de 1958] que le Sénat assure une fonction spécifique de représentation des collectivités territoriales mais, plus simplement [...], qu'il émane indirectement du suffrage universel par l'intermédiaire des collectivités territoriales »[1]. Complétant cette analyse, François Robbe note que la représentation des collectivités territoriales par le Sénat n'est au départ qu'une simple modalité électorale à partir de laquelle le Sénat s'est « approprié » un rôle constitutionnel dont la révision constitutionnelle du 23 mars 2003 serait la transcription[2]. Partageant la même analyse, Michel Verpeaux et Laetitia Janicot affirment qu'avant la révision constitutionnelle de 2003 « ni la Constitution, ni même la pratique des institutions ne donnaient [...] au Sénat un rôle particulier à l'égard des collectivités territoriales », ce qui « n'a pas empêché cette assemblée de se considérer comme l'organe qui doit veiller à la défense des intérêts locaux »[3]. L'article 24 renvoyant à une modalité électorale spécifique pour le Sénat, cela confirme l'analyse selon laquelle cet article de la Constitution apporte des garanties, au travers de modes de recrutement différents entre les deux chambres, afin que leurs compositions ne soient pas identiques. Dès lors, si l'Assemblée nationale et le Sénat assurent en tant qu'assemblées parlementaires « la représentation de la nation ou du peuple, notions confondues dans le cadre d'un État unitaire, comme la Constitution l'exprime en mentionnant et la souveraineté nationale et les représentants

---

mutations, Thèse, Université de Rennes 1, 2020 ; V. BOYER, *La gauche et la seconde chambre de 1945 à nos jours*, *op. cit.*, p. 70-86.

[1] V. CONSTANTINESCO, S. PIERRÉ-CAPS, *Droit constitutionnel*, *op. cit.*, p. 390.

[2] F. ROBBE, « Le Sénat défenseur des collectivités locales : histoire d'une appropriation », *Pouvoirs Locaux*, n° 67, décembre 2005, p. 55.

[3] M. VERPEAUX, L. JANICOT, *Droit des collectivités territoriales*, LGDJ, 4e édition, 2025, p. 204-205.

du peuple qui l'exercent [article 3, alinéa 1er de la Constitution] »[1], la représentation des collectivités territoriales par le Sénat, en tant que modalité électorale spécifique, doit permettre d'assurer une composition distincte aux deux assemblées.

Bien plus, comme nous l'avons précédemment évoqué, les caractéristiques du mode de recrutement du Sénat (parmi lesquelles nous pouvons citer le suffrage universel indirect et la représentation des collectivités territoriales en tant que modalité électorale spécifique) sont souvent présentées comme les éléments permettant également de garantir un « style sénatorial ». Ce dernier, marqué par une volonté d'autonomie et d'indépendance des sénateurs par rapport aux contingences politiques[2], se traduit notamment, pour les sénateurs, par une « certaine désinvolture vis-à-vis des adhésions partisanes »[3] leur permettant de se démarquer des députés. Jean-Pierre Marichy note ainsi que « les idéaux politiques qui pouvaient animer les candidats et les différencier nettement s'estompent quelque peu et les oppositions de pensées cèdent souvent la place à un comportement politique sinon unifié du moins fondé sur un certain nombre de principes très généralement admis ». Il relève alors que les « groupes parlementaires au Sénat en arrivent […] à présenter parfois plus de différence avec les groupes correspondants de l'Assemblée qu'ils n'en présentent entre eux »[4]. Cette spécificité du style sénatorial est donc également un élément œuvrant à la pluralité des opinions entre les assemblées.

---

[1] O. GOHIN, *Droit constitutionnel*, *op. cit.*, p. 1059-1060.

[2] Voir notamment : V. BOYER, « Le Sénat, contre-pouvoir au bloc majoritaire ? », *loc. cit.*, p. 58.

[3] F. CHEVALIER, *Le sénateur français 1875-1995*, *op. cit.*, p. 255.

[4] J.-P. MARICHY, *La deuxième Chambre dans la vie politique française depuis 1875*, LGDJ, Paris, 1969, p. 290.

Il convient néanmoins de préciser, comme nous l'avons vu précédemment, que cette spécificité sénatoriale est aujourd'hui confrontée à l'alignement des forces politiques au sein de l'Assemblée du Luxembourg sur celles présentes à l'Assemblée nationale. Si certains auteurs tentent d'en minorer la portée, tel François Chevalier soulignant qu'« au Sénat, l'alignement politique sur l'axe majorité-opposition se compense par un style et un état d'esprit différents »[1], ce jugement ne peut entièrement satisfaire. Si pour les textes les plus techniques, la spécificité sénatoriale demeure, l'apparition de la logique majoritaire au Sénat a, si ce n'est remis en cause, du moins atténué ce style pour les textes politiques par lesquels les gouvernements mettent en œuvre leur programme politique. Alain Delcamp a ainsi pu noter que si des sénateurs de groupes différents peuvent s'allier sur un même sujet pour des raisons sociologiques, comme notamment le fait qu'ils proviennent des communes rurales, « au fil du temps, ces convergences ont eu de moins en moins de conséquences pratiques, les solidarités politiques prenant de plus en plus le pas sur les autres, surtout à l'occasion des scrutins publics »[2]. François Robbe en conclut alors que les sénateurs « peuvent difficilement oublier quel est leur camp »[3]. La différence de mode de recrutement entre l'Assemblée nationale et le Sénat n'est donc plus la garantie de comportements différents entre les deux assemblées[4]. Comme nous l'avons précédemment vu, c'est la raison pour laquelle, nous pourrions proposer de

---

[1] F. CHEVALIER, *Le sénateur français 1875-1995*, *op. cit.*, p. 261.
[2] A. DELCAMP, *Le Sénat et la décentralisation*, *op. cit.*, p. 498.
[3] F. ROBBE, « Le Sénat à l'heure des demi-réformes », *RFDC*, 2003, n° 56, p. 755.
[4] Pour approfondir, voir : V. BOYER, *La gauche et la seconde chambre de 1945 à nos jours*, *op. cit.*, p. 160-168 ; V. BOYER, « Le Sénat, contre-pouvoir au bloc majoritaire ? », *loc. cit.*, p. 41-68 ; V. BOYER, « Pour un Sénat désigné par tirage au sort », *loc. cit.*, p. 147-148.

désigner les sénateurs par tirage au sort[1]. Cette proposition permettrait de différencier les deux chambres du point de vue de leur composition et participerait ainsi à la pluralité des opinions entre les assemblées. En effet, dans ce cadre, la chambre basse « représenterait le peuple et sa volonté au travers des partis politiques lesquels sont chargés de donner une signification politique aux aspirations et aux revendications des citoyens et donc de structurer le monde et l'offre politiques », alors que la seconde chambre « représenterait le peuple dans toute sa diversité c'est-à-dire au travers de tout ce qu'est concrètement un individu (socialement, économiquement, géographiquement, idéologiquement,...) »[2].

Sous les réserves évoquées, l'article 24 de la Constitution, en consacrant le bicamérisme et des modes de recrutement différents entre les assemblées, doit permettre au Parlement de refléter la pluralité des opinions entre les chambres. Il confirme ainsi la nécessité de compléter l'approche unifiée du Parlement par une approche duale de celui-ci. Par ailleurs, l'article 24 de la Constitution doit également permettre de refléter cette pluralité au sein de chaque chambre.

La pluralité des opinions au sein des assemblées

Au sein de chaque assemblée, le principe même selon lequel la pluralité des opinions y est représentée et reflétée découle du recours, prévu à l'article 24, alinéas 3 et 4 de la Constitution, au principe électif pour déterminer leur composition[3], dès lors que ce principe doit être lui-même

[1] *Ibid.*, p. 148-149.
[2] *Ibid.*, p. 149.
[3] Ce recours au principe électif, s'il est commun, ne va pourtant pas de soi (voir notamment : V. BOYER « Du tirage au sort et de l'élection en politique », *in Mélanges en l'honneur du Professeur Christian Lavialle*, *op. cit.*, p. 129-136).

appréhendé en lien avec les principes posés à l'article 3 de la Constitution et notamment celui selon lequel « le suffrage [...] est toujours universel, égal et secret ». Ainsi entendu, l'élection des députés et des sénateurs doit en principe permettre à chaque assemblée de représenter et de refléter la pluralité des opinions[1].

L'ensemble de la jurisprudence du Conseil constitutionnel en la matière, notamment celle relative au découpage des circonscriptions électorales pour les élections législatives et celle relative à la composition du collège électoral sénatorial, marqué par le souci de garantir l'expression sincère de la volonté du corps électoral, traduit d'ailleurs cet impératif de représentation de la pluralité des opinions. Rappelons ainsi, s'agissant des élections législatives, que l'équilibre territorial et l'équilibre démographique des circonscriptions sont deux principes dégagés par le Conseil constitutionnel par lesquels il cherche, par le premier, à éviter tout arbitraire dans l'opération de délimitation des circonscriptions et donc à assurer une égalité entre les forces politiques en compétition et, par le second, à s'assurer que les députés sont élus sur des bases essentiellement démographiques[2].

---

[1] Nous ne reviendrons pas ici sur la distinction entre la représentation proportionnelle et le scrutin majoritaire quant à leurs effets sur la représentation parlementaire.
Notons que l'article 24, alinéa 5 de la Constitution permet également à chaque chambre de refléter la pluralité des opinions en son sein car il prévoit, depuis la révision constitutionnelle de 2008, que « les français établis hors de France sont représentés à l'Assemblée nationale et au Sénat ». Ainsi, tout comme la représentation des collectivités territoriales par le Sénat qui garantit une pluralité d'opinion entre les deux assemblées à travers un mode de recrutement sénatorial spécifique, la représentation des Français établis hors de France au sein de chaque chambre garantit une pluralité d'opinion en leur sein par une représentation spécifique des Français établis hors de France au sein d'assemblées parlementaires assurant la représentation de la nation.

[2] Voir notamment : V. BOYER, « Le Conseil constitutionnel et le

Rappelons également, s'agissant des élections sénatoriales, que si la composition du collège électoral est souvent présentée comme le réceptacle du débat sur les distorsions de représentation entre communes d'une part, et entre catégories de collectivités territoriales d'autre part[1], le Conseil constitutionnel tente de concilier, au niveau de la composition de ce collège électoral, le principe territorial et le principe démographique : « [...] il résulte des dispositions [...] de l'article 24 de la Constitution que le Sénat doit, dans la mesure où il assure la représentation des collectivités territoriales de la République, être élu par un corps électoral qui est lui-même l'émanation de ces collectivités ; [...] par suite, ce corps électoral doit être essentiellement composé de membres des assemblées délibérantes des collectivités territoriales ; [...] toutes les catégories de collectivités territoriales doivent y être représentées ; [...] en outre, la représentation des communes doit refléter leur diversité ; [...] enfin, pour respecter le principe d'égalité devant le suffrage résultant de l'article 6 de la Déclaration des droits de l'homme et du citoyen de 1789 et de l'article 3 de la Constitution, la représentation de chaque catégorie de collectivités

---

découpage électoral pour les élections législatives de 2007 », *in* H. Roussillon et S. Mouton (dir.), *Les élections présidentielles et législatives de 2007*, Presses de l'Université des Sciences Sociales de Toulouse, 2007, p. 351-382.

[1] Pour approfondir, voir : V. BOYER, *La gauche et la seconde chambre de 1945 à nos jours*, *op. cit.*, p. 78-86 ; V. BOYER, « Le Comité Balladur et le mode d'élection du Sénat », *Annales de l'Université Toulouse 1 Capitole*, vol. LII, 2010-2011, p. 93-112 ; V. BOYER, « La prise en compte du phénomène urbain et la redistribution des compétences des collectivités territoriales : faut-il recomposer le collège électoral sénatorial ? », *in* N. DROIN, A. GRANERO, *Le Sénat sous la Ve République, un acteur « méprisé » ?*, IFJD, coll. « Colloques et Essais », 2022.

territoriales et des différents types de communes doit tenir compte de la population qui y réside »[1].

Cette pluralité des opinions est également recherchée au sein de certains organes des assemblées parlementaires tels que le bureau des assemblées, les commissions permanentes et les commissions d'enquête. En effet, à l'Assemble nationale, « l'élection des vice-présidents, des questeurs et des secrétaires a lieu en s'efforçant de reproduire au sein du Bureau la configuration politique de l'Assemblée »[2]. Au Sénat, « afin de renforcer le pluralisme »[3], les listes des candidats aux fonctions de vice-président, de questeur et de secrétaire « sont établies selon la représentation proportionnelle des groupes »[4]. De même,

---

[1] CC, décision n° 2000-431 DC du 6 juillet 2000, *Loi relative à l'élection des sénateurs*, *JO*, 11 juillet 2000, p. 10486, *Rec.* p. 98.
De ce point de vue, nous pouvons noter que le cadre départemental est également un levier, souvent oublié, qui pourrait être actionné pour faire évoluer la répartition du nombre de sénateurs par département (et ainsi permettre une meilleure prise en compte du critère démographique). Ce cadre départemental pourrait aussi être remis en cause comme niveau de constitution des collèges électoraux sénatoriaux (pour permettre une meilleure représentation des différentes catégories de collectivités territoriales). Sur ce point, voir : V. BOYER, « La prise en compte du phénomène urbain et la redistribution des compétences des collectivités territoriales : faut-il recomposer le collège électoral sénatorial ? », *in* N. DROIN, A. GRANERO, *Le Sénat sous la Ve République, un acteur « méprisé » ?*, *op. cit.*
Pour une position exprimant un attachement au maintien d'un cadre départemental « régénéré », voir : E.-P. GUISELIN, « Le département, matrice du droit électoral français depuis 1789 », *RDP*, 2020, n° 2, p. 497.
[2] Article 10 du Règlement de l'Assemblée nationale.
Voir également : P. AVRIL, J. GICQUEL, J.-É. GICQUEL, *Droit parlementaire*, *op. cit.*, p. 118.
[3] *Ibid.*, p. 111.
[4] Article 2 *bis*, alinéa 4 du règlement du Sénat.
Voir également : P. AVRIL, J. GICQUEL, J.-É. GICQUEL, *Droit parlementaire*, *op. cit.*, p. 119.

la composition des commissions permanentes doit respecter les règles de la représentation proportionnelle des groupes[1]. L'article 39, alinéa 2 du Règlement de l'Assemblée nationale prévoit par ailleurs que la composition du bureau de chaque commission permanente « s'efforce de reproduire la configuration politique de l'Assemblée, d'assurer la représentation de toutes ses composantes » et l'article 13 du Règlement du Sénat a également pour volonté d'y « assurer la représentation proportionnelle des groupes »[2]. S'agissant enfin des membres des commissions d'enquête, « depuis la loi du 20 juillet 1991, ils sont désignés [à l'Assemblée nationale comme au Sénat] de façon à y assurer une représentation proportionnelle des groupes politiques »[3]. Chacun de ces organes de l'Assemblée nationale et du Sénat s'efforce donc de reproduire la configuration politique de l'assemblée et donc d'y maintenir les équilibres politiques[4]. C'est d'ailleurs pour cette raison que si « la pandémie a conduit à revoir sensiblement les modalités du travail parlementaire,

---

[1] Article 37 du Règlement de l'Assemblée nationale et Article 8 du Règlement du Sénat.

[2] P. AVRIL, J. GICQUEL, J.-É. GICQUEL, *Droit parlementaire*, *op. cit.*, p. 177.

[3] *Ibid.*, p. 183.

[4] Le *rapport du groupe de travail chargé d'anticiper le mode de fonctionnement des travaux parlementaires en période de crise* note d'ailleurs que l'expression « dans le respect de la configuration politique de l'Assemblée nationale » est une « expression fréquemment mentionnée aujourd'hui dans le Règlement de l'Assemblée notamment pour : le Bureau (article 10), les nominations personnelles (article 28), le bureau des commissions permanentes (article 39), les commissions mixtes paritaires (article 111), le bureau des commissions d'enquête (article 143), le bureau des missions d'information créées par la Conférence des présidents (article 145), la désignation des rapporteurs spéciaux et pour avis sur la loi de finances (article 146)... » (S. WASERMAN, *Rapport du groupe de travail chargé d'anticiper le mode de fonctionnement des travaux parlementaires en période de crise*, Assemblée nationale, novembre 2020, p. 15-16).

notamment en limitant le nombre de députés pouvant siéger dans l'hémicycle », le système qui a permis « en mars 2020, le vote des textes de loi à deux députés par groupe [a été] insatisfaisant » et « "contre-nature" au regard des règles de proportionnalité usuelles »[1]. Le rapport du groupe de travail chargé d'anticiper le mode de fonctionnement des travaux parlementaires en période de crise précise ainsi que « les règles qui ont été pratiquées ensuite et pendant l'essentiel de la crise, fondées sur le principe de représentation proportionnelle des groupes, ont été jugées plus opportunes au regard de l'équilibre politique des délibérations et, tout particulièrement, des votes. […] Pour l'avenir, il convient donc d'envisager un mode de présence qui, quelles que soient les circonstances, assure la représentation proportionnelle des groupes, conformément à l'exigence de principe mentionnée à de nombreuses reprises dans le Règlement »[2].

Cette représentation de la pluralité des opinions au sein de chaque assemblée est enfin garantie par l'article 51-1 de la Constitution. En effet, en précisant que le règlement de chaque assemblée « reconnaît des droits spécifiques aux groupes d'opposition de l'assemblée intéressée ainsi qu'aux groupes minoritaires », cet article consacre certes la reconnaissance de prérogatives à leur profit (que nous évoquerons par la suite[3]) mais consacre avant tout l'existence même de ces groupes aux côtés du groupe majoritaire. Cette reconnaissance explicite de l'existence, au sein de chaque assemblée, de minorités et d'oppositions et donc implicitement d'une majorité, constitue donc une

---

[1] A. FOURMONT, « Révision du règlement de l'Assemblée nationale : refus du droit parlementaire d'exception », *JP Blog*, 25 mars 2021.

[2] S. WASERMAN, *Rapport du groupe de travail chargé d'anticiper le mode de fonctionnement des travaux parlementaires en période de crise*, *op. cit.*, p. 15-16.

[3] *Cf.* Partie 1 - Chapitre 1er - Section 2.

reconnaissance de la pluralité des opinions au sein des assemblées. Appréhendée sous l'angle de la fonction délibérante, la révision constitutionnelle de 2008 est ainsi une réforme fondamentale[1] qui permet d'ailleurs d'envisager différemment les rapports de force politique au sein des assemblées.

Si l'article 20 de la Constitution permet d'identifier la fonction gouvernementale, l'article 24 semble en mesure de faire de même pour la fonction délibérante. Cette dernière construite en miroir et en complément de la fonction gouvernementale permet de traduire la réalité de la fonction du Parlement aujourd'hui, à savoir exprimer publiquement la pluralité des opinions. Elle permet également de renouveler la réflexion sur le Parlement en mettant l'accent sur la nécessité de reconnaître la diversité entre les deux assemblées (et donc de lutter contre une vision trop unifiée du Parlement) et au sein de chacune d'elles.

Reste alors à s'interroger sur le pouvoir du Parlement. Face au pouvoir gouvernant grâce auquel le gouvernement exerce un pouvoir de décision, le Parlement dispose d'un pouvoir traduisant la capacité d'exprimer publiquement la pluralité des opinions, c'est-à-dire un pouvoir qui pourrait être qualifié de « parlementaire ».

Section 2 : Le pouvoir parlementaire du Parlement

La question ici posée est double. D'une part, si, sous la Ve République, le pouvoir exécutif devient le pouvoir gouvernant, qu'en est-il du pouvoir (jusqu'ici « législatif ») du Parlement ? Autrement dit, comment peut-on le désigner et donc quel terme substituer à celui de « législatif » ?

[1] Pour approfondir, voir notamment : A. DE MONTIS, *La rénovation de la séance publique du Parlement français. Étude sur l'efficacité politique de la réforme constitutionnelle du 23 juillet 2008*, LGDJ, Paris, 2016.

D'autre part, si la fonction du Parlement est une fonction délibérante, quel pouvoir attribuer au Parlement pour qu'il puisse effectivement délibérer et donc exercer sa fonction ? Autrement dit, quel pouvoir donne la capacité à la pluralité de s'exprimer ? La réponse proposée peut être formulée ainsi : si le pouvoir gouvernant par lequel le gouvernement *lato sensu* dispose d'une « capacité d'impulsion, de décision et d'action »[1] traduit l'idée d'unité, le pouvoir du Parlement qui permet, à l'inverse, d'exprimer la pluralité est le « pouvoir parlementaire » par lequel le Parlement dispose d'une capacité de parler et ce faisant de contribuer aux décisions. Ce pouvoir permet au Parlement de réaliser sa fonction délibérante car il lui confère la capacité d'exprimer publiquement la pluralité des opinions. Ainsi identifié (§ 1), le pouvoir parlementaire est indissociable de la question du temps dont disposent les parlementaires pour parler et de celle de l'information à laquelle ils peuvent accéder (§ 2).

§ 1. L'identification du pouvoir parlementaire

L'identification du pouvoir parlementaire suppose d'en proposer une définition puis d'en relever les déclinaisons à travers différentes prérogatives parlementaires.

Le pouvoir parlementaire, pouvoir de parler

L'expression de « pouvoir parlementaire » est fréquemment utilisée dans deux sens. Elle l'est d'une part pour désigner le pouvoir qui appartient au Parlement. Elle est alors indifféremment utilisée au singulier ou au pluriel : le « pouvoir parlementaire » ou « les pouvoirs parlementaires ». Tel est, par exemple, le cas lorsque

---

[1] V. BOYER, R. RENEAU, « Introduction – Pourquoi un droit gouvernemental ? », *in* V. BOYER, R. RENEAU (dir.), *Pour un droit gouvernemental ?*, *op. cit.*, p. 22.

Sébastien Bernard évoque le « pouvoir parlementaire de contrôle »[1], confirmant ainsi que l'expression de « pouvoir parlementaire » renvoie ici au pouvoir appartenant au Parlement et qu'en elle-même (c'est-à-dire sans précision supplémentaire), elle ne permet pas de savoir quel est le contenu de ce pouvoir. L'expression de « pouvoir parlementaire » est d'autre part utilisée pour désigner l'organe parlementaire. Elle est alors le plus souvent employée au singulier : le « pouvoir parlementaire ». Tel est, par exemple, la présentation retenue par Vlad Constantinesco et Stéphane Pierré-Caps qui, pour étudier « les organes dans lesquels s'incarne le pouvoir politique de la Ve République », distinguent « le pouvoir gouvernemental [...] ; le pouvoir parlementaire [...] ; le pouvoir juridictionnel [...] »[2]. Ainsi, considérant le « pouvoir parlementaire », ils évoquent finalement l'ensemble des questions relatives au Parlement, c'est-à-dire aussi bien le statut du Parlement que ses pouvoirs[3].

---

[1] S. BERNARD, « La réforme des mécanismes de protection des entreprises stratégiques », *AJDA*, 2019, n° 22, p. 1285.
Voir également : Ph. BLACHÈR, « Faut-il s'inspirer du référendum constituant italien ? », *AJDA*, 2016, n° 40, p. 2241 (« Le 4 décembre prochain, les citoyens italiens sont invités à approuver la fin du bicamérisme égalitaire. Le projet de Matteo Renzi prévoit une suppression des pouvoirs du Sénat et une réduction du nombre des sénateurs (à 100). L'Italie abandonnerait ainsi l'égalité entre les deux assemblées pour confier l'essentiel du pouvoir parlementaire à la Chambre des députés »).

[2] V. CONSTANTINESCO, S. PIERRÉ-CAPS, *Droit constitutionnel*, *op. cit*, p. 339-340.

[3] *Ibid.*, p. 383-443.
Voir dans le même sens : S. MILACIC, « Les ambiguïtés du rapport français au Président de la République », *Constitutions*, 2013, n° 1, p. 7 : « [...] le pouvoir parlementaire, considéré en même temps comme en "déclin", est, par hypothèse postulé comme le plus démocratique, en tant qu'instance élue au suffrage universel direct ».

Dans ces deux cas, le terme « parlementaire » est entendu, selon *Le Trésor de la Langue française*, comme un adjectif « qui se rapporte, qui est propre aux parlements » et par extension « à ses membres »[1]. Le pouvoir ainsi qualifié comme étant parlementaire n'est pas alors clairement identifié par un pouvoir concret, par son contenu. Autrement dit, dans les deux cas, l'expression de « pouvoir parlementaire » permet de désigner l'idée selon laquelle des pouvoirs appartiennent au Parlement ou le Parlement lui-même, mais elle ne permet pas d'identifier à quelle capacité précise correspond ce pouvoir. Elle permet d'identifier le détenteur de ce pouvoir mais elle n'est pas utilisée pour désigner le contenu de ce pouvoir. L'expression de « pouvoir parlementaire » en tant que « capacité de » n'est donc pas définie.

Or, tel est ce que nous envisageons de faire ici en qualifiant le pouvoir du Parlement de « pouvoir parlementaire ». En effet, à travers cette expression, il ne s'agit plus alors d'entendre le terme « parlementaire » comme un adjectif « qui se rapporte, qui est propre aux parlements » ou « à ses membres » (comme c'est le cas dans les deux sens que nous venons d'évoquer), mais, de l'entendre, selon le *Trésor de la Langue française*, comme un adjectif « relatif à l'action de parlementer » c'est-à-dire finalement l'« action de parler »[2] et de discuter. Ainsi appréhendé, le « pouvoir parlementaire » est donc la capacité de parler, de discuter. Nous rejoignons ici l'analyse de Clément Viktorovitch qui a pu noter que « pour les parlementaires, parler constitue une fin en soi, et un

---

[1] Site du Centre National de Ressources Textuelles et Lexicales [https://www.cnrtl.fr/definition/parlementaire].

[2] Site du Centre National de Ressources Textuelles et Lexicales [https://www.cnrtl.fr/etymologie/parlement].

Parlement bavard est déjà un Parlement agissant »[1]. Cette définition renvoie alors à l'étymologie du terme « Parlement » qui, est « dérivé de parler, avec influence, pour le sens, de l'anglais, *parliament*, lui-même pris au français »[2] et qui pouvait être employé au sens de « conversation, propos »[3]. Certains auteurs relèvent d'ailleurs que « c'est [...] le propre du *parle*-ment que d'être un lieu d'échange, par la parole »[4].

Au-delà de la simple formule qui renvoie à l'organe parlementaire ou aux pouvoirs qu'il détient, il est ainsi possible, étymologiquement, d'associer une vraie capacité au « pouvoir parlementaire ». Il s'agit de la capacité de parler et donc d'exprimer publiquement la pluralité des opinions en vue d'exercer une influence. Précisons que cette capacité peut se révéler au cours d'un débat ou à l'occasion d'un vote car, pour les parlementaires, le pouvoir de parler est le pouvoir de s'exprimer par le débat et par le vote. Ce faisant, le pouvoir parlementaire du Parlement lui permet d'exercer sa fonction délibérante[5] à destination tant du gouvernement que des citoyens. Éric Buge et Mathieu Mugnier relèvent d'ailleurs que « le droit de s'exprimer constitue l'un des biens les plus précieux de la procédure

---

[1] C. VIKTOROVITCH, *Parler, pour quoi faire ? La délibération parlementaire à l'Assemblée nationale et au Sénat (2008-2012)*, *op. cit.*, p. 56.

[2] G. CORNU, *Vocabulaire juridique*, *op. cit.*, p. 743.

[3] Le site du Centre National de Ressources Textuelles et Lexicales nous indique que tel est par exemple le cas dans la *Chanson de Roland* (traduction de J. BÉDIER), vers 2836 [https://www.cnrtl.fr/etymologie/parlement].

[4] J.-Ph. DEROSIER, E. DEBAETS, « Introduction », *in* J.-Ph. DEROSIER, M. DORAY (dir.), *La délibération après la révision constitutionnelle de 2008*, *op. cit.*, p. 11.

[5] Certains auteurs notent d'ailleurs que, par définition, la délibération correspond à un examen entre plusieurs personnes « par la parole » (*Ibid.*, p. 10).

parlementaire »[1]. Si le gouvernement *lato sensu* dispose d'un pouvoir *gouvernant* lui conférant une « capacité d'impulsion, de décision et d'action »[2] et traduisant l'idée d'unité, le Parlement dispose donc quant à lui d'un pouvoir *parlementaire* lui donnant une capacité de parler et symbolisant l'idée de pluralité.

Ainsi entendue, l'expression de « pouvoir parlementaire » présente deux caractéristiques qui lui permettent de traduire plus justement la réalité des pouvoirs du Parlement. D'une part, cette expression ne préjuge pas de la décision finale du gouvernement et de l'influence qu'auront finalement ces discussions qui se sont tenues au sein des assemblées sur cette décision. Autrement dit, en donnant au Parlement une capacité de parler pour exprimer publiquement la pluralité des opinions en vue d'exercer une influence, le pouvoir parlementaire peut être considéré comme lui conférant, de ce fait, une capacité « de contribution » au « pouvoir d'action » du gouvernement. Marc Milet note ainsi que « si le Parlement sous la Cinquième République a largement perdu son pouvoir d'impulsion et d'initiative, il a conservé, sur le long terme, un pouvoir de contribution à la confection législative. La modification d'un projet de loi est bien la règle, l'entérinement l'exception »[3]. De ce point de vue, le pouvoir parlementaire peut également être considéré comme conférant au Parlement une capacité « de contrôle » du « pouvoir d'action » du gouvernement, à condition de considérer que ce contrôle « ne se réduit pas à la sanction et à l'engagement de la responsabilité politique du

---

[1] É. BUGE, M. MUGNIER, « Le rapporteur, clé de voûte de la délibération parlementaire », *loc. cit.*, p. 290.

[2] V. BOYER, R. RENEAU, « Introduction – Pourquoi un droit gouvernemental ? », *in* V. BOYER, R. RENEAU (dir.), *Pour un droit gouvernemental ?*, *op. cit.*, p. 22.

[3] M. MILET, « Pour une sociologie législative du pouvoir parlementaire en France », *loc. cit.*, p. 603.

gouvernement » mais renvoie plutôt à l'information, à l'évaluation et aux débats sur les déclarations du gouvernement[1], ce que l'on pourrait qualifier de contrôle technique par opposition au contrôle sanction. Paul Gaudemet relève ainsi qu'« en face [du] pouvoir d'action du gouvernement, il peut exister un pouvoir de contrôle qui pourra être conféré à une assemblée représentative »[2]. D'autre part, ainsi entendue, l'expression de « pouvoir parlementaire » ne nie pas la possibilité d'influences extérieures tels le fait majoritaire ou les mécanismes de rationalisation du parlementarisme ; la présence, l'atténuation ou l'absence du premier comme des seconds va avoir des conséquences sur l'exercice de ce pouvoir et sur l'importance tant de la contribution du Parlement au pouvoir d'action du gouvernement que du contrôle des assemblées sur ce dernier.

L'expression de « pouvoir parlementaire » peut ainsi permettre de traduire la réalité des pouvoirs du Parlement en ce sens que, sous la Ve République, les assemblées parlent davantage en vue d'influencer (quel que soit ensuite le résultat de cette influence) qu'elles ne décident réellement.

Ce pouvoir parlementaire se décline alors concrètement en différentes prérogatives reconnues aux assemblées et à leurs membres.

---

[1] A. VIDAL-NAQUET, « L'unité gouvernementale par le contrôle du Parlement », *in.* V. BOYER, R. RENEAU (dir.), *Pour un droit gouvernemental ?*, *op. cit.*, p. 244-246.

[2] P. GAUDEMET, « La séparation des pouvoirs. Mythe et réalité », *loc. cit.*, p. 124.

Les déclinaisons du pouvoir parlementaire : les prérogatives parlementaires

Le pouvoir parlementaire, défini en tant que pouvoir donnant la capacité de parler aux assemblées et à leurs membres, implique que les prérogatives et les droits propres qui leur sont reconnus leur confèrent effectivement la capacité de parler. Sous la Ve République, ce pouvoir parlementaire du Parlement peut alors être identifié à trois niveaux : au niveau des rapports du Parlement avec le Gouvernement, le premier dispose de prérogatives lui permettant de parler, de discuter avec le second ; en deuxième lieu, le Parlement dispose également de prérogatives permettant aux deux chambres de discuter entre elles ; au sein de chaque assemblée, les parlementaires disposent enfin de prérogatives leur permettant de discuter entre eux. Chacun de ces niveaux peut être illustré à partir de quelques exemples.

Les prérogatives parlementaires dans les rapports du Parlement avec le Gouvernement. La Constitution de 1958 reconnaît au Parlement des prérogatives lui donnant la capacité de parler avec le Gouvernement et donc de lui exprimer publiquement la diversité des opinions sur son action en vue de l'influencer.

Ces prérogatives peuvent lui être reconnues dans le cadre de la procédure législative. C'est ainsi, qu'en vertu des articles 45, 46, 47 et 47-1 de la Constitution, les parlementaires peuvent parler des projets de lois et des amendements déposés par le Gouvernement dans le cadre des débats et des votes qui ont lieu en commission et en séance plénière.

Ces prérogatives peuvent également être reconnues au Parlement dans le cadre des procédures lui permettant de contrôler le Gouvernement. Ainsi, en vertu de l'article 49 de la Constitution, les députés peuvent parler de l'engagement de la responsabilité politique du Gouvernement (alinéas 1, 2 et 3) et les sénateurs peuvent parler d'une déclaration de politique générale du Gouvernement (alinéa 4) dans le cadre des débats et des votes portant sur ces questions. De même, les parlementaires peuvent parler de l'action du Gouvernement dans le cadre de la mise en œuvre de l'article 50-1 de la Constitution, de la création de commissions d'enquête et des procédures de questions au Gouvernement.

Dans tous ces cas, en conférant au Parlement la possibilité de débattre et, dans certains cas, de clôturer ce débat par un vote, le pouvoir parlementaire donne au Parlement la capacité d'exprimer publiquement la pluralité des opinions sur l'action du Gouvernement.

Les prérogatives parlementaires entre assemblées. La Constitution de 1958 reconnaît aux deux chambres des prérogatives leur donnant la capacité de parler entre elles et donc d'exprimer publiquement la diversité des opinions. Tel est particulièrement le cas de la navette prévue aux articles 45, 46, 47 et 47-1 de la Constitution. Ce mécanisme, inhérent au bicamérisme, permet effectivement à chaque assemblée, dans le cadre de la procédure législative, de parler (par le biais de la discussion et du vote) avec l'autre des projets de loi, des propositions de loi et des amendements qui leur sont soumis.

De même, il convient de noter que si l'Assemblée nationale et le Sénat disposent tous deux du pouvoir parlementaire dans le cadre de la procédure législative et si, dans ce cadre, ce pouvoir parlementaire permet à ces deux chambres de discuter entre elles et de voter, leurs prérogatives ne sont pas identiques. En effet, à défaut d'accord entre les deux assemblées dans le cadre de leur discussion, le Gouvernement a la possibilité de mettre fin aux débats en donnant le « dernier mot » à l'Assemblée nationale. En appréhendant le pouvoir du Parlement comme un pouvoir parlementaire, cette capacité pour le Gouvernement de donner le dernier mot à l'Assemblée nationale n'apparaît plus comme une dévalorisation du rôle du Parlement par rapport au Gouvernement. Il s'agit davantage d'un impératif découlant de la nécessité pour le Gouvernement de décider et ainsi d'assurer sa fonction gouvernementale grâce à son pouvoir gouvernant. Cet impératif est d'ailleurs finalement compatible avec la fonction délibérante du Parlement dès lors que ce dernier a disposé du temps nécessaire pour exercer cette fonction grâce à son pouvoir parlementaire.

Les prérogatives parlementaires au sein de chaque assemblée. La Constitution de 1958 reconnaît aux députés et aux sénateurs des prérogatives leur donnant la capacité de parler entre eux (c'est-à-dire au sein de chacune des chambres), et donc d'exprimer publiquement la diversité des opinions. Ce pouvoir de dialoguer entre parlementaires au sein d'une même assemblée se retrouve notamment dans les prérogatives reconnues aux parlementaires appartenant aux groupes minoritaires et d'opposition.

De ce point de vue, depuis la révision constitutionnelle de 2008, l'article 51-1 de la Constitution précise que « le règlement de chaque assemblée détermine les droits des groupes parlementaires constitués en son sein » et qu'« il reconnaît des droits spécifiques aux groupes d'opposition de l'assemblée intéressée ainsi qu'aux groupes minoritaires ». Si, comme nous l'avons précédemment vu[1], ces dispositions consacrent l'existence, au sein de chaque assemblée, de minorités et d'oppositions et donc implicitement d'une majorité, et constituent ainsi une reconnaissance de la pluralité des opinions au sein des assemblées, cet article reconnaît également l'existence de

---

[1] *Cf.* Partie 1 - Chapitre 1er - Section 1.

prérogatives à leur profit. À titre d'exemple, à l'Assemblée nationale, les groupes d'opposition et les groupes minoritaires disposent d'un « droit de tirage » leur permettant de créer, une fois par session, une commission d'enquête[1] ou une mission d'information[2]. De même, au Sénat, « chaque groupe [et donc en particulier les groupes d'opposition ou les groupes minoritaires] a droit à la création d'une commission d'enquête ou d'une mission d'information par année parlementaire »[3]. L'article 48 du Règlement de l'Assemblée nationale prévoit également que « chaque président de groupe d'opposition ou de groupe minoritaire obtient de droit l'inscription à l'ordre du jour de la semaine prévue à l'article 48, alinéa 4 de la Constitution d'un débat sans vote ou d'une séance de questions » portant notamment sur les conclusions du rapport d'une commission d'enquête ou d'une mission d'information. L'article 132 du Règlement de l'Assemblée nationale prévoit en outre que dans le cadre des débats auxquels donnent lieu les déclarations du Gouvernement prononcées sur le fondement de l'article 50-1 de la Constitution, « le temps imparti aux groupes est attribué pour moitié aux groupes d'opposition ». L'article 48 de la Constitution prévoit par ailleurs qu'« un jour de séance par mois est réservé à un ordre du jour arrêté par chaque assemblée à l'initiative des groupes d'opposition de l'assemblée intéressée ainsi qu'à celle des groupes minoritaires ». Enfin, dans le cadre du « temps législatif programmé », lorsque la conférence des présidents a fixé la durée maximale de l'examen d'un texte, l'article 49 du Règlement

[1] Article 141, alinéa 2 du Règlement de l'Assemblée nationale.
Pour une illustration, voir : É. LEMAIRE, « Contrôle parlementaire de la crise sanitaire : interrogations autour de l'attribution des pouvoirs d'enquête à la mission d'information sur l'épidémie de Coronavirus à l'Assemblée nationale », *JP Blog*, 18 juin 2020.
[2] Article 145, alinéa 5 du Règlement de l'Assemblée nationale.
[3] Article 6 *bis*, alinéa 1er du Règlement du Sénat.

de l'Assemblée nationale garantit le droit d'expression de tous les groupes et en particulier des groupes d'opposition et minoritaires. L'alinéa 7 de cet article prévoit en effet qu'« un temps minimum est attribué à chaque groupe, ce temps étant supérieur pour les groupes d'opposition » et que « le temps supplémentaire est attribué à 60 % aux groupes d'opposition et réparti entre eux en proportion de leur importance numérique. Le reste du temps supplémentaire est réparti entre les autres groupes en proportion de leur importance numérique ».

Ces prérogatives sont ainsi des déclinaisons du pouvoir parlementaire puisqu'elles donnent effectivement la capacité aux membres des deux assemblées, et notamment à ceux des groupes minoritaires et des groupes d'opposition, d'exprimer publiquement leurs opinions par définition diverses.

Sous la Ve République, les prérogatives du Parlement et des parlementaires peuvent donc être analysées, aux trois niveaux que nous venons d'évoquer, comme traduisant la mise en œuvre d'un pouvoir parlementaire. Ainsi identifié, ce pouvoir est indissociable de la question du temps dont dispose les parlementaires et de celle de leur information.

§ 2. Pouvoir parlementaire, temps et information des parlementaires

Dès lors que le pouvoir du Parlement est identifié comme étant un pouvoir parlementaire défini comme la capacité pour les parlementaires de parler, c'est-à-dire d'exprimer publiquement la pluralité des opinions, par le biais du débat et du vote, en vue d'exercer une influence, deux aspects deviennent fondamentaux : celui du temps dont disposent les parlementaires pour parler ; celui de l'information à laquelle peuvent accéder les parlementaires.

Sur le premier point, il faut effectivement constater que « le temps constitue une variable cruciale […] de la procédure parlementaire »[1]. Le respect du pouvoir parlementaire (et de la fonction délibérante) du Parlement suppose que ce dernier dispose d'un temps suffisant pour exprimer publiquement la pluralité des opinions, par le débat et par le vote, en vue d'exercer une influence. Lorsque ce temps est réduit, le risque est de limiter de manière trop importante le pouvoir parlementaire identifié comme le pouvoir de parler, car « nécessairement, le temps est […] un élément limitant la capacité de discussion des assemblées parlementaires »[2]. Lorsque ce temps est trop long, le risque est de voir la discussion durer indéfiniment et ne pas pouvoir se concilier avec l'action : « si la discussion parlementaire doit tendre à la délibération, elle doit aussi toujours permettre la prise de décision »[3]. Toute la question est alors de savoir quel est ce « temps suffisant », qui tout en étant un élément limitant le pouvoir parlementaire pour le concilier avec l'action, ne le contraint pas exagérément de sorte que le Parlement puisse effectivement exercer son pouvoir parlementaire. Il est évidemment difficile de quantifier ce temps car cela dépend du type de décision soumise à la délibération du Parlement et du contexte. La réponse est, par ailleurs, d'autant plus difficile que, contre les nécessités ou la tentation, pour le gouvernement, de prendre des décisions rapidement, le temps nécessaire à l'échange de points de vue dans le cadre des débats et des votes au Parlement peut constituer, selon les opinions, une lenteur regrettable ou salutaire[4].

---

[1] É. BUGE, M. MUGNIER, « Le rapporteur, clé de voûte de la délibération parlementaire », *loc. cit.*, p. 300.
[2] *Ibid.*, p. 301.
[3] *Ibid.*, p. 302.
[4] Voir en ce sens : J.-J. URVOAS, « Le rôle du Parlement en régime d'état d'urgence », *RDP*, 2021, n° hors-série, p. 121.

Sur le second point, il faut également constater que l'information joue un rôle primordial car « la délibération parlementaire doit être la plus éclairée possible […] : il ne suffit pas que tous aient pu s'exprimer, encore faut-il que ces expressions soient éclairées pour être pertinentes »[1]. La question du temps peut d'ailleurs avoir un impact sur celle de l'information dans la mesure où la réduction du temps limite de fait celui nécessaire à l'information. Or, si l'information est forcément lacunaire dans la mesure où il est impossible d'avoir une information complète sur tous les sujets, il est tout aussi certain que l'information du

---

Évoquant les deux états d'urgence proclamés en 2015 et en 2020, l'auteur souligne que « face à l'urgence, le Parlement a culpabilisé, connaissant les reproches qui lui sont régulièrement adressés sur les lenteurs de ses procédures. Aussi, percuté par l'immédiat, attentif à la peur générée par les folies meurtrières des attentats et conscient des angoisses suscitées par le développement de la pandémie, en 2015 comme en 2020, il a voté les projets de loi créant les états d'urgence sans barguigner. […] Reste que la délibération fut parallèlement bradée, les chambres choisissant de restreindre toute capacité d'amendement et d'étouffer toute velléité de questionnement des choix gouvernementaux. Mieux, l'institution parlementaire a systématiquement cherché à valoriser cette célérité en la présentant comme la marque de son efficacité. […] Une attitude inverse aurait […] pu trouver de sérieuses justifications. Non qu'il s'agisse de retarder ou d'entraver l'adoption de mesures sollicitées par le pouvoir exécutif, mais simplement d'avancer que l'intérêt général réclamait d'en vérifier la pertinence, d'en mesurer l'utilité et d'en assurer l'écriture la mieux adaptée. En somme, en quoi aurait-il été inconvenant que le Parlement veille au respect de la qualité de la loi, à son accessibilité et surtout à son intelligibilité ? ».

[1] É. BUGE, M. MUGNIER, « Le rapporteur, clé de voûte de la délibération parlementaire », *loc. cit.*, p. 301.
Dans le même sens, Jean-Jacques Urvoas relève que « le préalable à tout exercice de contrôle réside dans la capacité à disposer de toute l'information nécessaire » (J.-J. URVOAS, « Le rôle du Parlement en régime d'état d'urgence », *loc. cit.*, p. 121).

Parlement peut être constamment améliorée[1]. Tel est par exemple le cas des avis donnés au Gouvernement sur les projets de loi, d'ordonnance et de décret dont certains parlementaires demandent qu'ils soient rendus publics afin de permettre la bonne information du Parlement[2]. De manière plus générale, Jean-Jacques Urvoas relève l'insuffisante information du Parlement dans le cadre de la procédure législative ainsi que dans le cadre des procédures de contrôle et d'évaluation des politiques publiques[3].

La réalité du pouvoir du Parlement ne se mesure donc pas à sa capacité de voter la loi ou de renverser le Gouvernement. Elle se mesure à sa capacité à parler dans le cadre de la procédure législative, des procédures de contrôle du Gouvernement et dans le cadre de l'évaluation des politiques publiques. L'objectif est alors d'influencer la décision du gouvernement. Cela suppose, pour les parlementaires, de disposer du temps et de l'information nécessaires pour ce faire, c'est-à-dire exprimer publiquement la pluralité des opinions, par le biais du débat et du vote. Cette nouvelle approche du pouvoir du Parlement conduit plus globalement à renouveler la réflexion sur l'importance du pouvoir et de la place des assemblées dans les institutions. Celle-ci ne se mesure donc pas au nombre de propositions de loi adoptées, au nombre d'amendements parlementaires adoptés ou au nombre de gouvernements renversés mais à la capacité pour chaque assemblée, et en leur sein pour chaque parlementaire (qu'il fasse partie du groupe majoritaire, d'un groupe minoritaire

---

[1] De ce point de vue, l'ouverture de plateformes participatives, tant sur le site de l'Assemblée nationale que sur le site du Sénat, peut y contribuer.

[2] Doc., Sénat, n° 570, 12 mai 2021, *Proposition de loi constitutionnelle tendant à rendre publics les avis donnés au Gouvernement sur les projets de loi, d'ordonnance et de décret*, p. 3-5.

[3] J.-J. URVOAS, « Le rôle du Parlement en régime d'état d'urgence », *loc. cit.*, p. 121.

ou d'un groupe d'opposition), de discuter dans le cadre de la procédure législative, dans le cadre des procédures de contrôle du Gouvernement et dans le cadre de l'évaluation des politiques publiques. C'est alors finalement la capacité du Parlement à permettre l'échange de points de vue et à contribuer aux décisions prises par le gouvernement qui permet le mieux de juger de la place du Parlement dans nos institutions. Trois exemples peuvent ainsi illustrer ce changement de perspective.

Premièrement, s'agissant des ordonnances de l'article 38 de la Constitution, l'atteinte au pouvoir du Parlement et la dévalorisation qui en résulte, ne proviennent pas tant du fait que le Gouvernement puisse prendre par ordonnances des mesures qui relèvent du domaine de la loi. Elles proviennent davantage du constat selon lequel, dans le cadre de la discussion et du vote sur la loi d'habilitation, le Parlement peut exercer son pouvoir parlementaire mais celui-ci ne porte que sur « la finalité des mesures [que le Gouvernement] se propose de prendre par voie d'ordonnances » et non sur les mesures en elles-mêmes puisque le Gouvernement n'est pas tenu « de faire connaître au Parlement la teneur des ordonnances qu'il prendra en vertu de cette habilitation »[1]. Cette atteinte au pouvoir parlementaire du Parlement est d'autant plus importante si le projet de loi de ratification n'est jamais déposé ou si, déposé, il n'est jamais inscrit à l'ordre du jour[2] car le

---

[1] CC, décision n° 99-421 DC du 16 décembre 1999, *Loi portant habilitation du Gouvernement à procéder, par ordonnances, à l'adoption de la partie législative de certains codes*, *JO*, 22 décembre 1999, p. 19041, *Rec.* p. 136.

[2] Dans son rapport sur la *proposition de loi constitutionnelle garantissant le respect des principes de la démocratie représentative et de l'État de droit en cas de législation par ordonnance*, Philippe Bas note d'ailleurs que « la ratification [des ordonnances] est loin d'être systématique et a tendance à diminuer ». Il précise ainsi que « si, entre 1984 et 2004, près de 63,2 % des ordonnances étaient ratifiées, le taux

Parlement est alors privé de la possibilité de discuter et de voter la loi de ratification[1]. La généralisation du recours à la législation déléguée, en période d'urgence (comme tel a été le cas pendant la crise sanitaire liée à la Covid-19) mais

---

de ratification n'est que de 50,2 % entre 2007 et 2020 » et ajoute qu'au cours du quinquennat actuel, « 55 ordonnances publiées [...] ont été ratifiées, soit 18 % des ordonnances publiées [alors que] le taux de ratification des ordonnances s'élevait à 62 % pour le quinquennat 2007-2012 et à 30 % pour le quinquennat 2012-2017 » (Doc. Sénat, n° 107, 27 octobre 2021, *Rapport fait au nom de la commission des lois constitutionnelles, de législation, du suffrage universel, du Règlement et d'administration générale sur la proposition de loi constitutionnelle garantissant le respect des principes de la démocratie représentative et de l'État de droit en cas de législation par ordonnance*, p. 6).

[1] De ce point de vue, la proposition de loi *tendant à permettre l'examen par le Parlement de la ratification de l'ordonnance n° 2021-702 du 2 juin 2021 portant réforme de l'encadrement supérieur de la fonction publique de l'État* (Doc., Sénat, n° 858, 29 septembre 2021) peut être considérée comme visant à préserver la capacité de discuter du Parlement (ou du moins des sénateurs). En effet, comme le souligne Théo Ducharme, en prenant l'initiative de cette proposition de loi, les sénateurs ont eu pour objectif de « permettre au Sénat de discuter des choix effectués par le Gouvernement dans l'ordonnance du 2 juin 2021. [...] Ainsi, l'examen en commission et en séance publique de la proposition de loi de ratification a donné l'occasion aux sénateurs de discuter de cette réforme de la haute fonction publique. Surtout, la ministre de la transformation et de la fonction publique, Amélie de Montchalin, est venue défendre la réforme devant une assemblée majoritairement hostile. Les sénateurs ont usé de cette procédure [...] afin de contester la pratique de la ratification tacite des ordonnances ». L'auteur précise en outre que « politiquement, ce débat sénatorial a eu le mérite de contraindre le Gouvernement à expliquer, défendre son ordonnance » (Th. DUCHARME, « Proposition de loi tendant à permettre l'examen par le Parlement de la ratification de l'ordonnance du 2 juin 2021 », *D.*, 2021, p. 2040). Pour une opinion différente sur cette proposition de loi, voir : M. CARPENTIER, « Le Sénat et les ordonnances. Retour sur un curieux épisode de la vie parlementaire », *loc. cit.*, p. 2380.

également en dehors d'une telle période[1], est donc la généralisation d'une atteinte au pouvoir parlementaire, laquelle n'est pas toujours justifiée par des contraintes temporelles[2]. Cette atteinte ne provient pas tant du fait que le Gouvernement prenne par ordonnances des mesures qui relèvent du domaine de la loi que du constat que le Parlement n'a pas réellement eu la capacité d'exprimer publiquement la diversité des opinions sur les mesures à prendre ou prises par voie d'ordonnances dans le cadre du débat et du vote sur la loi d'habilitation et sur la loi de ratification.

Deuxièmement, dès lors que le pouvoir du Parlement est identifié comme étant un pouvoir parlementaire lui permettant d'exercer sa fonction délibérante, la généralisation du recours à la procédure accélérée prévue par l'article 45, alinéa 2 de la Constitution ne peut être que critiquée. Cette procédure, lorsqu'elle est engagée par le Gouvernement, supprime les délais minimum, prévus à l'article 42, alinéa 3 de la Constitution, pour l'examen des projets et des propositions de loi en première lecture dans les commissions compétentes des deux assemblées et limite le nombre de lectures par chaque assemblée. Cette procédure constitue ainsi une limitation du pouvoir du Parlement dans la mesure où elle obère dans le temps sa capacité d'exprimer la pluralité des opinions. Or, si le recours à cette procédure accélérée, et la limitation du pouvoir parlementaire qui en découle, peuvent être justifiés en période exceptionnelle, cela est beaucoup plus

---

[1] Voir en ce sens : Doc. Sénat, n° 107, 27 octobre 2021, *Rapport fait au nom de la commission des lois constitutionnelles, de législation, du suffrage universel, du Règlement et d'administration générale sur la proposition de loi constitutionnelle garantissant le respect des principes de la démocratie représentative et de l'État de droit en cas de législation par ordonnance*, p. 6 et p. 27 ; J.-J. URVOAS, « Le rôle du Parlement en régime d'état d'urgence », *loc. cit.*, p. 121.

[2] Voir en ce sens : *Ibid.*, p. 121.

contestable lorsque cette procédure est utilisée en dehors d'une telle période. Le recours à cette procédure dans le cadre de la gestion de la crise sanitaire se conçoit ainsi plus facilement[1] que son recours pour en faire « la procédure par défaut d'examen des textes législatifs afin d'accélérer le travail parlementaire »[2]. Cette « regrettable normalisation d'une procédure dérogatoire » se retrouve d'ailleurs dans le changement d'intitulé, la procédure « d'urgence » ayant été rebaptisée procédure « accélérée » lors de la révision constitutionnelle de 2008[3].

Troisièmement, dans cette perspective, les questionnements autour du Conseil de défense ne sont pas tant relatifs à son existence, en ce sens qu'il peut être vu comme l'expression du pouvoir gouvernant en temps de crise ou de circonstances exceptionnelles[4], qu'à son

---

[1] Il convient néanmoins de nuancer ce propos dans la mesure où le recours à la procédure accélérée pour l'adoption de la loi *relative à la gestion de la crise sanitaire* (loi n° 2021-1040 du 5 août 2021, *JO*, n° 181, 6 août 2021, texte n° 2) a fait l'objet d'un débat sur le caractère urgent ou non de la situation. Voir par exemple : M. DARAME, A. BIJOTAT, « Passe sanitaire : les députés contrarient le calendrier de Macron », *Le Monde*, 22 juillet 2021.

[2] E. MACRON, cité par É. LEMAIRE, « La procédure accélérée ou la regrettable normalisation d'une procédure dérogatoire », *JP Blog*, 5 juillet 2017.

[3] *Ibid.*

[4] Jean-Jacques Urvoas note ainsi que le Parlement « ne prise guère les moments de tension […], les catastrophes ou les surprises qui demandent de la réactivité et de l'improvisation ». En revanche « dans ces moments décisifs comportant un péril pour l'État, rien ne semble devoir entraver le pouvoir d'action de l'exécutif. Siège du "pouvoir immédiat" selon l'expression de John Stuart Mill, sa prééminence découle de sa fonction de commandement. Son intervention rapide et vigoureuse est essentielle lors des périodes où l'immobilisme des pouvoirs publics serait fatal ». L'auteur souligne ainsi qu'il « n'est pas […] question de remettre en cause la primauté de l'exécutif dans la réponse aux crises » (J.-J. URVOAS, « Le rôle du Parlement en régime d'état d'urgence », *loc. cit.*, p. 121).

extension à d'autres domaines dans « des temps normaux »[1]. En effet, « l'opacité des décisions en son sein, couverts par le secret-défense le plus strict [...] »[2], prive le Parlement des informations nécessaires pour lui permettre par exemple de discuter, en connaissance de cause, d'un texte ou d'une déclaration du Gouvernement.

Si le gouvernement *lato sensu* dispose d'un pouvoir gouvernant, le Parlement dispose pour sa part d'un pouvoir parlementaire. Ce dernier, construit en miroir et en complément du pouvoir gouvernant, permet de traduire la réalité du pouvoir du Parlement aujourd'hui, à savoir parler et faire entendre sa voix pour influencer la décision plus que décider. Il permet également de renouveler la réflexion sur le Parlement en mettant l'accent sur la nécessité de garantir, à chacune des assemblées et, au sein d'elles, aux groupes d'opposition et aux groupes minoritaires, la capacité de s'exprimer.

---

[1] N. ROUSSELLIER, « Le Conseil de défense : dérive autoritaire ou régime de nécessité ? », *AOC*, 15 janvier 2021.
Voir également : Th. DESMOULINS, « L'"hyperactivité" du Conseil de défense : une conséquence du présidentialisme français », *JP Blog*, 12 octobre 2021.

[2] Th. DESMOULINS, « L'"hyperactivité" du Conseil de défense : une cause de dysfonctionnements exécutifs », *JP Blog*, 14 octobre 2021.

Conclusion du chapitre 2

Après avoir relevé l'inadéquation des cadres conceptuels traditionnellement utilisés pour analyser le Parlement sous la Ve République, il fallait proposer un nouveau cadre conceptuel permettant de traduire la réalité du Parlement et de renouveler la réflexion y afférant. Pour ce faire, nous avons pu proposer d'identifier le pouvoir parlementaire dont dispose le Parlement (c'est-à-dire l'Assemblée nationale et le Sénat) pour l'exercice de sa fonction délibérante, proposition qui s'inscrit en miroir et en complément du pouvoir gouvernant dont dispose le gouvernement *lato sensu* (c'est-à-dire le chef de l'État et le Gouvernement) pour l'exercice de sa fonction gouvernementale.

Ce nouveau cadre conceptuel pour l'étude du Parlement permet de recentrer le débat sur la place du Parlement dans les institutions de la Ve République autour de la nécessité de permettre au Parlement de refléter la pluralité des opinions (ce qui correspond à sa fonction délibérante) et d'être en capacité de l'exprimer (ce qui correspond à son pouvoir parlementaire). Sa place se mesure donc à sa capacité à disposer des moyens nécessaires, non pas pour décider, mais pour influencer la décision et ainsi y contribuer. Doivent donc, par exemple, être pris en compte le temps dont disposent les parlementaires pour discuter, la capacité de tous les parlementaires (de l'opposition comme de la majorité) à exposer leur point de vue, le nombre d'amendements parlementaires déposés. Il est dès lors permis de mesurer toute l'importance des dispositions et des réformes qui permettent effectivement au Parlement d'assumer sa fonction délibérante par l'exercice d'un pouvoir parlementaire.

Loin de signifier que la position du Parlement ne mérite pas d'être revalorisée, ce constat appelle simplement à ne pas se tromper d'objectif. En identifiant une fonction délibérante et un pouvoir parlementaire au profit du Parlement (en lieu et place d'une fonction législative et d'un pouvoir législatif), cette proposition permet de mettre l'accent sur l'inutilité et l'impossibilité, dans le système actuel dans lequel le gouvernement exerce la fonction gouvernementale par le biais du pouvoir gouvernant, de revaloriser la fonction législative et le pouvoir législatif du Parlement. Elle permet en revanche de souligner la nécessité de garantir la capacité de discuter du Parlement. Ainsi, parce que dans les régimes parlementaires modernes, la fonction du Parlement est de délibérer pour exprimer la pluralité des opinions et que pour ce faire, il dispose d'un pouvoir lui donnant davantage la capacité de parler que de décider, plus que la revalorisation de la fonction et du pouvoir du Parlement, ce sont les garanties permettant au Parlement et aux parlementaires de discuter et de faire entendre la diversité de leurs opinions (dans le cadre de la procédure législative, dans le cadre des procédures de contrôle du Gouvernement et dans le cadre de l'évaluation des politiques publiques) qu'il convient de renforcer.

Conclusion de la partie 1

Armel Le Divellec, évoquant le droit constitutionnel en général, a pu souligner que ce dernier « a besoin de (re)travailler sans cesse ses concepts, même les plus patinés par le temps, dans la mesure où, n'étant pas des essences pures, ils sont relatifs et qu'en l'occurrence nombre d'entre eux sont (*ab ovo* ou bien devenus avec le temps) inadéquats »[1]. La mise en évidence de l'existence d'un droit gouvernemental confirme cette nécessité s'agissant du Parlement.

Loin d'être un exercice seulement théorique, la déconstruction des cadres conceptuels traditionnellement utilisés pour analyser le Parlement sous la Ve République et la proposition d'un nouveau cadre conceptuel ont des répercussions très pratiques.

Ils ont tout d'abord permis de souligner la nécessité de compléter l'approche unifiée du Parlement par une approche duale permettant d'insister sur la nécessaire différence entre les deux assemblées et de mettre l'accent sur l'un des défis majeurs auquel se trouve confronter la seconde chambre : le risque d'enrôlement dans la logique majoritaire. Ils ont ensuite permis de relever l'inadéquation des expressions de « fonction législative » et de « pouvoir législatif » qui ne correspondent plus ou qu'imparfaitement à la réalité qu'elles sont censées désigner. Ce faisant, ont ainsi été soulignés la relativité et l'anachronisme des propositions visant à renforcer la fonction législative ou le pouvoir législatif du Parlement car le Parlement n'assume plus cette fonction et ne dispose plus de ce pouvoir. Ils ont enfin permis de proposer une nouvelle grille de lecture

---

[1] A. LE DIVELLEC, « De la difficulté de penser en juriste une notion de "pouvoir gouvernant" », *in* P. JENSEL-MONGE et A. VIDAL-NAQUET (dir), *Du pouvoir exécutif au pouvoir gouvernant*, *op. cit.*, p. 155.

permettant d'analyser le Parlement à partir d'une fonction délibérante et d'un pouvoir parlementaire renouvelant ainsi la réflexion sur les assemblées.

Par ailleurs, la présentation volontairement symétrique du Parlement, de sa fonction et de son pouvoir par rapport au gouvernement *lato sensu*, à sa fonction et à son pouvoir – outre le souci de symétrie que l'on retrouve « au milieu du jardin à la française [que le droit constitutionnel de la Ve République] entretient depuis 1958 »[1] – traduit l'idée que le cadre conceptuel proposé pour le Parlement ne peut se comprendre qu'en lien avec celui proposé pour le gouvernement *lato sensu*. Cette présentation symétrique peut alors se poursuivre au niveau du droit encadrant ces organes, leurs pouvoirs et leurs fonctions. Il serait ainsi possible de considérer que si le droit gouvernemental est « le droit encadrant l'exercice du pouvoir gouvernant et la réalisation de la fonction gouvernementale par le gouvernement *lato sensu* »[2], il s'agit finalement d'un droit de la décision et de l'action. Dès lors, le droit parlementaire pourrait être le droit encadrant l'exercice du pouvoir parlementaire et la réalisation de la fonction délibérante par le Parlement et serait finalement le droit de la discussion et de la délibération. En ce sens, le droit gouvernemental, parce qu'il s'attacherait davantage à encadrer la décision, comprendrait essentiellement des règles de compétence afin d'en garantir l'unité, alors que le droit parlementaire, parce qu'il s'attacherait davantage à encadrer les débats, comprendrait essentiellement des règles de procédure afin de garantir l'expression de la pluralité des opinions.

---

[1] M. CARON, *L'autonomie organisationnelle du Gouvernement. Recherche sur le droit gouvernemental de la Ve République*, *op. cit.*, p. 5.

[2] V. BOYER, R. RENEAU, « Conclusion – Pour un droit gouvernemental (?) », *in* V. BOYER, R. RENEAU (dir.), *Pour un droit gouvernemental ?*, *op. cit.*, p. 662.

En nous interrogeant sur ce que le droit gouvernemental apporte au Parlement sous la Ve République, nous avons pu noter que la réflexion sur l'existence du premier appelle à renouveler l'approche du second. Il est alors possible d'inverser la perspective et de s'interroger sur ce que le Parlement apporte au droit gouvernemental. Dans ce cadre, si la réflexion sur l'existence de ce droit traduit l'existence de règles encadrant l'exercice du pouvoir gouvernant et la réalisation de la fonction gouvernementale par le gouvernement *lato sensu*, elle invite également à étudier la possibilité d'un encadrement du droit gouvernemental par le Parlement et ainsi à repenser les rapports entre le gouvernement et le Parlement.

Partie 2

La possibilité d'un encadrement du droit gouvernemental par le Parlement

Du fait de son fonctionnement, la Constitution de 1958 a notamment pu être qualifiée de « régime parlementaire dualiste »[1], de « régime semi-présidentiel »[2], de « régime mixte »[3], de « régime présidentialiste »[4], de « monarchie

---

[1] Tel est par exemple l'expression retenue par Jacques Cadart pour qualifier le régime de la Ve République sous la présidence de Valéry Giscard d'Estaing : « Le système politique a évolué vers un régime parlementaire dualiste, où le chef de l'État dispose de pouvoirs très importants » (J. CADART, *Institutions politiques et droit constitutionnel*, LGDJ, 2e édition, 1979, t. II, p. 1241-1242).
Bernard Chantebout a, quant à lui, pu estimer que l'intention des constituants de 1958 était d'instituer un tel régime parlementaire dualiste : « La première tâche du général de Gaulle après son élection le 21 décembre 1958 à la présidence de la République, consistait à nommer un Premier ministre. Il fallait, pour que fût respecté l'esprit du parlementarisme dualiste qui avait inspiré le constituant, que celui-là ait à la fois la confiance du chef de l'État et celle de l'Assemblée nationale » (B. CHANTEBOUT, *Droit constitutionnel et science politique*, Armand Colin, 8e édition, 1988, p. 493-494).

[2] Pour Maurice Duverger, la France a adopté le régime semi-présidentiel avec la révision constitutionnelle de 1962. Ce régime « se définit par la réunion de trois éléments inscrits dans la constitution : 1/ le Président de la République est élu au suffrage universel ; 2/ le Président de la République dispose de pouvoirs propres, lui permettant d'agir sans l'accord de ses ministres ; 3/ en face de lui, le Premier ministre et les ministres sont responsables devant les députés qui peuvent forcer le gouvernement à démissionner » (M. DUVERGER, *Les constitutions de la France*, PUF, 2004, p. 110).
Voir également : O. DUHAMEL, « Remarques sur la notion de régime semi-présidentiel », *in Mélanges en hommage à Maurice Duverger. Droit, institutions et systèmes politiques*, PUF, 1988, p. 581-590.

[3] Ferdinand Mélin-Soucramanien souligne que « participant du régime parlementaire et du régime présidentiel, la Cinquième République ne relève ni de l'un ni de l'autre. C'est un régime mixte, caractère qui est certainement à l'origine de la faible cohérence des institutions et de leur dérèglement actuel. En effet, on n'y trouve pas la logique propre des régimes traditionnels, non plus que leurs mécanismes en principe bien rodés » (F. MÉLIN-SOUCRAMANIEN, *Droit constitutionnel*, *op. cit.*, p. 327).

[4] Jean Gicquel et Jean-Éric Gicquel relèvent que « selon la loi du 3 juin 1958, la Constitution établit un régime parlementaire rénové

présidentielle ou républicaine »[1]. En dépit de ces différentes qualifications relatives à la pratique concrète des institutions de 1958, il n'en reste pas moins qu'à l'origine, le texte de la Constitution instaure un régime parlementaire qui repose sur un équilibre organique et sur une collaboration fonctionnelle : équilibre organique car les différents organes disposent de moyens politiques leur permettant de se contrôler et de s'influencer mutuellement ; collaboration fonctionnelle car ces mêmes organes sont

---

(M. Debré). Mais en raison d'un rapport de forces défavorable, celui-ci s'est délité au contact des réalités à partir de 1962. Il a été supplanté par un régime présidentialiste identifié à l'autorité du chef de l'État ». Ces auteurs définissent ce régime comme celui qui « permet au président de la République d'assumer la *verticalité* du pouvoir en raison de sa légitimité populaire et de la disposition d'une majorité parlementaire à l'Assemblée nationale prête à soutenir son action ainsi que celle du gouvernement qu'il a constitué. À cette double condition (voir le reflux présidentiel occasionné en période de cohabitation en raison de la perte de la majorité parlementaire [...]), le président exerce une domination directe au sein de l'exécutif s'accompagnant d'une ascendance directe (via le gouvernement) sur le Parlement » (J. GICQUEL, J.-É. GICQUEL, *Droit constitutionnel et institutions politiques*, *op. cit.*, p. 190 et p. 597).

Voir dans le même sens : M. VERPEAUX, *Droit constitutionnel français*, *op. cit.*, p. 129-130.

[1] « La France est une monarchie républicaine. Le pouvoir de gouverner y appartient principalement à un homme, investi de la légitimité suprême, à peu près libre de ses mouvements, qui ne partage guère l'initiative et l'impulsion, qui prend ou inspire les décisions importantes [...]. Mais cet homme est élu au suffrage universel par un scrutin compétitif et relativement honnête ; son pouvoir est temporaire ; il est contrôlé et limité par un Parlement émanant comme lui de la souveraineté populaire, où l'opposition peut s'exprimer » (M. DUVERGER, *La Monarchie républicaine ou comment les démocraties se donnent des rois*, Robert Laffont, 1974, p. 11).

Pour une approche critique de cette expression, voir : F. LEMAIRE, « Retour sur une formule convenue : la Ve République, une "monarchie républicaine" », *in Mélanges en l'honneur du professeur Hervé Rihal. Droits, protections, proximité*, Presses Universitaires Juridiques de Poitiers, 2021, p. 161-188.

tenus de collaborer dans l'exercice des activités étatiques. La loi constitutionnelle du 3 juin 1958 portant dérogation transitoire aux dispositions de l'article 90 de la Constitution[1] qui précise, entre autres, les principes devant être respectés par le projet de loi constitutionnelle, est d'ailleurs particulièrement explicite sur ce point. En effet, en prévoyant que « le Gouvernement doit être responsable devant le Parlement », elle pose le principe selon lequel la nouvelle Constitution devra instaurer un régime parlementaire que les constituants ont certes voulu « rénover »[2], mais un régime parlementaire tout de même. De fait, la question des rapports entre le Gouvernement et le Parlement est un point essentiel du fonctionnement du régime puisque, par définition, ces organes disposent des moyens politiques leur permettant de se contrôler et de s'influencer mutuellement (équilibre organique) et ils sont, par ailleurs, tenus de collaborer dans l'exercice des activités étatiques (collaboration fonctionnelle).

Ces rapports peuvent donc être étudiés – et sont d'ailleurs généralement étudiés – sous ces deux angles : celui de l'équilibre organique puisque sont notamment abordées la question de la responsabilité politique du Gouvernement devant le Parlement et celle de la possibilité pour le chef de l'État de dissoudre l'Assemblée nationale ; celui de la collaboration fonctionnelle car sont par exemple évoqués le contrôle informatif du Parlement sur l'activité du Gouvernement et la procédure législative qui fait intervenir le Parlement et le Gouvernement. Tel est

[1] Loi constitutionnelle du 3 juin 1958 *portant dérogation transitoire aux dispositions de l'article 90 de la Constitution*, *JO*, n° 130, 4 juin 1958, p. 5326.

[2] « Le Gouvernement a voulu rénover le régime parlementaire » (*Documents pour servir à l'histoire de l'élaboration de la Constitution du 4 octobre 1958*, Volume III, La Documentation Française, Paris, 1988, p. 261 : Allocution de Michel Debré, Garde des Sceaux, ministre de la justice, devant le Conseil d'État, 27 août 1958).

d'ailleurs ce que nous avons précédemment fait lorsque nous avons envisagé l'exercice du pouvoir parlementaire pour la réalisation de la fonction délibérante du Parlement tant dans le cadre de la procédure d'élaboration de la loi, que dans le cadre du contrôle du Gouvernement et de l'évaluation des politiques publiques[1].

Or, ces rapports entre le Gouvernement et le Parlement pourraient également être repensés à la lumière de l'existence d'un droit gouvernemental entendu comme « le droit encadrant l'exercice du pouvoir gouvernant et la réalisation de la fonction gouvernementale par le gouvernement *lato sensu* »[2]. Plus précisément, ils pourraient être appréhendés à l'aune de ce que le Parlement apporte au droit gouvernemental. Concrètement, on peut notamment se demander si le Parlement intervient dans la détermination des règles du droit gouvernemental. De même, le droit gouvernemental peut-il être limité par le droit parlementaire ou par le Parlement ? En fonction des réponses apportées, se pose la question de la possibilité pour le Parlement d'exercer un contrôle sur le droit gouvernemental. À travers ces interrogations, apparaissent donc des perspectives de réflexion quant à la possibilité d'un encadrement du droit gouvernemental par le Parlement, tant du point de vue des sources de ce droit que du point de vue de son périmètre et de son contrôle. L'encadrement du droit gouvernemental par le Parlement est donc ici perçu et appréhendé sous différentes formes : la production, la limitation et le contrôle du premier par le second.

Dans ce cadre, il ne s'agit pas alors de s'interroger directement sur les possibilités d'action du Parlement sur le

[1] *Cf.* Partie 1 - Chapitre 2.

[2] V. BOYER, R. RENEAU, « Conclusion – Pour un droit gouvernemental (?) », *in* V. BOYER, R. RENEAU (dir.), *Pour un droit gouvernemental ?*, *op. cit.*, p. 662.

gouvernement *lato sensu* et par conséquent sur l'exercice de son pouvoir gouvernant et la réalisation de sa fonction gouvernementale. Loin de renoncer à ce questionnement, il s'agit de s'y intéresser indirectement. La réflexion sur la possibilité pour le Parlement d'encadrer le droit gouvernemental rejaillit en effet, et par ce biais, sur la fonction gouvernementale et le pouvoir gouvernant puisque le droit gouvernemental est le droit qui les régit. En s'intéressant ainsi à la possibilité d'un encadrement du droit gouvernemental par le Parlement, ce sont finalement les rapports entre le Parlement et le gouvernement qui sont questionnés, mais de manière différente : d'une part, parce que ces rapports sont analysés à la lumière du droit gouvernemental ; d'autre part, parce qu'il ne s'agit plus seulement des rapports entre le Parlement et le Gouvernement *stricto sensu* mais des rapports entre le Parlement et le gouvernement *lato sensu*.

Ce faisant, ces perspectives de réflexion doivent être mises en relation avec deux éléments précédemment abordés : la mise en évidence de la fonction délibérante et du pouvoir parlementaire du Parlement tout d'abord ; le questionnement autour de la place du Parlement dans les institutions ensuite. Le premier élément doit nous servir de point d'appui dans cette étude : les possibilités d'encadrement du droit gouvernemental par le Parlement devront être évaluées à la lumière de la fonction délibérante et du pouvoir parlementaire. Autrement dit, cette fonction et ce pouvoir du Parlement, que nous avons préalablement identifiés, permettent-ils d'assurer un encadrement du droit gouvernemental par sa production, sa limitation et/ou son contrôle ? Le second élément doit constituer une ligne d'horizon pour nous guider dans cette étude : les possibilités d'encadrement du droit gouvernemental par le Parlement peuvent, peut-être, constituer une nouvelle façon d'appréhender la place du Parlement au sein des institutions. Autrement dit, si nous gardons à l'esprit la thématique récurrente de la nécessaire revalorisation du Parlement, *penser* celui-ci comme pouvant encadrer le droit gouvernemental ne pourrait-il pas être une voie pour le *panser* en permettant ainsi sa revalorisation[1] ?

Dans le cadre de cette réflexion, la possibilité d'un encadrement du droit gouvernemental par le Parlement semble restreinte. Si le Parlement participe à la procédure d'élaboration de certaines sources du droit gouvernemental, les caractéristiques de ces dernières excluent, en effet, si ce n'est totalement, du moins en grande partie, toute influence significative de la part du Parlement sur l'élaboration et sur le contenu des règles du droit gouvernemental. Ce premier jugement peut toutefois être dépassé. À l'étude, cette possibilité d'encadrement devient en effet réelle pour deux raisons : d'une part, le Parlement peut intervenir dans la délimitation du droit gouvernemental et d'autre part il peut le contrôler. Il apparaît alors que si les sources du droit gouvernemental font du Parlement un acteur limité de ce droit (Chapitre 1er), il n'en demeure pas moins que, compte tenu des possibilités de délimitation et de contrôle du droit gouvernemental par le Parlement, celui-ci est un acteur limitant de celui-là (Chapitre 2).

[1] Revalorisation dont nous avons dit précédemment qu'il doit moins s'agir d'une réévaluation de la fonction et du pouvoir du Parlement que d'un renforcement des garanties permettant au Parlement et aux parlementaires de discuter et de faire entendre la diversité de leurs opinions (dans le cadre de la procédure législative, dans le cadre des procédures de contrôle du Gouvernement et dans le cadre de l'évaluation des politiques publiques).

Chapitre 1er : Le Parlement, acteur limité du droit gouvernemental

Dès lors que l'on s'interroge sur la possibilité d'un encadrement du droit gouvernemental par le Parlement, le premier questionnement doit porter sur les sources de ce droit : le Parlement intervient-il dans la production des normes qui contraignent l'action du gouvernement, c'est-à-dire finalement dans la détermination des règles du droit gouvernemental ? La présence du Parlement à travers ces sources pourrait en effet être une piste permettant d'envisager un éventuel encadrement du droit gouvernemental par le Parlement.

Pour répondre à cette question, il convient de relever qu'à l'image des sources du droit parlementaire[1], nous pouvons distinguer parmi les sources du droit gouvernemental, d'une part, la Constitution, la loi, les actes administratifs produits par le gouvernement lui-même, la jurisprudence constitutionnelle et administrative (cet ensemble constituant alors les sources écrites) et d'autre part les conventions, la coutume et la pratique (ce second ensemble pouvant être qualifié de sources non écrites). Parmi ces sources, seules la Constitution et les lois nous intéressent ici et seront donc étudiées.

Ce choix s'explique par la fonction et le pouvoir du Parlement précédemment identifiés. En effet, nous avons pu voir que le Parlement exerce une fonction délibérante qui consiste à exprimer publiquement la pluralité des opinions tant dans le cadre des débats au sein des assemblées, que dans le cadre des différents votes qui peuvent être émis au sein de ces mêmes assemblées[2]. Pour ce faire, et dans ce cadre, le Parlement dispose d'un pouvoir

---

[1] P. AVRIL, J. GICQUEL, J.-É. GICQUEL, *Droit parlementaire*, *op. cit.*, p. 23-50.
[2] *Cf.* Partie 1 - Chapitre 2 - Section 1.

parlementaire défini comme la capacité pour les parlementaires de parler, c'est-à-dire d'exprimer publiquement la pluralité des opinions, par le biais du débat et du vote, en vue d'exercer une influence[1]. Par cette fonction et par ce pouvoir, le Parlement ne peut certes pas forcément décider mais il peut au moins tenter d'influencer la décision. Or, cette fonction et ce pouvoir peuvent être déclinés dans le cadre de la procédure législative et dans celle de la révision de la Constitution. Ils peuvent ainsi permettre au Parlement d'influencer la production des normes constitutionnelles et législatives applicables au gouvernement. À l'inverse, cette fonction et ce pouvoir du Parlement ne peuvent être déclinés dans les procédures de production des actes administratifs édictés par le gouvernement, dans les procédures de production des décisions constitutionnelles et administratives ou, par définition, dans l'élaboration des sources non écrites.

Dès lors, puisque le Parlement participe par le biais de sa fonction délibérante et de son pouvoir parlementaire à la procédure d'élaboration des règles constitutionnelles et législatives applicables au gouvernement, il serait possible d'envisager que le Parlement puisse ainsi encadrer le droit gouvernemental.

Il faut en effet constater qu'il existe deux approches de ce dernier : celle qui le définit en considérant le domaine qu'il régit et celle qui le définit en considérant la nature de ses normes. Cette distinction n'est en fait qu'une transposition au droit gouvernemental des « deux sens » que Pierre Avril, Jean Gicquel et Jean-Éric Gicquel relèvent s'agissant du droit parlementaire[2]. Ces auteurs soulignent qu'« en considérant [...] le domaine qu'il régit », « le droit parlementaire comprend l'ensemble des règles applicables

---

[1] *Cf.* Partie 1 - Chapitre 2 - Section 2.

[2] P. AVRIL, J. GICQUEL, J.-É. GICQUEL, *Droit parlementaire*, *op. cit.*, p. 20.

aux assemblées, quelle que soit la nature de ces règles (constitutionnelles, organiques, législatives ou ressortissant à leur ordre intérieur). C'est la définition retenue par Marcel Prélot […] : "Cette partie du droit constitutionnel qui traite des règles suivies dans l'organisation, la composition, les pouvoirs et le fonctionnement des assemblées politiques" »[1]. Matthieu Caron note ainsi qu'en ce sens, « le droit parlementaire constitue le "droit du Parlement", c'est-à-dire "le droit général", le "*jus commune*" régissant l'organisation et le pouvoir des assemblées parlementaires. Il s'agit du droit qui correspond à l'ensemble des règles juridiques applicables au Parlement »[2]. Pierre Avril, Jean Gicquel et Jean-Éric Gicquel soulignent en revanche qu'« en considérant […] la nature de ses normes », « le droit parlementaire se définit comme le droit spécial des assemblées : il désigne la "légalité" particulière qui exprime leur traditionnelle autonomie et qui résulte de leur pouvoir d'auto-organisation. […] Le droit parlementaire ainsi entendu comprend le règlement, qui est la "loi intérieure" de l'assemblée (Esmein), et les décisions prises par les organes de celles-ci »[3]. Matthieu Caron relève alors que « le droit parlementaire représente "le droit spécial", le "*jus singulare*" régissant l'organisation des assemblées parlementaires. Ce droit, loin de coïncider avec tout le droit du Parlement se limite au droit parlementaire interne que les assemblées élaborent en toute autonomie pour préserver leur liberté de délibération et régler leur vie intérieure »[4].

Transposant cette distinction au droit gouvernemental, Philippe Blachèr note ainsi que l'expression de « droit gouvernemental » est employée « soit lorsqu'une règle de

[1] *Ibid.*, p. 20.
[2] M. CARON, *Droit gouvernemental, op. cit.*, p. 16.
[3] P. AVRIL, J. GICQUEL, J.-É. GICQUEL, *Droit parlementaire, op. cit.*, p. 21.
[4] M. CARON, *Droit gouvernemental, op. cit.*, p. 16.

droit concerne les méthodes de travail du Gouvernement soit lorsque cette règle est créée par une autorité gouvernementale à son attention ». Ainsi, « la consécration du "droit gouvernemental" signifierait que le droit se saisit d'une activité de l'exécutif » ou « illustrerait la capacité de l'exécutif à produire son propre droit »[1]. Ce double sens du droit gouvernemental est également admis par Matthieu Caron qui relève que le droit gouvernemental peut se définir comme « l'intégralité des règles constitutionnelles, administratives et financières applicables à l'organisation et au pouvoir du Gouvernement »[2] ou comme le droit « spécialement produit par le Gouvernement pour s'organiser »[3].

Appliquant finalement ces deux sens à la définition que nous avons retenue du droit gouvernemental, nous pouvons considérer que celui-ci peut être appréhendé, en considération du domaine qu'il régit, comme l'ensemble des règles applicables au gouvernement *lato sensu*, quelle que soit la nature de ces règles, afin d'encadrer l'exercice du pouvoir gouvernant et la réalisation de la fonction gouvernementale. Par ailleurs, le droit gouvernemental peut être appréhendé, en considération de la nature de ses normes, comme le droit spécial du gouvernement au sens large, c'est-à-dire la légalité particulière traduisant son autonomie et son auto-organisation. Ce droit se limite alors aux règles produites par le gouvernement pour s'organiser

---

[1] Ph. BLACHÈR, « La spécificité des sources du droit gouvernemental ? » *in* V. BOYER, R. RENEAU (dir.), *Pour un droit gouvernemental ?*, *op. cit.*, p. 495.

[2] M. CARON, *Droit gouvernemental*, *op. cit.*, p. 16.
Il s'agit alors, selon cet auteur, du droit gouvernemental *lato sensu*, c'est-à-dire le « droit du Gouvernement ».

[3] M. CARON, *Droit gouvernemental*, *op. cit.*, p. 16.
Il s'agit alors, selon cet auteur, du droit gouvernemental *stricto sensu*, c'est-à-dire le « droit gouvernemental ».

dans l'exercice du pouvoir gouvernant et la réalisation de la fonction gouvernementale[1].

Quel que soit le sens retenu, il faut constater que les normes produites uniquement par le gouvernement lui-même ne sont pas les seules qui lui sont alors applicables. En effet, dans le premier sens, les règles notamment constitutionnelles et législatives applicables au gouvernement sont considérées comme des dispositions constitutionnelles et législatives constituant le droit gouvernemental. Dans le second, ces mêmes règles doivent être respectées par les règles de droit gouvernemental compte tenu de la hiérarchie des normes et de l'existence de contrôles de constitutionnalité et de légalité. Évoquant le droit parlementaire entendu en ce second sens, Pierre Avril, Jean Gicquel et Jean-Éric Gicquel distinguent ainsi « cette légalité spéciale » et « la légalité générale (notamment constitutionnelle) » et précisent que la première « est naturellement tenue de respecter » la seconde[2]. Autrement dit, les règles constitutionnelles et législatives s'imposent au gouvernement soit parce qu'elles font partie du droit gouvernemental, soit parce que les règles du droit gouvernemental sont tenues de les respecter. Dans les deux cas, parce que le Parlement intervient dans la procédure législative (ordinaire et organique) et dans la procédure de révision constitutionnelle, par le biais de sa fonction délibérante et de son pouvoir parlementaire, il eût été possible de considérer que le Parlement pourrait, non pas décider du contenu des dispositions constitutionnelles et législatives, mais du moins l'influencer. Par voie de conséquence, il pourrait influencer le contenu des règles du

---

[1] Voir en ce sens : V. BOYER, R. RENEAU, « Conclusion – Pour un droit gouvernemental (?) », *in* V. BOYER, R. RENEAU (dir.), *Pour un droit gouvernemental ?*, *op. cit.*, p. 662-664.

[2] P. AVRIL, J. GICQUEL, J.-É. GICQUEL, *Droit parlementaire*, *op. cit.*, p. 21.

droit gouvernemental soit directement (si l'on considère que les règles constitutionnelles et législatives applicables au gouvernement font partie du droit gouvernemental) soit indirectement (si l'on considère que ces règles doivent être respectées par celles constituant le droit gouvernemental en vertu de la hiérarchie des normes et des contrôles de constitutionnalité et de légalité). Ainsi, il eût été permis de penser que le Parlement pourrait encadrer le droit gouvernemental.

L'analyse permet effectivement de relever que la Constitution et la loi sont des sources importantes du droit gouvernemental laissant ainsi envisager la possibilité d'une influence du Parlement sur l'élaboration et sur le contenu des règles du droit gouvernemental (Section 1). Toutefois, l'analyse conduit également à souligner que le pouvoir et la fonction du Parlement ne permettent pas aux assemblées, compte tenu des caractéristiques des dispositions constitutionnelles et législatives applicables au gouvernement, d'exercer une influence significative sur l'élaboration et le contenu des règles du droit gouvernemental. Ces caractéristiques conduisent effectivement à relever l'effacement du Parlement à ce niveau (Section 2). Le Parlement peut alors être perçu comme un acteur limité du droit gouvernemental ne pouvant pas, de ce point de vue, exercer un réel encadrement de celui-ci.

Section 1 : La possibilité d'une influence du Parlement

Le droit gouvernemental peut être appréhendé « comme un droit fondamentalement politique »[1], étant entendu que le « droit politique » est ici envisagé comme le droit

[1] M. CARON, *Droit gouvernemental*, *op. cit.*, p. 21.

« défini par ceux là-même auxquels il s'applique »[1]. En ce sens, le droit gouvernemental est un droit qui est, en grande partie, produit par le gouvernement lui-même. Il est en effet possible de démontrer, à travers quelques exemples, que le droit gouvernemental est, en grande partie, auto-normé.

Les premiers d'entre eux peuvent être apportés par les travaux de Matthieu Caron portant sur « l'autonomie organisationnelle du Gouvernement »[2]. Cet auteur évoque ainsi le « règlement intérieur des travaux du Gouvernement du 3 février 1947 ». En effet, même si « aucune norme constitutionnelle n'impose au Gouvernement français de se doter d'un règlement », un tel règlement a été adopté le 3 février 1947 par le Conseil des ministres. « S'il n'a pas été publié au *Journal officiel* et s'il n'y est plus fait référence aujourd'hui, les règles de ce texte ont été progressivement intériorisées et ont participé à façonner de nombreuses pratiques et coutumes gouvernementales. [Il] a notamment profondément influencé l'organisation des instances de délibération politique du Gouvernement, à commencer par le Conseil des ministres »[3]. Ce même auteur évoque

---

[1] J. BENETTI, « Les rapports entre gouvernement, groupes de la majorité et groupes d'opposition », *loc. cit.*, p. 2.
Le droit politique peut par ailleurs être appréhendé différemment. Elsa Kohlhauer relève ainsi que cette expression « permet aux juristes qui s'en réclament de professer une certaine approche du droit constitutionnel » (E. KOHLHAUER, *Le droit politique comme théorie constitutionnelle : proposition de systématisation*, Thèse, Université de Montpellier, 2019, p. 15). Pour approfondir en ce sens, voir : A. LE DIVELLEC, « Le droit constitutionnel est-il un droit politique ? », *Les cahiers Portalis*, Association de l'Institut Portalis, 2019, n° 6, p. 91-105 ; X. MAGNON, A. VIDAL-NAQUET, « Le droit constitutionnel est-il un droit politique ? », *loc. cit.*, p. 107-128 ; E. KOHLHAUER, *Le droit politique comme théorie constitutionnelle : proposition de systématisation*, *op. cit.*

[2] M. CARON, *L'autonomie organisationnelle du Gouvernement. Recherche sur le droit gouvernemental de la Ve République*, *op. cit.*

[3] M. CARON, *Droit gouvernemental*, *op. cit.*, p. 21.

également « les décrets relatifs à l'organisation du Gouvernement » qui « constituent la matière première du droit organisationnel du Gouvernement » et qui « concernent notamment les attributions des ministres »[1]. Il envisage en outre « les arrêtés et décisions ministériels relatifs à l'organisation du Gouvernement » pris quotidiennement par les ministres « en vue de régir l'organisation interne du Gouvernement en général et de leur ministère en particulier »[2], ainsi que « les circulaires ministérielles relatives à l'organisation du Gouvernement », telles les « grandes circulaires du Premier ministre et du Secrétariat général du gouvernement à l'image de la célèbre circulaire Rocard du 25 mai 1988 ou de la récente circulaire du 24 mai 2017 relative à la méthode de travail du Gouvernement »[3].

À la lumière de ces quelques exemples[4], il convient de préciser que le périmètre du droit gouvernemental alors envisagé par cet auteur est plus restreint que celui du droit gouvernemental tel que nous l'entendons ici. Il est plus restreint, en premier lieu, car Matthieu Caron n'aborde que le Gouvernement *stricto sensu*, c'est-à-dire sans y intégrer le Président de la République. Il est plus restreint, en second lieu, car cet auteur limite le champ du droit gouvernemental à l'organisation et au fonctionnement internes du Gouvernement[5]. Ne sont donc pas envisagés la fonction et le pouvoir du gouvernement notamment dans ses rapports avec le Parlement. Toutefois, si les exemples évoqués par cet auteur s'appliquent à la définition du droit

---

[1] *Ibid.*, p. 21.
[2] *Ibid.*, p. 22.
[3] *Ibid.*, p. 22.
[4] Matthieu Caron évoque également d'autres exemples (voir : *Ibid.*, p. 22-23).
[5] M. CARON, *L'autonomie organisationnelle du Gouvernement. Recherche sur le droit gouvernemental de la Ve République*, *op. cit.*, p. 33 et suivantes.

gouvernemental dont le périmètre est restreint, ils s'appliquent de fait à celle dont le périmètre est plus large. Par ailleurs, nous pouvons relever d'autres exemples applicables à la vision plus étendue du droit gouvernemental que nous avons adoptée. Ainsi, c'est par un décret du chef de l'État qu'est fixé le traitement du Président de la République et des membres du Gouvernement[1]. Le rapport de la mission d'information du Sénat sur l'« affaire Benalla »[2] a, quant à lui, formulé des

---

[1] Décret n° 2012-983 du 23 août 2012 *relatif au traitement du Président de la République et des membres du Gouvernement*, *JO*, n° 196, 24 août 2012, texte n° 1. Pour approfondir, voir : V. BOYER, « Quelle gratuité des fonctions publiques électives ? », *Revue Générale des Collectivités Territoriales*, 2016, n° 59, p. 161.
Dans le même sens, nous pouvons noter qu'il appartient au chef de l'État de définir la structure et la composition du Cabinet du Président de la République (Voir notamment : X. MAGNON, « L'unité organisationnelle du pouvoir gouvernemental », *in* V. BOYER, R. RENEAU (dir.), *Pour un droit gouvernemental ?*, *op. cit.*, p. 307 ; Site de l'Élysée [https://www.elysee.fr/la-presidence/cabinet-du-president-de-la-republique-et-services-de-l-elysee]).
C'est également par un décret du chef de l'État qu'a été déterminé « le soutien matériel et en personnel apporté aux anciens Présidents de la République » (Voir en ce sens : décret n° 2016-1302 du 4 octobre 2016 *relatif au soutien matériel et en personnel apporté aux anciens Présidents de la République*, *JO* n° 232, 5 octobre 2016). Il convient d'ailleurs de souligner que, tout comme les décrets, évoqués par Matthieu Caron, « relatifs à l'organisation gouvernementale [qui] constituent la matière première du droit organisationnel du Gouvernement », ce décret comprend le visa de l'article 37 de la Constitution confirmant ainsi que « le droit de l'organisation gouvernementale », qu'il s'agisse du Gouvernement *stricto sensu* ou du gouvernement *lato sensu*, « représente la terre d'élection du pouvoir règlementaire autonome de l'article 37, alinéa 1 » (M. CARON, *Droit gouvernemental*, *op. cit.*, p. 21-22). Pour approfondir, voir également : M. CARON, « Les règlements autonomes existent… en droit gouvernemental », *AJDA*, 2021, n° 7, p. 375.
[2] Doc. Sénat, n° 324, 20 février 2019, *Rapport d'information fait au nom de la commission des lois constitutionnelles, de législation, du suffrage universel, du Règlement et d'administration générale sur la*

propositions dont certaines sont relatives à l'organisation et au fonctionnement du gouvernement *lato sensu*. Il apparaît alors clairement que certaines d'entre elles ne peuvent être mises en œuvre que par le gouvernement lui-même car relevant de normes produites par lui seul. La proposition n° 1 évoque ainsi la nécessité de « réformer le cadre règlementaire relatif au groupe de sécurité de la présidence de la République (GSPR), afin d'une part de réaffirmer la compétence exclusive des membres des forces de sécurité intérieure pour assurer la sécurité du chef de l'État, d'autre part de formaliser les règles et procédures de recrutement »[1]. Enfin, c'est un décret du chef du Gouvernement qui désigne le ministre qui présentera le projet de loi devant le Parlement et sera « chargé d'en exposer les motifs et d'en soutenir la discussion », selon la formule traditionnelle. Ce décret précise également l'assemblée devant laquelle ce projet de loi sera déposé en premier lieu. Ce décret de présentation des projets de loi est donc relatif à l'organisation du gouvernement mais il encadre également la fonction et le pouvoir du gouvernement. À ce double niveau, il relève du droit gouvernemental (tel que nous l'entendons ici).

Si ces exemples peuvent illustrer le caractère fondamentalement politique du droit gouvernemental, ils ne doivent pas occulter pour autant le fait que ce même droit

---

mission d'information sur les conditions dans lesquelles des personnes n'appartenant pas aux forces de sécurité intérieure ont pu ou peuvent être associées à l'exercice de leurs missions de maintien de l'ordre et de protection de hautes personnalités et le régime des sanctions applicables en cas de manquements.

[1] *Ibid.*, p. 117.

Sur ce point, il convient toutefois de noter qu'en prenant l'initiative d'une telle proposition, les parlementaires ont affirmé leur volonté, non pas de produire des normes règlementaires relevant du droit gouvernemental à la place du gouvernement, mais au moins d'inspirer ou d'influencer ce dernier dans cette production.

se fonde également sur des sources constitutionnelles et législatives sur lesquelles le Parlement peut exercer une influence par le biais de son pouvoir parlementaire et de sa fonction délibérante. Ces sources sont importantes puisque la Constitution est, selon certains auteurs, « la source des sources du droit gouvernemental »[1] (§ 1) et la loi tend à s'étendre au sein de ce droit (§ 2).

§ 1. La Constitution, « source des sources du droit gouvernemental »

Si la Constitution est une source du droit parlementaire[2], elle est également une source du droit gouvernemental. Sans qu'il s'agisse ici de dresser la liste exhaustive des dispositions constitutionnelles applicables à l'organisation, à la composition, au pouvoir et au fonctionnement du gouvernement *lato sensu*, quelques exemples peuvent néanmoins être donnés tant au niveau du statut du gouvernement qu'au niveau de ses prérogatives.

S'agissant du statut, il faut en effet constater qu'il est, en partie, régi par des dispositions constitutionnelles. C'est ainsi la Constitution qui détermine la durée du mandat du chef de l'État (article 5) et les modalités de l'intérim de la présidence de la République (article 7). Ce sont également des dispositions constitutionnelles qui fixent les conditions de nomination du Premier ministre et des membres du Gouvernement (article 8). C'est encore la Constitution qui prévoit le régime des incompatibilités concernant les fonctions de membre du Gouvernement (article 23). C'est toujours la Constitution qui détermine les règles relatives à la responsabilité du Président de la République devant la Haute Cour (articles 67 et 68) et celles relatives à la

---

[1] M. CARON, *Droit gouvernemental*, *op. cit.*, p. 23.
[2] P. AVRIL, J. GICQUEL, J.-É. GICQUEL, *Droit parlementaire*, *op. cit.*, p. 23.

responsabilité pénale des membres du Gouvernement (articles 68-1, 68-2 et 68-3). Dans le même sens, les modalités d'exercice de la fonction et du pouvoir du gouvernement sont, en partie, déterminées par des règles constitutionnelles. Tel est le cas, par exemple, de l'article 9 de la Constitution qui précise que « le Président de la République préside le Conseil des ministres », de l'article 13 qui fixe les modalités de nomination en Conseil des ministres, de l'article 39 qui détermine les modalités de dépôt des projets de loi devant l'une ou l'autre des assemblées ou encore de l'article 49, alinéa 1er qui prévoit les modalités d'engagement de la responsabilité du Gouvernement devant l'Assemblée nationale sur son programme ou sur une déclaration de politique générale.

Compte tenu de ces exemples, il convient d'ailleurs de remarquer que certaines règles de droit gouvernemental sont produites par le gouvernement sur le fondement de dispositions constitutionnelles. Tel est, par exemple, le cas du décret de présentation des projets de loi. Ce décret, nous l'avons vu, relève du droit gouvernemental car il fixe une règle relative à l'organisation du gouvernement (il désigne le membre du Gouvernement qui sera chargé « de le porter »[1]) et encadre également sa fonction et son pouvoir (il détermine l'assemblée devant laquelle le projet de loi sera soumis en premier lieu). Toutefois, ce décret, s'il est édicté par le Premier ministre, repose sur une source constitutionnelle : l'article 39 de la Constitution. C'est en effet cet article qui prévoit que « les projets de loi sont délibérés en Conseil des ministres après avis du Conseil d'État et déposés sur le bureau de l'une des deux assemblées ». Ainsi, exceptions faites des « projets de loi de finances et de loi de financement de la sécurité sociale [qui] sont soumis en premier lieu à l'Assemblée nationale »

---

[1] J. GICQUEL, J.-É. GICQUEL, *Droit constitutionnel et institutions politiques*, *op. cit.*, p. 860.

et des « projets de loi ayant pour principal objet l'organisation des collectivités territoriales [qui] sont soumis en premier lieu au Sénat », les autres projets de loi sont soumis en premier lieu à l'une ou à l'autre des deux chambres, au choix du gouvernement, en fonction de « considérations pratiques, tel l'encombrement de l'ordre du jour de chaque assemblée, ou politiques, telle que l'attitude prévisible du Sénat à l'égard d'un projet particulier »[1]. Ce choix est exprimé dans le décret de présentation des projets de loi, mais sur le fondement de l'article 39 de la Constitution qui habilite ainsi le Premier ministre.

Le même raisonnement peut être conduit s'agissant du recours à l'article 49, alinéa 1er de la Constitution. Selon l'interprétation que les chefs de Gouvernement successifs ont donné à cet article, « le Premier ministre présente une déclaration de politique générale après sa nomination, mais il n'engage la responsabilité du Gouvernement que s'il le juge opportun »[2]. Pierre Avril, Jean Gicquel et Jean-Éric Gicquel relèvent que l'on doit cette pratique au Premier ministre Georges Pompidou qui écrivit « après sa nomination au président de l'Assemblée que le Gouvernement "avait décidé" de demander à celle-ci d'approuver son programme », estimant que « la lettre et l'esprit de la Constitution de 1958 veulent en effet que le Gouvernement soit entièrement libre de demander ou non un vote de confiance »[3]. Cette interprétation encadre ainsi la fonction et le pouvoir du gouvernement car elle fixe une pratique selon laquelle le Gouvernement est libre de solliciter ou non un vote dans le cadre de l'article 49, alinéa 1er de la Constitution. Cette pratique relève donc du droit

---

[1] P. AVRIL, J. GICQUEL, J.-É. GICQUEL, *Droit parlementaire*, *op. cit.*, p. 271.
[2] *Ibid.*, p. 443.
[3] *Ibid.*, p. 443.

gouvernemental. Toutefois, cette pratique, si elle résulte d'une décision du Premier ministre, repose sur une source constitutionnelle : l'article 49, alinéa 1er de la Constitution. C'est en effet cet article qui prévoit que « le Premier ministre, après délibération du Conseil des ministres, engage devant l'Assemblée nationale la responsabilité du Gouvernement sur son programme ou éventuellement sur une déclaration de politique générale ». S'il « semblait résulter de ces dispositions que le Premier ministre avait l'obligation d'engager la responsabilité du Gouvernement sur son programme, tandis que l'approbation d'une déclaration de politique générale relevait de son appréciation discrétionnaire [...], cette interprétation a cédé la place à une pratique selon laquelle l'engagement de responsabilité est facultatif et n'intervient pour cette raison que sur une déclaration de politique générale »[1]. La décision du Premier ministre de solliciter un vote dans le cadre du recours à cet article, est donc prise sur le fondement de l'article 49, alinéa 1er de la Constitution de 1958 qui, selon l'interprétation qui en a été donnée, habilite le Premier ministre.

Un raisonnement semblable peut être développé s'agissant de l'utilisation de l'article 49, alinéa 4 de la Constitution. En effet, le recours à cet article est facultatif pour le Gouvernement. Lui seul apprécie discrétionnairement l'opportunité d'en user, c'est-à-dire de se rendre au Sénat pour y faire une déclaration de politique générale, et le sens à lui donner[2]. Lui seul peut également

---

[1] *Ibid.*, p. 442.

[2] La pratique politique a effectivement pu donner au recours à cet article une signification différente de celle que les constituants avaient originellement voulu lui conférer. Alors que, pour ces derniers, le Premier ministre devait utiliser cet article « pour s'appuyer sur le Sénat, afin notamment de faire face à une Assemblée nationale récalcitrante », les chefs de Gouvernement successifs « ont parfois donné au recours à cet article une signification qui, sans être contraire à cette volonté des

décider quel ministre remplacera pour ce faire le chef du Gouvernement. En effet, conformément à la lettre de l'article 49, alinéa 4 de la Constitution, c'est le Premier ministre qui prononce la déclaration de politique générale qui va être soumise à l'approbation du Sénat. Tel est effectivement ce que l'on peut constater pour dix-sept des dix-huit utilisations de l'article 49, alinéa 4 de la Constitution. Mais il existe une exception : le 16 janvier 1991, c'est Roland Dumas, alors ministre d'État, ministre des affaires étrangères qui prononce la déclaration de politique générale en application de l'article 49, alinéa 4 de la Constitution. Cette exception s'explique par le fait que le même jour, le Premier ministre (Michel Rocard) engageait la responsabilité du Gouvernement devant l'Assemblée nationale en vertu de l'article 49, alinéa 1er de la Constitution. La décision de recourir à cet article peut donc fixer une règle relative à l'organisation du Gouvernement car elle détermine lequel de ses membres prononcera la déclaration de politique générale lorsque le Premier ministre ne peut le faire. Elle fixe également une règle encadrant la fonction et le pouvoir du Gouvernement car elle détermine l'une de leurs modalités d'exercice devant le Parlement. À ce double niveau, cette décision relève du droit gouvernemental. Toutefois, cette décision, si elle est prise par le Premier ministre, repose sur une source constitutionnelle, l'article 49, alinéa 4 de la Constitution. C'est en effet cet article qui prévoit que « le Premier

---

constituants », a pu être différente. Cet article 49, alinéa 4 de la Constitution « a ainsi pu être utilisé pour faire face non pas à une Assemblée nationale récalcitrante mais, du fait de l'évolution de la Ve République au Président de la République », notamment en période de cohabitation. Bien plus, cette « procédure par laquelle le Gouvernement recherche habituellement le soutien du Sénat » a pu être utilisée le 13 juin 2019 « contre le Sénat » (V. BOYER, « L'article 49, alinéa 4 C. De la volonté des constituants à la pratique politique », *loc. cit.*, p. 145-148).

ministre a la faculté de demander au Sénat l'approbation d'une déclaration de politique générale ». La décision d'y recourir et les modalités de ce recours sont donc déterminées sur le fondement de cet article de la Constitution qui habilite en ce sens le Premier ministre.

Le Conseil de défense peut constituer une autre illustration pertinente. L'organisation de ce conseil, c'est-à-dire les règles relatives à sa composition, à ses réunions et à son fonctionnement, sont fixées par décret en Conseil des ministres[1]. Ces règles peuvent être considérées comme relevant du droit gouvernemental dans la mesure où elles s'appliquent au gouvernement et régissent son organisation mais aussi sa fonction et son pouvoir. Pour autant, l'existence même de ce Conseil de défense et sa présidence par le chef de l'État découlent de l'article 15 de la Constitution : « [Le Président de la République] préside les conseils et comités supérieurs de la Défense nationale ».

Compte tenu de ces exemples, la Constitution mérite donc bien d'être qualifiée de « source des sources du droit gouvernemental », et ce d'autant plus que – comme nous le verrons par la suite – certaines règles législatives applicables au gouvernement sont adoptées sur habilitation de la Constitution. L'exemple de l'article 39 de la Constitution sera là encore évoqué. Si la Constitution constitue bien une source du droit gouvernemental, le même constat peut être formulé s'agissant de la loi, cette dernière ayant même tendance à s'étendre au sein de ce droit.

---

[1] Voir en ce sens : Décret n° 2009-1657 du 24 décembre 2009 *relatif au conseil de défense et de sécurité nationale et au secrétariat général de la défense et de la sécurité nationale*, *JO*, n° 301, 29 décembre 2009, texte n° 1.

§ 2. La loi, source en expansion au sein du droit gouvernemental

L'existence de sources législatives du droit gouvernemental ne semble pas souffrir la moindre discussion : certaines règles applicables au gouvernement sont fixées par la loi. Cette existence laisse néanmoins en suspens la question de l'importance de ces sources législatives. S'il peut alors être difficile de la mesurer, il semble en revanche possible de relever qu'elles ont tendance à s'étendre parmi les sources du droit gouvernemental.

L'importance de la loi dans les sources du droit gouvernemental

Dans son ouvrage consacré au « Droit gouvernemental », évoquant la loi, Matthieu Caron souligne qu'au sein des sources de ce droit « l'immixtion du Parlement n'est pas rare »[1]. Si nous avons pu contester cette assimilation du Parlement à la loi[2], demeure le constat en vertu duquel la loi n'occupe pas une place anecdotique dans les sources du droit gouvernemental. Ce constat peut d'ailleurs être corroboré par l'analyse d'Elsa Kohlhauer qui relève « la place privilégiée de la loi parmi les sources du droit gouvernemental [qui] marque d'ailleurs sans doute le point de césure le plus évident dans la comparaison que l'on peut conduire entre sources du droit gouvernemental et sources du droit parlementaire »[3].

Ce constat peut être illustré diversement. Opérant une distinction entre les « sources d'habilitation » et les

---

[1] M. CARON, *Droit gouvernemental*, *op. cit.*, p. 131.

[2] *Cf.* Partie 1 - Chapitre 1er.

[3] E. KOHLHAUER, « La spécificité des sources gouvernementales ? », *in* V. BOYER, R. RENEAU (dir.), *Pour un droit gouvernemental ?*, *op. cit.*, p. 504.

« sources de prescription »[1], Matthieu Caron note, au titre des premières, l'existence de « dispositions législatives habilitant le Gouvernement en matière organisationnelle » et cite notamment « en matière d'organisation de la défense, la loi [qui] habilite le Gouvernement à conduire la politique de défense nationale (loi du 29 juillet 2009) », « en matière d'organisation financière, la loi [qui] habilite le Gouvernement à préparer les grands textes financiers de l'État et à en assurer la mise en œuvre (LOLF du 1er août 2001) », « en matière de nomination, l'article 25 de la loi du 11 janvier 1984 [qui] laisse un certain nombre d'emplois supérieurs à la décision du Gouvernement tandis que la loi du 28 juin 1994 lui reconnaît la possibilité de nommer certaines personnes au tour extérieur »[2]. Au titre des sources de prescription, qu'il estime « un peu plus nombreuses »[3], il cite quatre domaines qui sont principalement concernés par les prescriptions législatives : « celui du statut des membres du Gouvernement ; celui du statut des collaborateurs de l'administration gouvernementale ; celui des fonctions des membres du Gouvernement et, enfin, celui de la légistique gouvernementale »[4]. D'autres exemples apparaissent si l'on ne limite pas le droit gouvernemental au droit de l'organisation du Gouvernement *stricto sensu* et si on

---

[1] M. CARON, *Droit gouvernemental*, *op. cit.*, p. 19.

[2] *Ibid.*, p. 20-21.

[3] *Ibid.*, p. 23.

[4] *Ibid.*, p. 23.

Selon le même raisonnement, mais avec une logique de classement un peu distincte, ce même auteur affirme qu'il y a trois domaines dans lesquels la loi « s'immisce ordinairement dans l'ordre intérieur du gouvernement : ceux de la codification des prérogatives des membres du gouvernement et du travail gouvernemental (lesquels sont intriqués avec la fonction législative) et celui du statut des membres du gouvernement et de leurs collaborateurs » (M. CARON, « Les règlements autonomes existent… en droit gouvernemental », *loc. cit.*, p. 375).

l'envisage comme l'ensemble des règles applicables à la fonction et au pouvoir du gouvernement *lato sensu*. Ainsi, certaines règles relatives au pouvoir de nomination du Président de la République relèvent de la loi. L'article 13 de la Constitution de 1958 prévoit en effet qu'« une loi organique détermine les emplois ou fonctions, autres que ceux mentionnés au troisième alinéa, pour lesquels, en raison de leur importance pour la garantie des droits et libertés ou la vie économique et sociale de la Nation, le pouvoir de nomination du Président de la République s'exerce après avis public de la commission permanente compétente de chaque assemblée ». Tel est ainsi l'objet de la loi organique du 23 juillet 2010 relative à l'application du cinquième alinéa de l'article 13 de la Constitution[1].

Ces exemples permettent de relever, tout comme nous l'avons fait pour les sources constitutionnelles, que certaines règles produites par le gouvernement le sont sur habilitation de la loi et que certaines règles législatives applicables au gouvernement sont elles-mêmes adoptées sur habilitation de la Constitution. Mais, ils ne permettent pas de mesurer quantitativement et qualitativement l'importance de la loi dans les sources du droit gouvernemental ou, du moins, ils ne permettent de le faire qu'imparfaitement. En effet, s'ils rendent possible une qualification de cette importance ce n'est que de manière relative, c'est-à-dire en comparaison des autres sources du droit gouvernemental ou avec d'autres champs disciplinaires. La loi occuperait ainsi, en droit gouvernemental, une place quantitativement moins importante que les règles produites par le gouvernement lui-même. Matthieu Caron précise en effet que « la loi ne représente pas la source principale du droit relatif à

[1] Loi organique n° 2010-837 du 23 juillet 2010 *relative à l'application du cinquième alinéa de l'article 13 de la Constitution*, *JO*, n° 169, 24 juillet 2010, texte n° 1.

l'organisation gouvernementale »[1] car ce même auteur a pu relever – comme nous l'avons déjà précisé – que le droit gouvernemental « est un droit fondamentalement politique »[2]. Par ailleurs, du point de vue qualitatif, en comparaison du droit parlementaire, la place respective des sources législatives et constitutionnelles s'inverserait en droit gouvernemental. Elsa Kohlhauer, note ainsi que « la Constitution joue [dans le droit parlementaire] un rôle plus contraignant que dans le cas du droit gouvernemental, en même temps que la loi tient une place logiquement moins prégnante. À l'inverse, le droit gouvernemental semble plus émancipé du droit constitutionnel, mais aussi plus encastré dans le système administratif du contrôle de légalité »[3].

L'extension de la loi dans les sources du droit gouvernemental

S'il peut être difficile de mesurer l'importance de la loi au sein des sources du droit gouvernemental, il semble en revanche possible de relever que les règles législatives ont tendance à s'étendre en son sein. Ce constat est particulièrement visible dans deux domaines : en matière de transparence et de déontologie d'une part ; en matière de présentation des projets de loi d'autre part.

S'agissant du premier domaine, Emmanuel Guiselin relève en effet qu'en cette matière, les règles sont posées « sous des formes diverses, mais de plus en plus par le vecteur législatif »[4]. La loi organique et la loi ordinaire du

---

[1] M. CARON, *Droit gouvernemental*, *op. cit.*, p. 131.

[2] *Ibid.*, p. 21.

[3] E. KOHLHAUER, « La spécificité des sources gouvernementales ? », *in* V. BOYER, R. RENEAU (dir.), *Pour un droit gouvernemental ?*, *op. cit.*, p. 515.

[4] E.-P. GUISELIN, « Les règles d'emploi, traduction de l'unité matérielle du pouvoir gouvernemental ? », *in* V. BOYER, R. RENEAU (dir.), *Pour un droit gouvernemental ?*, *op. cit.*, p. 368.

11 octobre 2013 relatives à la transparence de la vie publique[1] et celles du 15 septembre 2017 pour la confiance dans la vie politique[2] en témoignent puisqu'elles contribuent à fixer des règles en matière de transparence et de déontologie applicables aux membres du gouvernement. L'article 1er de la loi du 11 octobre 2013 pose ainsi le cadre général de cette loi en précisant que « les membres du Gouvernement [...] exercent leurs fonctions avec dignité, probité et intégrité et veillent à prévenir ou à faire cesser immédiatement tout conflit d'intérêts ». S'agissant du Président de la République, l'article 1er de la loi organique du 15 septembre 2017 prévoit les modalités de publication de la déclaration de situation patrimoniale remise par celui-ci, à l'issue de ses fonctions, à la Haute Autorité pour la transparence de la vie publique. La loi du 15 septembre 2017 prévoit, quant à elle, des dispositions relatives, par exemple, à la prévention des conflits d'intérêts, qui s'appliquent au gouvernement (articles 5 et 6)[3]. Il semble

---

[1] Loi organique n° 2013-906 du 11 octobre 2013 *relative à la transparence de la vie publique*, *JO*, n° 238, 12 octobre 2013, texte n° 1 ; Loi n° 2013-907 du 11 octobre 2013 *relative à la transparence de la vie publique*, *JO*, n° 238, 12 octobre 2013, texte n° 2.

[2] Loi organique n° 2017-1338 du 15 septembre 2017 *pour la confiance dans la vie politique*, *JO*, n° 217, 16 septembre 2017, texte n° 1 ; Loi n° 2017-1339 du 15 septembre 2017 *pour la confiance dans la vie politique*, *JO*, n° 217, 16 septembre 2017, texte n° 2.

[3] Pour approfondir, voir : M. CARON, *Droit gouvernemental*, *op. cit.*, p. 132-136.

L'auteur détaille notamment « les prescriptions législatives en matière de transparence et de déontologie de la vie publique gouvernementale » issues de la loi organique et de la loi ordinaire du 11 octobre 2013 ainsi que de la loi organique et de la loi ordinaire du 15 septembre 2017 : « la publicité des déclarations de patrimoine et des déclarations d'intérêts des membres du Gouvernement », « la vérification de la situation fiscale des membres du Gouvernement », « l'obligation pour les membres du Gouvernement de faire gérer leur patrimoine par un tiers », « l'interdiction pour un membre du Gouvernement de recruter un membre de sa famille au sein de son cabinet ministériel », « l'obligation

d'ailleurs possible d'affirmer que cette extension de la loi dans les sources du droit gouvernemental se fait au détriment de règles produites par le gouvernement lui-même. Thibault Carrère note ainsi que la loi est devenue l'instrument privilégié de fixation et de protection des règles déontologiques, y compris pour le gouvernement qui préférait les normes internes au pouvoir exécutif (circulaire, recommandation, droit disciplinaire…)[1]. Ce dernier point n'est d'ailleurs pas sans rappeler l'analyse de Matthieu Caron : « si le droit spécial du Gouvernement prend sa source dans le principe de la séparation des pouvoirs, l'autonomie organisationnelle du Gouvernement repose sur un nœud de contrats, plus ou moins implicites, […] entre le Gouvernement […] et le chef de l'État, entre le Gouvernement et le Parlement, […] entre le Gouvernement et le juge constitutionnel. En clair, la séparation des pouvoirs ne signifie pas que le Gouvernement est souverain dans son organisation mais simplement qu'il est autonome ; il n'est maître de cette organisation *que pour autant* et *que tant* qu'un autre pouvoir public constitutionnel n'en décide pas autrement »[2].

Le constat d'une extension de la loi dans les sources du droit gouvernemental est également valable en matière de présentation des projets de loi. La loi organique du 15 avril 2009 relative à l'application des articles 34-1, 39 et 44 de la

---

d'abstention des membres du Gouvernement en cas de conflits d'intérêts », « l'obligation de déport des membres du Gouvernement en cas de conflits d'intérêts », « l'encadrement du "pantouflage" des membres du Gouvernement ».

[1] Th. CARRÈRE, « La spécificité des règles déontologiques », *in* V. BOYER, R. RENEAU (dir.), *Pour un droit gouvernemental ?*, *op. cit.*, p. 565.

[2] M. CARON, « Une place spécifique pour les pratiques gouvernementales », *in* V. BOYER, R. RENEAU (dir.), *Pour un droit gouvernemental ?*, *op. cit.*, p. 523.

Constitution[1] est particulièrement éclairante à cet égard. En effet, la révision constitutionnelle de 2008 a modifié l'article 39 de la Constitution en insérant trois nouveaux alinéas. En vertu du premier d'entre eux, « la présentation des projets de loi déposés devant l'Assemblée nationale ou le Sénat répond aux conditions fixées par une loi organique ». Cette nouvelle disposition constitutionnelle habilite ainsi le législateur organique à poser des règles en matière de présentation des projets de loi. Or, tel est l'objet de la loi organique du 15 avril 2009. Celle-ci a notamment posé les règles selon lesquelles « les projets de loi sont précédés de l'exposé de leurs motifs » (article 7) et ils « font l'objet d'une étude d'impact » (article 8). Sur ce dernier point, la loi organique détaille les modalités de communication de ces études d'impact au Conseil d'État et au Parlement. Elle précise en outre les informations qu'elles doivent contenir. Philippe Blachèr note ainsi que « l'obligation d'étude d'impact des projets de loi, organisée par la loi organique du 15 avril 2009 et aménagée par une circulaire du Premier ministre du 15 avril 2009, impose au Gouvernement des règles formelles et substantielles en matière de présentation des textes législatifs »[2]. Audrey de Montis peut surtout affirmer que « la Constitution puis la loi organique, de valeur significative et de portée contraignante, ont défini des contraintes normatives pour le Gouvernement, ce qui était particulièrement novateur pour lui » [3]. De ce point de vue, cette loi organique contribue à

---

[1] Loi organique n° 2009-403 du 15 avril 2009 *relative à l'application des articles 34-1, 39 et 44 de la Constitution*, *JO*, n° 89, 16 avril 2009, texte n° 1.

[2] Ph. BLACHÈR, « La spécificité des sources du droit gouvernemental ?, *in* V. BOYER, R. RENEAU (dir.), *Pour un droit gouvernemental ?*, *op. cit.*, p. 494.

[3] A. DE MONTIS, « La spécificité des règles gouvernementales dans le cadre de l'élaboration de la loi ? » *in* V. BOYER, R. RENEAU (dir.), *Pour un droit gouvernemental ?*, *op. cit.*, p. 583.

étendre la place de la loi dans les sources du droit gouvernemental[1].

Compte tenu des différents exemples que nous avons pu relever, si le droit gouvernemental peut être appréhendé « comme un droit fondamentalement politique »[2], doit également être relevée l'existence, non négligeable, de sources constitutionnelles et législatives. Parce que le Parlement intervient dans la procédure législative (ordinaire et organique) et dans la procédure de révision constitutionnelle, par le biais de sa fonction délibérante et de son pouvoir parlementaire, les assemblées devraient pouvoir, à travers les procédures d'élaboration de ces règles constitutionnelles et législatives applicables au gouvernement, influencer le contenu des règles du droit gouvernemental. Cette influence devrait être soit directe (si l'on considère que les règles constitutionnelles et législatives applicables au gouvernement font partie du droit gouvernemental) soit indirecte (si l'on considère que ces règles doivent être respectées par celles constituant le droit gouvernemental en vertu de la hiérarchie des normes et des contrôles de constitutionnalité et de légalité). Dans les deux cas, le Parlement devrait ainsi pouvoir encadrer le droit gouvernemental. Sans qu'il s'agisse de nier totalement l'influence que peut alors avoir le Parlement sur l'élaboration des règles constitutionnelles et législatives applicables au gouvernement, il convient néanmoins de relever que leurs caractéristiques limitent cette influence et conduisent plutôt à formuler le constat d'un effacement du Parlement à ce niveau.

---

[1] Pour approfondir, voir : B.-L. COMBRADE, *L'obligation d'étude d'impact des projets de loi*, Dalloz, Paris, 2017.
[2] M. CARON, *Droit gouvernemental*, *op. cit.*, p. 21.

Section 2 : Le constat d'un effacement du Parlement

En dépit de l'importance de la Constitution et de la loi en tant que sources du droit gouvernemental, et du pouvoir et de la fonction du Parlement dans le cadre des procédures d'élaboration et de révision de ces normes, les caractéristiques des sources constitutionnelles et législatives du droit gouvernemental limitent les perspectives d'influence du Parlement sur le contenu des règles du droit gouvernemental. Il faut en effet constater que les caractéristiques des dispositions constitutionnelles limitent quantitativement ces perspectives car le champ des règles constitutionnelles du droit gouvernemental sur lequel le Parlement exerce une influence est réduit (§ 1). Il faut également relever que les caractéristiques des dispositions législatives restreignent qualitativement ces mêmes possibilités car le Parlement peut voir son influence minorée sur le contenu des règles législatives du droit gouvernemental (§ 2).

§ 1. La limitation quantitative de l'influence du Parlement à travers la Constitution

Les caractéristiques de la Constitution, en tant que source du droit gouvernemental, expliquent pourquoi le Parlement n'exerce pas une influence significative sur le contenu des règles constitutionnelles applicables au gouvernement. Ce constat pourrait sembler de prime abord étonnant. En effet, par le biais de son pouvoir parlementaire et de sa fonction délibérante, le Parlement peut exercer une telle influence à l'occasion des révisions constitutionnelles. Celles-ci ont d'ailleurs été relativement nombreuses depuis 1958 et ont concerné un grand nombre d'articles : « la Constitution du 4 octobre 1958 comportait à l'origine 92 articles et un bref préambule de deux alinéas. Ce texte initial a été profondément modifié au gré de [25] révisions constitutionnelles. [...] il apparaît que seuls 30 des 92 articles initiaux de la Constitution sont demeurés sans changement. 47 articles ont été modifiés, 15 ont été abrogés, 3 ont été ressuscités, 28 ont été ajoutés. La Constitution compte ainsi 108 articles »[1]. Certaines de ces révisions constitutionnelles ont ainsi porté, à titre principal, sur des dispositions applicables au gouvernement. Tel est, par exemple, le cas des réformes constitutionnelles de 1976[2] (modifiant les dispositions de l'article 7 relatives à l'intérim de la présidence de la République), de 1993[3] (insérant un nouveau Titre X relatif à la responsabilité pénale des membres du Gouvernement), de 2000[4] (modifiant l'article 6 de la Constitution relatif à la durée du mandat du chef de l'État), de 2007[5] (modifiant le Titre IX de la Constitution relatif à la responsabilité du Président de la République). Tel est surtout le cas de la révision constitutionnelle de 2008[6] modifiant l'article 6 (limitation du nombre de mandats présidentiels successifs), l'article 13 (relatif au pouvoir de nomination du Président de la République), l'article 18 (instauration d'un nouveau mode de communication du chef de l'État avec les assemblées),

---

[1] M. GUILLAUME, « Les révisions constitutionnelles : une constitution moins procédurale et plus fondamentale », *Pouvoirs*, 2018, n° 166, p. 27.

[2] Loi constitutionnelle n° 76-527du 18 juin 1976 *modifiant l'article 7 de la Constitution*, *JO*, n° 142, 19 juin 1976, p. 3675.

[3] Loi constitutionnelle n° 93-952 du 27 juillet 1993 *portant révision de la Constitution du 4 octobre 1958 et modifiant ses titres VIII, IX, X, XVI*, *JO*, n° 172, 27 juillet 1993, p. 10600.

[4] Loi constitutionnelle n° 2000-964 du 2 octobre 2000 *relative à la durée du mandat du Président de la République*, *JO*, n° 229, 3 octobre 2000, texte n° 1.

[5] Loi constitutionnelle n° 2007-238 du 23 février 2007 *portant modification du titre IX de la Constitution*, *JO*, n° 47, 24 février 2007, texte n° 6.

[6] Loi constitutionnelle n° 2008-724 du 23 juillet 2008 *de modernisation des institutions de la Vᵉ République*, *JO*, n° 171, 24 juillet 2008, texte n° 2.

l'article 39 (renvoi à la loi organique pour déterminer les modalités de présentation des projets de loi devant le Parlement), l'article 49, alinéa 3 (limitation des possibilités de recours à cet article) et insérant l'article 50-1 (possibilité pour le Gouvernement de faire devant l'une ou l'autre des assemblées une déclaration donnant lieu à débat et pouvant faire l'objet d'un vote).

Il convient toutefois de relever que l'influence du Parlement sur le contenu des dispositions constitutionnelles demeure quantitativement limitée pour deux raisons. En premier lieu, cette influence est dépendante des révisions constitutionnelles. En effet, cette influence ne s'est pas exercée sur les dispositions originelles du texte de la Constitution, compte tenu des modalités d'élaboration de la Constitution de 1958, et ne peut pas s'exercer sur ces dispositions, tant qu'elles ne font pas l'objet d'une révision constitutionnelle. Or, les révisions constitutionnelles n'ont pas, jusqu'ici, concerné l'ensemble des dispositions constitutionnelles applicables au gouvernement. Tel est notamment le cas, et de façon remarquable, des dispositions du Titre III de la Constitution relatif au Gouvernement ou encore des articles 8, 9 et 10 de la Constitution relatifs au Président de la République. En outre, si l'article 5 de la Constitution a fait l'objet d'une révision constitutionnelle en 1995[1] ce n'était que pour tenir compte de l'abrogation des dispositions relatives à la Communauté. De même, si le Comité Balladur a proposé une nouvelle rédaction des articles 5, 20 et 21 de la Constitution[2], le projet de loi

[1] Loi constitutionnelle n° 95-880 du 4 août 1995 *portant extension du champ d'application du référendum, instituant une session parlementaire ordinaire unique, modifiant le régime de l'inviolabilité parlementaire et abrogeant les dispositions relatives à la Communauté et les dispositions transitoires*, *JO*, n° 181, 5 août 1995, p. 11744.

[2] Comité de réflexion et de proposition sur la modernisation et le rééquilibrage des institutions de la Ve République, *Une Ve République plus démocratique*, La Documentation française, 2017, p. 13.

constitutionnelle de modernisation des institutions de la Ve République[1] n'a retenu que la proposition de modification de l'article 21 de la Constitution[2], laquelle a été elle-même finalement abandonnée au cours de la discussion parlementaire. De fait, pour ces dispositions constitutionnelles applicables au gouvernement, l'intervention du Parlement se limite davantage à la formulation de propositions invitant à les réformer[3] qu'à la participation effective à une procédure de révision constitutionnelle relative à ces règles. En second lieu, sans nier l'importance de la jurisprudence et de la coutume constitutionnelles, il convient de remarquer que les règles constitutionnelles applicables au gouvernement sont, en comparaison des règles législatives et de celles produites par le gouvernement lui-même, finalement peu nombreuses.

§ 2. La limitation qualitative de l'influence du Parlement à travers la loi

Plusieurs raisons, liées aux caractéristiques de la loi en tant que source du droit gouvernemental, expliquent pourquoi le Parlement n'exerce pas une influence significative sur la procédure d'élaboration et le contenu

---

[1] Doc., Assemblée nationale, n° 820, 23 avril 2008, *Projet de loi constitutionnelle de modernisation des institutions de la Ve République*, article 8.

[2] La modification proposée consistait alors en une suppression de la deuxième phrase du premier alinéa de l'article 21 en vertu duquel le Premier ministre « est responsable de la Défense nationale » et en un ajout à la fin du premier alinéa de la phrase suivante : « Il met en œuvre les décisions prises au titre de l'article 15 en matière de défense nationale ». Concrètement, cette proposition devait permettre de clarifier les responsabilités dans ce domaine.

[3] Voir par exemple : Doc., Assemblée nationale, n° 3100, 2 octobre 2015, *Rapport d'information « Refaire la démocratie »* ; Y. BRAUN-PIVET, *Institutions, où est le problème ?*, Fondation Jean Jaurès, 2021.

des règles législatives applicables au gouvernement. Quatre d'entre elles peuvent être présentées.

Des lois applicables, mais non spécifiques, au gouvernement. Certaines lois applicables au gouvernement ne lui sont pas propres. La législation en matière de transparence et de déontologie est de ce point de vue éclairante : elle s'applique au gouvernement mais ne s'y limite pas. À titre d'exemple, si l'article 1er de la loi du 11 octobre 2013 relative à la transparence de la vie publique[1] précise que « les membres du Gouvernement [...] exercent leurs fonctions avec dignité, probité et intégrité et veillent à prévenir ou à faire cesser immédiatement tout conflit d'intérêts », cet article précise qu'il en est de même pour « les personnes titulaires d'un mandat électif local ainsi que [pour] celles chargées d'une mission de service public ». Dans le même sens, la loi du 15 septembre 2017 pour la confiance dans la vie politique[2] prévoit des dispositions relatives, par exemple, à la prévention des conflits d'intérêts qui, si elles s'appliquent au gouvernement (articles 5 et 6), s'appliquent également, bien que parfois différemment, au Parlement (articles 3, 4 et 5). Cette législation en matière de déontologie et de transparence n'est donc pas le fruit d'une volonté d'encadrer spécifiquement le gouvernement mais plutôt de soumettre le gouvernement à des règles également applicables aux autres acteurs de la vie publique et politique. Elle s'inscrit ainsi dans une vue d'ensemble tendant, pour l'ensemble des acteurs, à faire progresser toujours plus les exigences liées

---

[1] Loi n° 2013-907 du 11 octobre 2013 *relative à la transparence de la vie publique*, *JO*, n° 238, 12 octobre 2013, texte n° 2.
[2] Loi n° 2017-1339 du 15 septembre 2017 *pour la confiance dans la vie politique*, *JO*, n° 217, 16 septembre 2017, texte n° 2.

à la déontologie politique[1]. Le Parlement peut alors avoir une influence sur le contenu de ces règles, mais, parce qu'elles ne sont pas spécifiques au gouvernement, cette influence doit être nuancée et atténuée.

Des lois confrontées au principe de séparation des pouvoirs. L'intervention de la loi dans le droit gouvernemental peut se trouver confrontée au principe de séparation des pouvoirs, le Conseil constitutionnel censurant les lois portant atteinte à ce principe. À titre d'exemple, l'article 14 de la loi du 6 août 2002 de finances rectificative pour 2002[2] (modifiée par l'article 106 de la loi du 24 décembre 2007 de finances pour 2008[3]) prévoyait que le Président de la République et les membres du Gouvernement reçoivent un traitement brut mensuel auquel s'ajoutent une indemnité de résidence et une indemnité de fonction. Cet article précisait en outre les modalités de calcul du montant de ce traitement et de ces indemnités. Ces dispositions ont été censurées par le Conseil constitutionnel dans sa décision du 9 août 2012 car jugées contraires au principe de séparation des pouvoirs[4]. Elles sont désormais

---

[1] Jean-François Kerléo note ainsi que « malgré la diversité des textes et des contenus, un noyau dur de principes semble émerger de la déontologie politique qui est désormais généralisé à l'ensemble des acteurs politiques, élus et gouvernants, mais aussi à une partie de leur entourage » (J.-F. KERLÉO, *La déontologie politique*, LGDJ, 2021, p. 38).

[2] Loi n° 202-1050 du 6 août 2002 *de finances rectificative pour 2002*, *JO*, n° 184, 8 août 2002, texte n° 1.

[3] Loi n° 2007-1822 du 24 décembre 2007 *de finances pour 2008*, *JO*, n° 300, 27 décembre 2007, texte n° 2.

[4] « Considérant qu'en modifiant le traitement du Président de la République et du Premier ministre, l'article 40 de la loi déférée méconnaît le principe de la séparation des pouvoirs ; que, par suite, il doit être déclaré contraire à la Constitution ; Considérant que la conformité à la Constitution d'une loi déjà promulguée peut être appréciée à l'occasion de l'examen des dispositions législatives qui la

reprises par l'article 1er du décret du 23 août 2012 relatif au traitement du Président de la République et des membres du Gouvernement[1]. Ainsi, alors que le Parlement aurait pu avoir une influence sur les dispositions législatives relatives au traitement du gouvernement, le principe de séparation des pouvoirs, tel qu'interprété par le Conseil constitutionnel, exclut une telle influence en la matière[2].

Des lois laissant une marge de manœuvre étendue au gouvernement. Certaines des sources législatives du droit gouvernemental ne font que renvoyer au pouvoir réglementaire du gouvernement. Le gouvernement est alors en mesure de fixer lui-même les règles qu'il est tenu de respecter. De ce point de vue, certains renvois législatifs au pouvoir règlementaire peuvent s'expliquer par la nécessité ou par le souci de préserver le principe évoqué de séparation des pouvoirs.

---

modifient, la complètent ou affectent son domaine ; qu'en l'espèce, l'article 40 modifie les dispositions du paragraphe I de l'article 14 de la loi du 6 août 2002 susvisée ; que ces dispositions, relatives au traitement du Président de la République et des membres du Gouvernement, doivent, pour les mêmes motifs, être déclarées contraires à la Constitution » (CC, décision n° 2012-654 DC du 9 août 2012, *Loi de finances rectificative pour 2012*, *JO*, 12 août 2012, p. 13496, *Rec.* p. 461).

[1] Décret n° 2012-983 du 23 août 2012 *relatif au traitement du Président de la République et des membres du Gouvernement*, *JO*, n° 196, 24 août 2012, texte n° 1.

Pour approfondir, voir : V. BOYER, « Quelle gratuité des fonctions publiques électives ? », *loc. cit.*, p. 161 ; L. SPONCHIADO, « La rémunération et les avantages matériels des membres du pouvoir exécutif français », *Observatoire de l'éthique publique*, note n° 18, mars 2021.

[2] Pour une approche critique de la décision du Conseil constitutionnel du 9 août 2012, voir notamment : O. BEAUD, « Le Conseil constitutionnel et le traitement du Président de la République : une hérésie constitutionnelle », *Jus Politicum*, 2013, n° 9.

La législation en matière de déontologie fournit encore une fois des exemples particulièrement révélateurs. Ainsi, l'article 2 de la loi du 11 octobre 2013 relative à la transparence de la vie publique[1], après avoir défini le conflit d'intérêts comme « toute situation d'interférence entre un intérêt public et des intérêts publics ou privés qui est de nature à influencer ou à paraître influencer l'exercice indépendant, impartial et objectif d'une fonction », précise le comportement que doivent adopter les personnes auxquelles s'appliquent cette loi lorsqu'elles estiment se trouver dans une telle situation. Par exception, s'agissant des membres du gouvernement, la loi renvoie à « un décret en Conseil d'État [le soin de fixer] les conditions dans lesquelles il s'applique » à eux. Dans le même sens, depuis la loi du 15 septembre 2017 pour la confiance dans la vie politique[2], l'article 2 de la loi de 2013 prévoit qu'« un décret en Conseil d'État détermine les modalités de tenue d'un registre accessible au public, recensant les cas dans lesquels un membre du Gouvernement estime ne pas devoir exercer ses attributions en raison d'une situation de conflit d'intérêts, y compris en Conseil des ministres ». Sans qu'il s'agisse toutefois d'une généralité, force est de constater qu'en matière de transparence et de déontologie, si les lois s'appliquent au gouvernement comme à l'ensemble des acteurs de la vie publique et politique, elles s'y appliquent d'une manière spécifique puisqu'elles renvoient parfois au pouvoir règlementaire le soin d'en préciser les modalités d'application.

De ce point de vue, les règles applicables au Conseil de défense sont également riches d'enseignement. Dans une

[1] Loi organique n° 2013-906 du 11 octobre 2013 *relative à la transparence de la vie publique*, *JO*, n° 238, 12 octobre 2013, texte n° 1.
[2] Loi n° 2017-1339 du 15 septembre 2017 *pour la confiance dans la vie politique*, *JO*, n° 217, 16 septembre 2017, texte n° 2.

étude consacrée à cet organe, Thibault Desmoulins a pu relever que « la première mention d'un conseil de défense sous la Ve République figure dans l'article 15 de la Constitution du 4 octobre 1958, investissant le chef de l'État du titre de "chef des armées" et de président "des conseils et comités supérieurs de la Défense nationale" »[1]. Ce sont alors des normes inférieures qui ont précisé le rôle exact de ces conseils. Parmi celles-ci, l'auteur mentionne notamment l'ordonnance du 7 janvier 1959 portant organisation générale de la défense[2] qui faisait partie de la liste des ordonnances « ayant force de loi » prévues par l'article 92 de la Constitution, le décret du 18 juillet 1962 relatif à l'organisation de la défense nationale[3], celui du 14 janvier 1964 relatif aux forces aériennes stratégiques[4], l'ordonnance du 20 décembre 2004 relative à la partie législative du code de la défense[5] et la loi du 29 juillet 2009 relative à la programmation militaire pour les années 2009 à 2014 et portant diverses dispositions concernant la défense[6]. Les règles relatives au Conseil de défense trouvent donc leur source dans la Constitution, la loi et les normes produites par le gouvernement lui-même. Parmi les sources législatives, l'ordonnance du 20 décembre 2004 et

---

[1] Th. DESMOULINS, « La formalisation du présidentialisme sous la Cinquième République : le Conseil de défense et de sécurité nationale », *loc. cit.*, p. 221-254.

[2] Ordonnance n° 59-147 du 7 janvier 1959 *portant organisation générale de la défense*, *JO*, n° 8, 10 janvier 1959, p. 691.

[3] Décret n° 62-808 du 18 juillet 1962 *relatif à l'organisation de la défense nationale*, *JO*, n° 169, 19 juillet 1962, p. 7115.

[4] Décret n° 64-46 du 14 janvier 1964 *relatif aux forces aériennes stratégiques*, *JO*, n° 16, 19 janvier 1964, p. 722.

[5] Ordonnance n° 2004-1374 du 20 décembre 2004 *relative à la partie législative du code de la défense*, *JO*, n° 296, 21 décembre 2004, texte n° 30.

[6] Loi n° 2009-928 du 29 juillet 2009 *relative à la programmation militaire pour les années 2009 à 2014 et portant diverses dispositions concernant la défense*, *JO*, n°175, 31 juillet 2009, texte n° 1.

la loi du 29 juillet 2009 sont particulièrement intéressantes car elles précisent à l'article L. 1122-1 du Code de la défense que « la composition et les modalités de convocation du Conseil de défense sont fixées par décret en Conseil des ministres ». De ce fait, elles se contentent « de renvoyer, lapidairement, l'organisation du Conseil à un "décret en Conseil des ministres" ». Bien plus, comme le souligne Thibault Desmoulins, « en prévoyant seulement l'existence de cet organe et non les principes de sa composition, de sa réunion et de son fonctionnement, [ces réformes s'exposent] ainsi à une ultime critique : celle d'un "abandon de compétence" ou "incompétence négative" du législateur, laconique dans un domaine attribué par l'article 34 de la Constitution. Il en résulte concrètement que l'Exécutif se voit, à nouveau, confier sa propre organisation interne, dès lors discrétionnaire »[1]. Comme le relève alors l'auteur, « le recours à cet *instrumentum* législatif peut sembler artificiel au regard de son contenu »[2]. Au total, parce que la loi se dessaisit, parfois exagérément, au profit du règlement, le Parlement ne participe pas ou peu à la production des règles du droit gouvernemental.

Des dispositions législatives adoptées par voie d'ordonnances. L'exemple précédent du Conseil de défense illustre une autre caractéristique de la loi en tant que source du droit gouvernemental : certaines de ces règles de valeur législative sont adoptées par voie d'ordonnances. Tel est le cas de l'ordonnance du 20 décembre 2004 relative

[1] Th. DESMOULINS, « La formalisation du présidentialisme sous la Cinquième République : le Conseil de défense et de sécurité nationale », *loc. cit.*, p. 230.
[2] *Ibid.*, p. 229.

à la partie législative du code de la défense[1]. Or, cela contribue à accroître le constat d'absence d'influence significative du Parlement sur les sources législatives du droit gouvernemental. En effet, comme nous avons pu le préciser s'agissant du recours aux ordonnances de l'article 38 de la Constitution[2], dans le cadre de la discussion et du vote sur la loi d'habilitation, le Parlement peut exercer son pouvoir parlementaire et sa fonction délibérante mais ceux-ci ne portent que sur « la finalité des mesures [que le Gouvernement] se propose de prendre par voie d'ordonnances » et non sur les mesures en elles-mêmes : le Gouvernement n'est pas tenu « de faire connaître au Parlement la teneur des ordonnances qu'il prendra en vertu de cette habilitation »[3]. Cette atteinte au pouvoir parlementaire du Parlement est d'autant plus importante si le projet de loi de ratification n'est jamais déposé ou si, déposé, il n'est jamais inscrit à l'ordre du jour car le

---

[1] Ordonnance n° 2004-1374 du 20 décembre 2004 *relative à la partie législative du code de la défense*, *JO*, n° 296, 21 décembre 2004, texte n° 30.

Comme le note Thibault Desmoulins, « cette ordonnance réalise une "simplification" et une "codification à droit constant" de sources jusqu'à présent éparses. Il faut néanmoins préciser ce qui sépare bel et bien cette codification d'une simple compilation : tout d'abord, les anciennes dispositions sont mises en ordre et certaines abrogées […] ; par ailleurs, l'organisation du nouveau Conseil s'insère dans un nouveau titre, à la valeur symbolique même si elle n'est pas normative, relatif au "Président de la République, chef des armées" […]. Pour ces deux raisons, la codification de 2004 s'avère clarifier et consolider l'ascendant présidentiel sur le Conseil de défense » (Th. DESMOULINS, « La formalisation du présidentialisme sous la Cinquième République : le Conseil de défense et de sécurité nationale », *loc. cit.*, p. 228).

[2] *Cf.* Partie 1 - Chapitre 2.

[3] CC, décision n° 99-421 DC du 16 décembre 1999, *Loi portant habilitation du Gouvernement à procéder, par ordonnances, à l'adoption de la partie législative de certains codes*, *JO*, 22 décembre 1999, p. 19041, *Rec.* p. 136.

Parlement est alors privé de la possibilité de discuter et de voter la loi de ratification. Ainsi, le Parlement n'a pas réellement la capacité d'exprimer publiquement la diversité des opinions sur les mesures prises par voie d'ordonnances dans le cadre du débat et du vote sur la loi d'habilitation et sur la loi de ratification. Le recours à de telles ordonnances pour fixer des règles législatives applicables au gouvernement participe donc de la faible influence du Parlement sur la production de ces règles en tant que sources du droit gouvernemental.

Une remarque s'impose alors concernant le Conseil de défense. Nous avons précédemment pu relever[1] que les questionnements autour de ce Conseil ne sont pas tant relatifs à son existence, en ce sens qu'il peut être vu comme l'expression du pouvoir gouvernant en temps de crise ou de circonstances exceptionnelles, qu'à son extension à d'autres domaines dans « des temps normaux »[2]. En effet, « l'opacité des décisions en son sein, couverts par le secret-défense le plus strict [...] »[3] prive le Parlement des informations nécessaires pour lui permettre par exemple de discuter, en connaissance de cause, d'un texte ou d'une déclaration du Gouvernement. À ce constat, nous pourrions en outre ajouter que ces questionnements sont également relatifs à son encadrement normatif. En effet, parce qu'en ce domaine la loi se dessaisit exagérément au profit du règlement et que certaines règles législatives sont fixées par voie d'ordonnance, le Parlement ne participe pas ou peu à la production de ces règles et donc à cet encadrement normatif du Conseil de défense.

---

[1] *Cf.* Partie 1 - Chapitre 2.
[2] N. ROUSSELLIER, « Le Conseil de défense : dérive autoritaire ou régime de nécessité ? », *loc. cit.*
Voir également : Th. DESMOULINS, « L'"hyperactivité" du Conseil de défense : une conséquence du présidentialisme français », *loc. cit.*
[3] *Ibid.*

Les développements qui précèdent montrent clairement que si les dispositions constitutionnelles et législatives constituent des sources du droit gouvernemental, certaines d'entre elles présentent des caractéristiques spécifiques qui limitent l'influence quantitative et qualitative du Parlement sur ces sources du droit gouvernemental. Il ne s'agit pas pour autant de nier ici toute influence des assemblées en la matière. Comme nous avons pu le voir, la révision en 2008 de l'article 39 de la Constitution et la loi organique du 15 avril 2009 relative à l'application des articles 34-1, 39 et 44 de la Constitution[1] ont, par exemple, permis d'imposer au gouvernement des « règles formelles et substantielles en matière de présentation des textes législatifs »[2]. Par le biais de cette disposition constitutionnelle et de cette loi organique et grâce à sa fonction et à son pouvoir, le Parlement a pu exercer une influence sur la procédure d'élaboration des règles constitutionnelles et législatives applicables au gouvernement et sur leur contenu.

Néanmoins, de manière mesurée, il convient de remarquer que les caractéristiques précédemment mentionnées des sources constitutionnelles et législatives limitent les perspectives de participation du Parlement à la détermination des règles du droit gouvernemental et excluent en grande partie toute influence significative du Parlement sur l'élaboration et sur le contenu de ce droit. Ce faisant, l'étude des sources constitutionnelles et législatives du droit gouvernemental atteste de l'effacement du Parlement à ce niveau.

---

[1] Loi organique n° 2009-403 du 15 avril 2009 *relative à l'application des articles 34-1, 39 et 44 de la Constitution*, *JO*, n° 89, 16 avril 2009, texte n° 1.

[2] Ph. BLACHÈR, « La spécificité des sources du droit gouvernemental ?, *in* V. BOYER, R. RENEAU (dir.), *Pour un droit gouvernemental ?*, *op. cit.*, p. 494.

Conclusion du chapitre 1er

Si le droit gouvernemental est en partie produit par le gouvernement, les sources de ce droit sont plus larges. La Constitution (« sources des sources du droit gouvernemental »[1]) et la loi (en extension au sein du droit gouvernemental), en sont des exemples non négligeables. Or, le Parlement intervient, par sa fonction délibérante et son pouvoir parlementaire, dans les procédures législatives (ordinaire et organique) et de révision constitutionnelle. Certes, par le biais de cette fonction et de ce pouvoir, le Parlement ne peut pas forcément décider mais il peut au moins tenter d'influencer la décision. Semble alors se dessiner la possibilité pour les assemblées d'exercer une influence, dans le cadre de ces procédures, sur le contenu des règles constitutionnelles et législatives applicables au gouvernement. Le Parlement pourrait ainsi encadrer ce droit, étant entendu que cet encadrement peut se manifester du fait de la présence de ces normes constitutionnelles et législatives au sein du droit gouvernemental ou par la nécessité pour les règles du droit gouvernemental de respecter ces normes. Sans qu'il s'agisse de nier totalement l'influence que peut alors avoir le Parlement sur l'élaboration et le contenu de ces règles constitutionnelles et législatives applicables au gouvernement, l'analyse a permis de démontrer que les possibilités qui se dessinent ne sont que des apparences trompeuses : les caractéristiques des sources constitutionnelles et législatives du droit gouvernemental limitent, en effet, l'influence quantitative et qualitative du Parlement dans la détermination du contenu de ce droit. Compte tenu de cet effacement, le Parlement apparaît alors comme un acteur limité du droit gouvernemental à ce niveau.

[1] M. CARON, *Droit gouvernemental*, *op. cit.*, p. 23.

À travers ce constat, ce sont finalement les possibilités d'un encadrement du droit gouvernemental par le Parlement qui semblent *a priori* restreintes. Néanmoins, ces possibilités ne se situent pas uniquement au niveau de la production du droit gouvernemental par le Parlement. Elles peuvent également être recherchées dans sa délimitation et dans son contrôle par le Parlement. À ces deux niveaux, les perspectives semblent plus fructueuses : le Parlement peut ainsi être un acteur limitant du droit gouvernemental.

Chapitre 2 : Le Parlement, acteur limitant du droit gouvernemental

Nous interrogeant sur la possibilité d'un encadrement du droit gouvernemental par le Parlement, et après avoir examiné la possibilité d'une influence de ce dernier sur le contenu des règles constitutionnelles et législatives applicables au gouvernement, il nous faut poursuivre ce questionnement en envisageant les possibilités de délimitation et de contrôle du droit gouvernemental par les assemblées. À ce double niveau, apparaissent des perspectives intéressantes. En effet, il faut d'une part constater qu'à l'image du gouvernement et du Parlement qui collaborent dans le cadre d'un régime parlementaire, le droit gouvernemental et le droit parlementaire sont en interaction, voire même, peuvent être imbriqués. Il découle de ces relations que le droit gouvernemental peut être limité et délimité par le Parlement, ce qui pose d'ailleurs la délicate question de la frontière entre le droit gouvernemental et le droit parlementaire. D'autre part, il convient de relever qu'ayant la possibilité d'exercer un contrôle sur l'action du Gouvernement, le Parlement peut faire porter son contrôle, non pas directement sur la fonction et le pouvoir de celui-ci, mais sur les règles les régissant, c'est-à-dire sur le droit gouvernemental, étendant ainsi ces possibilités de contrôle au gouvernement *lato sensu*.

Le Parlement peut donc être un acteur limitant du droit gouvernemental car, par son pouvoir parlementaire et par sa fonction délibérante, il participe à la délimitation de ce droit (Section 1) et il exerce un contrôle sur celui-ci (Section 2).

Section 1 : La délimitation du droit gouvernemental par le Parlement

La question de la délimitation du droit gouvernemental par le Parlement ne peut être envisagée qu'en gardant à l'esprit deux aspects que les développements précédents ont pris pour point de départ – pour le premier – et ont révélés – pour le second. Il s'agit, d'une part, de la formalisation du droit gouvernemental en tant que « droit encadrant l'exercice du pouvoir gouvernant et la réalisation de la fonction gouvernementale par le gouvernement *lato sensu* »[1]. Il s'agit, d'autre part, de l'appréhension du droit parlementaire en tant que droit encadrant l'exercice du pouvoir parlementaire et la réalisation de la fonction délibérante par le Parlement[2]. De ces éléments, nous pouvons tirer deux enseignements.

Premièrement, la prise en compte de ces deux champs disciplinaires doit permettre de souligner leur distinction, chacun d'eux constituant l'une des deux faces d'un même ensemble, à savoir les règles régissant les pouvoirs et les fonctions des organes constitutionnels – du moins des principaux d'entre eux dans la théorie classique de la séparation des pouvoirs. Cette distinction ne signifie pas pour autant que ces deux droits sont cloisonnés et que leurs champs d'application sont hermétiques. Du fait de la logique même du régime parlementaire reposant sur l'équilibre organique et sur la collaboration fonctionnelle, il peut, au contraire, exister des relations entre eux. La présentation symétrique de ces deux champs disciplinaires – poursuivant celle proposée pour les organes, les fonctions et les pouvoirs du Parlement et du gouvernement – traduit d'ailleurs l'idée que chacun d'eux ne peut se comprendre

---

[1] V. BOYER, R. RENEAU, « Conclusion – Pour un droit gouvernemental (?) », *in* V. BOYER, R. RENEAU (dir.), *Pour un droit gouvernemental ?*, *op. cit.*, p. 662.
[2] *Cf.* Partie 1 - Chapitre 2.

qu'en lien avec l'autre. Elle permet en outre de souligner que, dans ce cadre, leur définition répond à une approche téléologique démontrant leur complémentarité. Alors que le droit gouvernemental pourrait être un droit de la décision et de l'action, le droit parlementaire serait celui de la discussion et de la délibération[1]. Ainsi entendus, ces deux champs disciplinaires régissent alors, avec leurs finalités respectives, la procédure législative et la procédure de contrôle. Dans celles-ci, le droit gouvernemental et le droit parlementaire sont donc en interaction. Bien plus, pour s'appliquer, chacun d'eux va dépendre de l'autre. Cette caractéristique peut alors être perçue comme une possibilité pour le Parlement de délimiter l'application du droit gouvernemental (§ 1).

Deuxièmement – et cette remarque est la conséquence de la précédente –, dès lors qu'est formalisé un droit gouvernemental face au droit parlementaire, se pose la question de la délimitation de leurs périmètres respectifs. Celle-ci ne se posait pas, ou du moins, se posait avec une moindre acuité, en l'absence de formalisation d'un droit gouvernemental, miroir du droit parlementaire[2]. Elle est ici essentielle puisque les deux champs disciplinaires régissent les mêmes procédures. Elle l'est d'autant plus que le gouvernement peut se rendre dans les assemblées et y prendre la parole pour participer aux débats parlementaires.

---

[1] *Cf.* Partie 1 - Chapitre 2.

[2] Pierre Avril, Jean Gicquel et Jean-Éric Gicquel notent toutefois – citant Michel Mopin et Jean-Louis Pezant –, que le droit parlementaire en lui-même, c'est-à-dire indépendamment de la présence ou non d'un droit gouvernemental, « pose un problème de délimitation dans la mesure où "la tradition parlementaire a toujours fait coexister droit écrit et normes non écrites (précédents, tradition de la Chambre, jurisprudence des organes internes…)" ». Ils relèvent donc que « la distinction entre normes et usages […] n'est pas toujours facile à opérer concrètement » (P. AVRIL, J. GICQUEL, J.-É. GICQUEL, *Droit parlementaire*, *op. cit.*, p. 21).

Il est ainsi possible de constater que le droit gouvernemental et le droit parlementaire peuvent être, non seulement en interaction, mais également imbriqués. Cette imbrication peut alors être perçue comme une possibilité pour le Parlement, notamment par le biais de son règlement, de délimiter le périmètre du droit gouvernemental (§ 2).

§ 1. La délimitation de l'application du droit gouvernemental par le Parlement

Dans le cadre du régime parlementaire, les organes – parlementaires et gouvernementaux – ne sont pas isolés les uns des autres mais sont au contraire amenés à collaborer dans la limite de leur pouvoir, de leur fonction et du droit qui les régit. Ainsi, à travers la collaboration des organes, ce sont aussi leurs pouvoirs et leurs fonctions qui coopèrent, et donc les droits les encadrant qui interagissent. Autrement dit, parce que la fonction gouvernementale et la fonction délibérante d'une part, le pouvoir gouvernant et le pouvoir parlementaire d'autre part, ont été construits de manière symétrique et complémentaire, ces fonctions et ces pouvoirs sont amenés à se rencontrer dans le cadre de la coopération des organes. Les deux droits qui les encadrent sont donc amenés eux aussi à entrer en interaction. Ils peuvent ainsi régir, alternativement, certaines procédures. Cela apparaît d'autant plus clairement qu'il existe, pour la procédure législative et pour la procédure de contrôle, une phase gouvernementale et une phase parlementaire[1]. Dans ce cadre, chacune de ces deux phases – et donc l'application de chacun des deux droits – va dépendre de l'autre. Le Parlement va alors pouvoir délimiter l'application du droit gouvernemental. Il va en effet avoir une influence sur la

[1] Voir en ce sens : A. DE MONTIS, « La spécificité des règles gouvernementales dans le cadre de l'élaboration de la loi », *in* V. BOYER, R. RENEAU (dir.), *Pour un droit gouvernemental ?*, *op. cit.*, p. 572-574.

possibilité pour le gouvernement d'exercer sa fonction et son pouvoir et donc sur la possibilité pour le droit gouvernemental de s'appliquer. Il convient toutefois de remarquer qu'il s'agit d'une influence réciproque, le gouvernement pouvant en faire de même s'agissant du droit parlementaire.

Une influence incontestable

La possibilité pour le Parlement de délimiter l'application du droit gouvernemental apparaît tant dans le cadre de la procédure législative qu'au niveau de la procédure de contrôle.

S'agissant tout d'abord de la procédure législative, nous pouvons relever que l'adoption d'une loi par le Parlement a pour conséquence d'ouvrir un choix pour le Président de la République : en vertu de l'article 10 de la Constitution, il peut promulguer la loi ou demander au Parlement une nouvelle délibération de celle-ci ou de certains de ses articles, alors qu'en vertu de l'article 61, alinéa 2 de la Constitution, il peut saisir le Conseil constitutionnel dans le cadre du contrôle de constitutionnalité *a priori*. Un tel vote du Parlement entraîne alors l'application du droit gouvernemental qui encadre chacune de ces possibilités, que ce soit par le décret de promulgation de la loi dans les formes prévues par le décret du 19 mai 1959[1], par le biais du décret du Président de la République demandant au Parlement une deuxième délibération[2] ou par la lettre de saisine du Conseil constitutionnel exprimant le pouvoir

---

[1] Décret n° 59-635 du 19 mai 1959 *relatif aux formes de promulgation des lois par le Président de la République*, *JO*, n° 114, 20 mai 1959, p. 5107.

[2] Voir par exemple : Décret du 4 avril 2003 *soumettant l'article 4 de la loi relative à l'élection des conseillers régionaux et des représentants au Parlement européen ainsi qu'à l'aide publique aux partis politiques à une nouvelle délibération*, *JO*, n° 81, 5 avril 2003, texte n° 1.

d'appréciation discrétionnaire du Président de la République[1].

Le même constat peut d'ailleurs être formulé du point de vue des procédures de contrôle. Ainsi, en vertu des articles 49, alinéa 2 et 50 de la Constitution, l'adoption d'une motion de censure par l'Assemblée nationale a pour conséquence que le « Premier ministre doit remettre au Président de la République la démission du Gouvernement ». Elle implique également pour le chef de l'État, sur le fondement de l'article 8 de la Constitution, de mettre fin aux fonctions du chef du Gouvernement et d'en nommer un nouveau. Un tel vote de la part de l'Assemblée nationale entraîne alors l'application du droit gouvernemental qui encadre chacune de ces étapes, que ce soit par le biais du décret mettant fin aux fonctions du Premier ministre et des autres membres du Gouvernement ou par le biais de celui portant nomination du nouveau chef du Gouvernement[2].

---

[1] Voir en ce sens la lettre, du Président de la République du 13 mars 2019, de saisine du Conseil constitutionnel de la loi visant à renforcer et garantir le maintien de l'ordre public lors des manifestions (CC, décision n° 2019-780 DC du 4 avril 2019, *Loi visant à renforcer et garantir le maintien de l'ordre public lors des manifestations*, *JO*, n° 86, 11 avril 2019, texte n° 2).

[2] Il convient ici de relever que depuis les débuts de la Ve République, l'Assemblée nationale n'a adopté, sur le fondement de l'article 49, alinéa 2 de la Constitution, qu'une seule motion de censure, le 5 octobre 1962, à l'encontre du Gouvernement de Georges Pompidou. Conformément à l'article 50 de la Constitution, ce dernier présenta le jour même, au Président de la République, la démission du Gouvernement. Ce n'est toutefois que le 28 novembre 1962 que le Président de la République prit le décret mettant fin aux fonctions du Gouvernement (Décret du 28 novembre 1962 *relatif à la cessation des fonctions du Gouvernement*, *JO*, n° 281, 29 novembre 1962, p. 11594). Le même jour, il prit le décret portant nomination du Premier ministre (Décret du 28 novembre 1962 *portant nomination du Premier ministre*, *JO*, n° 281, 29 novembre 1962, p. 11595). Ainsi, à la suite de l'adoption de la motion de censure par l'Assemblée nationale, le Général de Gaulle

Dans ces deux exemples, relevant pour l'un de la procédure législative et pour l'autre de la procédure de contrôle, l'application du droit gouvernemental encadrant l'exercice du pouvoir gouvernant et la réalisation de la fonction gouvernementale par le gouvernement, dépend de l'exercice par le Parlement de son pouvoir parlementaire et de la réalisation de sa fonction délibérante. Autrement dit, dans le cadre des procédures législative et de contrôle, l'exercice par le Parlement de sa fonction et de son pouvoir va déterminer la venue de la phase gouvernementale de ces procédures, phase régie par le droit gouvernemental. Dans ces hypothèses, le Parlement délimite donc l'application du droit gouvernemental.

Il convient alors de formuler deux remarques à ce niveau. D'une part, cette délimitation peut intervenir de manière négative, c'est-à-dire que l'exercice, par le Parlement, de sa fonction et de son pouvoir peut empêcher l'intervention du gouvernement et donc l'application du droit gouvernemental. Telle est la situation lorsque le Parlement rend un avis public, dans les conditions précisées à l'article 13 de la Constitution, qui empêche alors le Président de la République de procéder à une nomination. Dans ce cas, par l'exercice de son pouvoir et de sa fonction, le Parlement exclut la possibilité pour le chef de l'État d'exercer les siens et écarte donc l'application du droit gouvernemental. D'autre part, et par conséquent, si la présence du fait majoritaire et le positionnement des parlementaires en fonction de leur appartenance ou non à la majorité gouvernementale sont des aspects importants du fonctionnement du régime de la Ve République, l'existence

a refusé de mettre fin immédiatement aux fonctions du Gouvernement de Georges Pompidou. Il prononça la dissolution de l'Assemblée nationale et ce n'est qu'au lendemain de la victoire du parti gaulliste aux élections législatives qu'il le fit mais pour renommer immédiatement Georges Pompidou comme Premier ministre.

de ces deux éléments n'a pas d'influence sur la possibilité pour le Parlement de délimiter l'application du droit gouvernemental. En effet, dans cette situation, les parlementaires vont user de leurs prérogatives dans l'exercice du pouvoir parlementaire et de la fonction délibérante, soit pour contraindre le gouvernement en pratiquant éventuellement l'obstruction, soit pour le soutenir et faciliter la mise en œuvre de son programme[1]. Pour autant, ces pratiques ne remettent pas en cause le constat de la possibilité pour le Parlement de délimiter l'application du droit gouvernemental puisque cette possibilité peut s'entendre de manière positive comme entraînant l'application du droit gouvernemental ou de manière négative comme l'empêchant.

Une influence réciproque

Si les illustrations précédentes démontrent que le Parlement, par l'exercice de son pouvoir et de sa fonction, peut délimiter l'application du droit gouvernemental, la situation inverse – c'est-à-dire la délimitation de l'application du droit parlementaire par le gouvernement – peut également être admise. Il s'agit en effet d'interactions, donc d'influences réciproques, et ce, tant dans le cadre de la procédure législative qu'au niveau de la procédure de contrôle.

Au titre de la première, nous pouvons évoquer le choix du Gouvernement de déposer, en vertu de l'article 39 de la Constitution, un projet de loi devant l'une ou l'autre des assemblées. Ce choix aura pour conséquence de déclencher la phase parlementaire de la procédure législative selon les règles déterminées par le droit parlementaire (par exemple

---

[1] Pour une illustration de ces pratiques au Sénat, voir : V. BOYER, *La gauche et la seconde chambre de 1945 à nos jours*, *op. cit.*, p. 186-211 et p. 232-253 ; V. BOYER, « Le Sénat, contre-pouvoir au bloc majoritaire ? », *loc. cit.*, p. 51-56.

pour l'examen du texte en commission, pour sa discussion en séance plénière et pour l'exercice du droit d'amendement). Le choix de l'assemblée saisie en premier lieu du projet de loi aura, par ailleurs, des conséquences sur l'organisation de son travail et donc sur l'application des règles du droit parlementaire en matière, notamment, de fixation d'ordre du jour[1], d'organisation de la discussion des textes[2], de détermination des jours et des horaires des séances[3]. Par ailleurs, le choix de ce même Gouvernement de provoquer, en vertu de l'article 45, alinéa 2 de la Constitution, la réunion d'une commission mixte paritaire entraînera l'application des règles du droit parlementaire la concernant[4]. De même, nous pouvons évoquer le choix du Président de la République, en vertu de l'article 10, alinéa 2 de la Constitution, de demander une nouvelle délibération de la loi ou de certains de ses articles au Parlement. Celle-ci, qui ne peut lui être refusée, se déroule dans les conditions prévues à l'article 116 du Règlement de l'Assemblée nationale et à l'article 27 du Règlement du Sénat.

Au titre de la procédure de contrôle, les alinéas 1er et 4 de l'article 49 de la Constitution sont également instructifs. En vertu de ces deux alinéas, soit le Premier ministre engage la responsabilité du Gouvernement, soit il demande l'approbation d'une déclaration de politique générale. Cela implique pour l'Assemblée nationale – dans le cadre de l'alinéa 1er – et pour le Sénat – dans le cadre de l'alinéa 4 – d'exercer leur fonction délibérante et leur pouvoir parlementaire au cours des débats et des votes intervenant

---

[1] Voir en ce sens : article 48 du Règlement de l'Assemblée nationale ; articles 29 et 29 *bis* du Règlement du Sénat.

[2] Voir en ce sens : article 49 du Règlement de l'Assemblée nationale ; article 29 *ter* du Règlement du Sénat.

[3] Voir en ce sens : article 50 du Règlement de l'Assemblée nationale ; article 32 du Règlement du Sénat.

[4] Voir en ce sens : articles 111 et 112 du Règlement de l'Assemblée nationale ; article 8 *quater* du Règlement du Sénat.

dans ces procédures, conformément aux règles du droit parlementaire. Celles-ci sont précisées à l'article 152 du Règlement de l'Assemblée nationale et à l'article 39, alinéa 2 du Règlement du Sénat. Dans le même sens, en vertu de l'article 18 de la Constitution, le Président de la République « peut prendre la parole devant le Parlement réuni à cet effet en Congrès », ce qui suppose pour les parlementaires d'exercer leur pouvoir et leur fonction dans le respect des règles les régissant ici. Celles-ci sont explicitées à l'article 23 du Règlement du Congrès. L'exercice par le chef de l'État de « son pouvoir de nomination » prévu à l'article 13 de la Constitution conduit enfin la commission permanente compétente de chaque assemblée à exercer son pouvoir parlementaire et sa fonction délibérante à travers l'« avis public » rendu par chacune d'elles dans le respect des règles prévues par le règlement des assemblées en la matière[1].

Ces illustrations, relevant tant de la procédure législative que de la procédure de contrôle, révèlent donc que l'application des règles de droit parlementaire peut également être liée à l'exercice, par le gouvernement, de son pouvoir gouvernant et de la réalisation de sa fonction gouvernementale et qu'ils en constituent alors une condition de mise en œuvre. De ce point de vue, il convient là encore de constater que cette délimitation peut intervenir de manière négative, c'est-à-dire que l'exercice, par le gouvernement, de sa fonction et de son pouvoir, peut empêcher l'intervention du Parlement et donc l'application du droit parlementaire. Telle est la situation lorsque le Gouvernement refuse de recourir à l'article 49, alinéa 1er de la Constitution après sa nomination[2]. Ce refus prive le

[1] Voir en ce sens : article 29-1 du Règlement de l'Assemblée nationale ; article 19 *bis* du Règlement du Sénat.

[2] Tel fut le cas, par exemple, à la suite de la nomination du Gouvernement Barre en août 1976, du Gouvernement Cresson en mai 1991, du Gouvernement Borne en mai 2022, du Gouvernement Attal en

Parlement de la possibilité d'exercer sa fonction et son pouvoir dans le cadre de cette procédure de contrôle et donc empêche l'application du droit parlementaire correspondant.

Une remarque s'impose alors. Si le gouvernement peut délimiter l'application du droit parlementaire, il le peut d'autant plus que le régime de la Ve République est caractérisé par la présence de mécanismes de rationalisation du parlementarisme. Afin de préserver la stabilité du gouvernement en l'absence d'une majorité parlementaire constante, ces derniers ont notamment pour but d'encadrer le travail législatif en donnant au gouvernement les moyens d'imposer ses textes et sa volonté au Parlement mais aussi de limiter les possibilités de censure en soumettant la mise en jeu de la responsabilité politique du gouvernement au respect de règles rigoureuses. Ayant pour objectif de renforcer la place du gouvernement face au Parlement, il est somme toute logique que l'on retrouve les répercussions de ces mécanismes au niveau de l'interaction existant entre le droit parlementaire et le droit gouvernemental. Autrement dit, marqués par la rationalisation du parlementarisme et donc par des mécanismes censés renforcer la place du gouvernement, il est cohérent que ces deux champs disciplinaires qui encadrent les fonctions et les pouvoirs du Parlement et du gouvernement soient la traduction de ces nouveaux rapports de force instaurés par la Constitution de 1958. Compte tenu des mécanismes de rationalisation du parlementarisme, il est donc compréhensible que le gouvernement délimite davantage l'application du droit parlementaire que ne le fait le Parlement à l'égard du droit gouvernemental. Les exemples précédemment évoqués, tant dans le cadre de la procédure législative que dans le

---

janvier 2024, du Gouvernement Barnier en septembre 2024, du Gouvernement Bayrou en décembre 2024 et du Gouvernement Lecornu II en octobre 2025.

cadre de la procédure de contrôle, le démontrent clairement. Cette affirmation ne doit toutefois pas induire en erreur. Le constat d'une moindre influence du Parlement sur le droit gouvernemental, par rapport à celle que le gouvernement peut avoir sur le droit parlementaire au niveau de son application, n'est pas le constat d'une négation de cette influence.

Ces considérations peuvent paraître somme toute banales car il va de soi que, conformément à la logique parlementaire du régime, les organes, leurs fonctions, leurs pouvoirs et donc le droit qui les régit sont en interaction. Elles ne le sont pas toutefois pour au moins deux raisons. D'une part, cette question de l'interaction conduit à relever que ce ne sont pas uniquement les organes qui collaborent mais que ce sont aussi leurs pouvoirs et leurs fonctions qui sont en interaction ainsi que le droit qui les régit. Cette approche permet ainsi de mettre en avant l'utilité d'une définition téléologique des deux champs disciplinaires que sont le droit gouvernemental et le droit parlementaire. En effet, elle démontre que, plus que les droits, ce sont leurs finalités qui interagissent, faisant ainsi écho à la construction en symétrie de ces deux droits. D'autre part, cette question de l'interaction des deux champs disciplinaires conduit à celle de leur imbrication – et donc à la question du périmètre et de la frontière de chacun d'eux – qu'il convient maintenant d'aborder.

§ 2. La délimitation du périmètre du droit gouvernemental par le Parlement

Dans le cadre des interactions entre le droit gouvernemental et le droit parlementaire que nous avons précédemment relevées et illustrées, chaque champ disciplinaire s'applique dans une phase distincte : le droit gouvernemental s'applique dans la phase gouvernementale des procédures législative et de contrôle, le droit parlementaire s'applique dans la phase parlementaire de ces mêmes procédures. L'interaction des deux champs disciplinaires découle ainsi de l'interaction entre les deux phases de ces procédures. En ce sens, nous avons pu affirmer que ces droits interagissent car ils encadrent, alternativement, ces procédures.

Toutefois, dans le cadre de ces mêmes procédures, nous pouvons noter que le gouvernement peut être amené à se rendre dans les assemblées et à participer aux débats parlementaires. Dans ce cas, le Parlement peut délimiter le périmètre du droit gouvernemental car il régit certaines des interventions du gouvernement lorsque ce dernier participe à l'exercice de la fonction délibérante et du pouvoir parlementaire du Parlement. On ne peut toutefois pas en déduire que le droit parlementaire s'applique au gouvernement car se pose alors la question de la frontière entre le droit gouvernemental et le droit parlementaire.

Des règles parlementaires applicables au gouvernement

En vertu de l'article 31 de la Constitution, « les membres du Gouvernement ont accès aux deux assemblées. Ils sont entendus quand ils le demandent ». Cet article aménage donc la possibilité pour les membres du Gouvernement de se rendre dans les assemblées parlementaires et de participer à leurs travaux en y prenant la parole.

Dans le cadre de ces interventions, le Gouvernement est parfois soumis à des règles prévues par le règlement des assemblées. Ainsi, l'article 56 du Règlement de l'Assemblée nationale et l'article 37 du Règlement du Sénat précisent que les ministres obtiennent la parole « quand ils la demandent ». Il convient par ailleurs de noter que l'article 45 du Règlement de l'Assemblée nationale précise que « les ministres ont accès dans les commissions ; ils doivent être entendus quand ils le demandent ». Si l'article

15 *bis* du Règlement du Sénat reprend cette même règle[1], avant la révision constitutionnelle de 2008, son article 18 prévoyait toutefois que « les ministres se retirent au moment du vote »[2]. De même, ces deux règlements prévoient que le Gouvernement a « le droit de présenter des amendements » aux textes soumis à la discussion devant l'Assemblée nationale et le Sénat[3]. Lorsqu'en application de l'article 49, alinéa 1er de la Constitution, le Premier ministre engage la responsabilité du Gouvernement sur son programme ou sur une déclaration de politique générale, ou lorsque sur le fondement de l'article 50-1 de la Constitution, le Gouvernement fait une déclaration qui donne lieu à un débat, le Règlement de l'Assemblée nationale prévoit également que « le Gouvernement prend la parole le dernier pour répondre aux orateurs qui sont intervenus »[4]. En outre, l'article 135 du Règlement de l'Assemblée nationale et l'article 75 du Règlement du Sénat relatifs aux questions écrites des députés et des sénateurs précisent que les réponses des ministres « doivent être » – selon la rédaction du Règlement de l'Assemblée nationale – ou « sont » – selon la rédaction du Règlement du Sénat – « publiées dans les deux mois suivant la publication des questions »[5].

---

[1] « Les membres du Gouvernement ont accès dans les commissions. Ils sont entendus quand ils le demandent. Ils peuvent assister aux votes destinés à établir le texte des projets et propositions de loi sur lequel portera la discussion en séance ».

[2] Sur les raisons de cette modification depuis la révision constitutionnelle de 2008, voir : P. AVRIL, J. GICQUEL, J.-É. GICQUEL, *Droit parlementaire*, *op. cit.*, p. 278.

[3] Article 98, alinéa 1er du Règlement de l'Assemblée nationale ; Article 44 *bis* du Règlement du Sénat.

[4] Article 132, alinéa 4 du Règlement de l'Assemblée nationale.

[5] Il convient toutefois de relever la particularité de ce dernier exemple, par rapports aux précédents, puisque « les questions écrites sont "entièrement traitées hors de la tribune" et elles ne "participent pas à la vie parlementaire proprement dite" » (M. AMELLER, cité par

Compte tenu de la présence du Gouvernement au sein du Parlement, l'Instruction générale du Bureau de l'Assemblée nationale, tout comme celle du Sénat, fixent également des règles relatives à l'enregistrement audiovisuel des travaux des commissions[1] et de la séance[2], à l'accès et à la circulation dans les salles et couloirs de l'Assemblée nationale[3], qui si elles concernent les membres du Parlement, s'appliquent également au gouvernement *lato sensu* et aux membres des cabinets gouvernementaux.

Sans être le pendant, pour le Président de la République, de l'article 31 de la Constitution, l'article 18 du texte constitutionnel prévoit que le chef de l'État « peut prendre la parole devant le Parlement réuni à cet effet en Congrès. Sa déclaration peut donner lieu, hors sa présence, à un débat qui ne fait l'objet d'aucun vote ». Cet article aménage donc la possibilité pour ce dernier de prendre la parole devant les parlementaires. Dans le cadre de cette intervention, le chef de l'État voit sa situation précisée par le Règlement du Congrès. Celui-ci prévoit en effet que le Président de la République « est introduit dans l'hémicycle sur l'ordre du Président du Congrès, lequel lui donne aussitôt la parole ». Il précise par ailleurs que « sa déclaration terminée, le Président de la République est reconduit hors de l'hémicycle dans les mêmes formes »[4].

Il résulte de ces exemples que malgré « l'importance des pouvoirs dont [le Gouvernement] dispose, il doit en user dans le respect des règles et des usages en vigueur au sein

---

P. AVRIL, J. GICQUEL, J.-É. GICQUEL, *Droit parlementaire*, *op. cit.*, p. 499).

[1] Article 18 *bis* de l'Instruction générale du Bureau de l'Assemblée nationale ; Article XII *bis* de l'Instruction générale du Bureau du Sénat.

[2] Article 19 *bis* de l'Instruction générale du Bureau de l'Assemblée nationale ; Article XII *bis* de l'Instruction générale du Bureau du Sénat.

[3] Articles 25 et 26 de l'Instruction générale du Bureau de l'Assemblée nationale.

[4] Article 23, alinéa 1er du Règlement du Congrès du Parlement.

du Parlement »[1]. Ainsi, parce que le Gouvernement « n'est pas "chez lui" au Palais Bourbon »[2] ni au Palais du Luxembourg, il doit respecter certaines règles fixées par le Règlement, l'Instruction générale du Bureau, ou la conférence des Présidents de chaque assemblée. On peut alors considérer que par ces règles parlementaires – en ce sens qu'elles sont « intérieures » au Parlement – mais applicables au Gouvernement, les assemblées délimitent ainsi le périmètre du droit gouvernemental en les lui opposant.

L'approche finaliste que nous avons retenue, tant du droit gouvernemental que du droit parlementaire, permet sans doute d'expliquer la raison de cette possibilité. En effet, le gouvernement peut intervenir dans le cadre des procédures législative et de contrôle. Cette intervention peut avoir lieu pendant la phase gouvernementale de ces mêmes procédures. Le Gouvernement exerce alors sa fonction gouvernementale et son pouvoir gouvernant. Conformément à la définition téléologique du droit gouvernemental – « droit encadrant l'exercice du pouvoir gouvernant et la réalisation de la fonction gouvernementale par le gouvernement *lato sensu* »[3] – il est alors soumis à ce droit. Nous avons d'ailleurs pu relever précédemment que, dans ce cas, le droit gouvernemental et le droit parlementaire régissent alternativement ces procédures. Mais l'intervention du Gouvernement dans le cadre des procédures législative et de contrôle peut également avoir

---

[1] Voir site de l'Assemblée nationale [https://www2.assemblee-nationale.fr/decouvrir-l-assemblee/role-et-pouvoirs-de-l-assemblee-nationale/les-fonctions-de-l-assemblee-nationale/les-fonctions-legislatives/la-seance-pleniere].

[2] P. AVRIL, J. GICQUEL, J.-É. GICQUEL, *Droit parlementaire*, *op. cit.*, p. 38.

[3] V. BOYER, R. RENEAU, « Conclusion – Pour un droit gouvernemental (?) », *in* V. BOYER, R. RENEAU (dir.), *Pour un droit gouvernemental ?*, *op. cit.*, p. 662.

lieu au sein du Parlement, c'est-à-dire à l'occasion de la phase parlementaire de ces mêmes procédures : le gouvernement se rend alors dans les assemblées et participe aux débats parlementaires. Dans ce cas, le gouvernement intervient au cœur de la fonction délibérante et du pouvoir parlementaire du Parlement. Sans exercer à titre principal cette fonction et ce pouvoir, il y participe nécessairement notamment par ses prises de parole et le dépôt d'amendements. De ce fait, il est logique que les interventions du gouvernement soient régies, dans ces hypothèses, par des règles en vigueur au sein des assemblées.

Deux exemples peuvent parfaitement illustrer ce lien entre, d'une part, la participation du gouvernement à la fonction délibérante et au pouvoir parlementaire du Parlement et, d'autre part, la possibilité pour les règles « intérieures » du Parlement de s'appliquer au gouvernement.

Le premier nous est fourni par Eugène Pierre. Celui-ci relevait que, sous la IIIe République, les règlements du Sénat et de la Chambre des députés dispensaient les ministres « du tour d'inscription » et précisaient qu'ils « doivent obtenir la parole quand ils la réclament », l'article 6 de la loi constitutionnelle du 16 juillet 1875 précisant que « les ministres ont leur entrée dans les deux chambres et doivent être entendus quand ils le demandent »[1]. Il relevait en outre que « s'il arrive qu'un ministre investi du mandat de sénateur ou de député demande à être entendu dans l'une des chambres non comme organe du Gouvernement, mais comme sénateur ou comme député, il perd sa prérogative constitutionnelle et ne peut obtenir la parole que suivant les formes tracées par le règlement » pour les parlementaires. Nous pouvons tirer deux enseignements de ce constat.

[1] E. PIERRE, *Traité de droit politique, électoral et parlementaire*, Librairies-imprimeries réunies, 5e édition, Paris, 1924, p. 767.

D'une part, cet exemple démontre que cette intervention, en tant que ministre ou en qualité de parlementaire, participe à l'exercice d'une même fonction, la fonction délibérante. D'autre part, il illustre l'idée que l'exercice de cette fonction est régi par les assemblées, notamment par leurs règlements, même si les règles peuvent varier selon qu'elles s'appliquent au Gouvernement ou aux parlementaires.

Le second exemple résulte d'une décision du Conseil constitutionnel du 21 janvier 1964[1]. Sur le fondement de l'article 48, alinéa 2 de la Constitution[2], celui-ci a pu juger que « c'est au Gouvernement qu'il appartient de répondre aux questions des membres du Parlement ; que le Gouvernement est donc représenté, pour répondre à chacune d'elles, par celui de ses membres que le Premier ministre a désigné à cet effet, sans que ce choix puisse faire l'objet d'une ratification ou d'une récusation par un membre du Parlement ; que, par suite, la disposition qui subordonne à l'accord de l'auteur de la question l'intervention d'un membre du Gouvernement autre que le ministre techniquement compétent ne peut être regardée comme conforme à la Constitution ». Cette décision illustre le fait que si la réponse du ministre participe à l'exercice de la fonction délibérante et du pouvoir parlementaire et peut donc être – sous certains aspects telle que la durée de la réponse[3] – régie par des règles parlementaires, le choix du ministre qui formule cette réponse relève d'une question relative à l'organisation interne du Gouvernement et donc de l'exercice de la fonction gouvernementale et du pouvoir

---

[1] CC, décision n° 63-25 DC du 21 janvier 1964, *Résolution modifiant les articles 36, 39, 41, 50, 134, 135, 136 et 137 du règlement de l'Assemblée nationale*, *JO*, 29 janvier 1964, p. 1066, *Rec.* p. 23.

[2] L'article 48, alinéa 2 de la Constitution prévoyait alors : « Une séance par semaine est réservée par priorité aux questions des membres du Parlement et aux réponses du Gouvernement ».

[3] Tel était par exemple le cas de l'article 75 *ter* du Règlement du Sénat avant qu'il ne soit abrogé par la résolution du 13 mai 2015.

gouvernant et ne peut donc être régie par des règles relevant du règlement des assemblées.

Il résulte de ce qui précède que si le Parlement régit parfois certaines des interventions du gouvernement, il ne peut le faire que dans la mesure où – et uniquement lorsque – le gouvernement participe à l'exercice de la fonction délibérante et du pouvoir parlementaire du Parlement.

La détermination de la frontière entre le droit gouvernemental et le droit parlementaire

Si le Parlement peut délimiter le périmètre du droit gouvernemental, on ne peut toutefois pas en déduire que le droit parlementaire s'applique au gouvernement car se pose alors la question de la frontière entre le droit gouvernemental et le droit parlementaire. En effet, cette frontière « n'est pas si claire »[1] : les règles que nous venons d'évoquer ne relèvent pas du droit gouvernemental en ce qu'elles sont des règles parlementaires c'est-à-dire intérieures au Parlement par lesquelles il s'auto-organise ; elles ne relèvent pas non plus totalement du droit parlementaire en ce qu'elles s'appliquent au gouvernement. Les définitions que nous avons retenues tant du droit gouvernemental que du droit parlementaire ne permettent donc pas de trancher en faveur de l'un ou de l'autre de ces champs disciplinaires, à moins qu'il ne s'agisse des deux. Autrement dit, peut-être conviendrait-il plutôt de parler d'une « zone frontalière » entre ces deux champs disciplinaires qui sont imbriqués voire confondus car s'appliquant simultanément ? Cette approche pourrait se trouver confirmée par trois éléments.

---

[1] A. DE MONTIS, « La spécificité des règles gouvernementales dans le cadre de l'élaboration de la loi ? » *in* V. BOYER, R. RENEAU (dir.), *Pour un droit gouvernemental ?*, *op. cit.*, p. 573.

Premièrement, certaines des règles applicables au gouvernement au sein du Parlement découlent de la pratique. À titre d'exemple, il existe un usage selon lequel le Gouvernement, lorsqu'il est à l'Assemblée nationale, « ne doit pas interpeller les députés »[1]. On peut donc se demander si cet usage ne relève pas en même temps du droit gouvernemental et du droit parlementaire (à moins que, dans ce cas, il ne s'agisse ni de l'un ni de l'autre puisque l'on pourrait s'interroger sur la possibilité pour cet usage d'être réellement considéré comme du droit[2]).

Deuxièmement, certaines de ces règles sont fixées par les assemblées en accord avec le Gouvernement. Tel est le cas des règles relatives aux questions orales et aux

---

[1] P. AVRIL, J. GICQUEL, J.-É. GICQUEL, *Droit parlementaire*, *op. cit.*, p. 38.
Ces auteurs relèvent toutefois que « la pratique de certains [membres du Gouvernement tend] de plus en plus à s'écarter de cette réserve ».

[2] Évoquant les différents types de pratiques parmi les sources non écrites du droit parlementaire, Pierre Avril, Jean Gicquel et Jean-Éric Gicquel en distinguent trois : « les pratiques qui découlent de la traditionnelle "courtoisie parlementaire" [lesquelles] ne sont pas considérées comme du "droit" parlementaire parce qu'elles relèvent de mœurs et concernent des usages dont la méconnaissance entraîne une réprobation exclusive de toute obligation » ; les pratiques qui présentent « un fondement politique qui [leur confèrent] un caractère obligatoire plus marqué, le maximum étant atteint dans l'hypothèse de règles "conventionnelles" » ; « les pratiques qui touchent à la "police" des assemblées [qui relèvent du] droit parlementaire en tant que droit disciplinaire visant à une délibération ordonnée. Les règles de ce droit, y compris les règles non écrites, sont évidemment obligatoires, puisqu'elles sont sanctionnées par les assemblées elles-mêmes, et plus particulièrement par leurs organes, dont les décisions s'inscrivent dans le développement d'une pratique répertoriée et donnant naissance à une "jurisprudence" » (P. AVRIL, J. GICQUEL, J.-É. GICQUEL, *Droit parlementaire*, *op. cit.*, p. 38-41). Un même raisonnement pourrait être appliqué aux pratiques en tant que sources du droit gouvernemental (voir par exemple : M. CARON, *Droit gouvernemental*, *op. cit.*, p. 20).

questions au Gouvernement[1]. Olivier Gohin note ainsi que « c'est à chaque assemblée parlementaire de gérer, en accord avec le Gouvernement, les séances de questions orales, dans des conditions fixées par la conférence des présidents, pour l'organisation des séances »[2]. On peut, là encore, se demander si, compte tenu de la présence de cet accord, ces règles ne relèvent pas en même temps du droit parlementaire et du droit gouvernemental.

Troisièmement, certaines dispositions du règlement des assemblées applicables au Gouvernement ne sont que la reprise de règles de valeur constitutionnelle qui consacrent un droit en faveur du Gouvernement. Ces règles relèveraient donc tant du droit parlementaire que du droit gouvernemental. Tel est le cas de l'article 56 du Règlement de l'Assemblée nationale et de l'article 37 du Règlement du Sénat qui précisent que les ministres obtiennent la parole « quand ils la demandent », alors que l'article 31 de la Constitution prévoit que « les membres du Gouvernement ont accès aux deux assemblées. Ils sont entendus quand ils le demandent »[3]. De même, si ces deux règlements prévoient que le Gouvernement a « le droit de présenter des amendements » aux textes soumis à la discussion devant l'Assemblée nationale et le Sénat[4], il ne s'agit que d'une

---

[1] Voir en ce sens : P. AVRIL, J. GICQUEL, J.-É. GICQUEL, *Droit parlementaire*, *op. cit.*, p. 467-473.

[2] O. GOHIN, *Droit constitutionnel*, *op. cit.*, p. 1164.

[3] Cette caractéristique du règlement des assemblées parlementaires a déjà pu être relevée par Eugène Pierre. Celui-ci notait en effet que « l'article 6 de la loi constitutionnelle du 16 juillet 1875 décide que les ministres ont leur entrée dans les deux Chambres et doivent être entendus quand ils le demandent ; les articles 36 du règlement du Sénat et 103 du règlement de la Chambre des députés portent que les ministres sont dispensés du tour d'inscription et doivent obtenir la parole quand ils la réclament » (E. PIERRE, *Traité de droit politique, électoral et parlementaire*, *op. cit.*, p. 767).

[4] Article 98, alinéa 1er du Règlement de l'Assemblée nationale ; Article 44 *bis* du Règlement du Sénat.

confirmation du droit d'amendement du Gouvernement prévu par l'article 44 de la Constitution. D'ailleurs, dès que le Parlement tente de fixer une règle contraignante applicable au Gouvernement par le biais de son règlement sans que celle-ci trouve sa source dans les dispositions de la Constitution, il encourt la censure du Conseil constitutionnel[1]. Olivier Gohin apporte toutefois une

[1] Tel est par exemple le cas dans la décision du Conseil constitutionnel du 21 janvier 1964 (CC, décision n° 63-25 DC du 21 janvier 1964, *Résolution modifiant les articles 36, 39, 41, 50, 134, 135, 136 et 137 du règlement de l'Assemblée nationale*, *JO*, 29 janvier 1964, p. 1066, *Rec.* p. 23) : « Considérant qu'aux termes de l'article 48, alinéa 2, de la Constitution, c'est au Gouvernement qu'il appartient de répondre aux questions des membres du Parlement ; que le Gouvernement est donc représenté, pour répondre à chacune d'elles, par celui de ses membres que le Premier ministre a désigné à cet effet, sans que ce choix puisse faire l'objet d'une ratification ou d'une récusation par un membre du Parlement ; que, par suite, la disposition qui subordonne à l'accord de l'auteur de la question l'intervention d'un membre du Gouvernement autre que le ministre techniquement compétent ne peut être regardée comme conforme à la Constitution ».
Dans le même sens, si l'article 18 du Règlement du Sénat prévoyait à l'origine que les ministres ont accès aux commissions, il précisait qu'« ils se retirent au moment du vote ». Compte tenu de la décision du Conseil constitutionnel du 15 avril 2009 (CC, décision n° 2009-579 DC du 9 avril 2009, *Loi organique relative à l'application des articles 34-1, 39 et 44 de la Constitution*, *JO*, 16 avril 2009, p. 6530, texte n° 2, *Rec.* p. 84), ce même article (devenu l'article 15 *bis*) prévoit désormais que les membres du Gouvernement « peuvent assister aux votes destinés à établir le texte des projets et propositions de loi sur lequel portera la discussion en séance ». Le Conseil constitutionnel a par ailleurs précisé dans sa décision du 25 juin 2009 que cet article doit s'interpréter comme permettant au Gouvernement de participer « quand il le souhaite aux travaux de la commission » et d'« assister à l'ensemble des votes » (CC, décision n° 2009-582 DC du 25 juin 2009, *Résolution tendant à modifier le règlement du Sénat pour mettre en œuvre la révision constitutionnelle, conforter le pluralisme sénatorial et rénover les méthodes de travail du Sénat*, *JO*, 29 juin 2009, p. 10871, texte n° 17, *Rec.* p. 132).

nuance. Il relève par exemple que « tous les dispositifs de contrainte sur le temps de parole des ministres, à l'occasion des questions orales, ne sont pas exactement en correspondance avec le droit des membres du Gouvernement à être entendus quand ils le demandent [...] sans que le Conseil constitutionnel ait trouvé à y redire, chaque fois qu'il a eu à connaître de dispositions des règlements des assemblées en ce sens et sans que les ministres aient eu l'occasion de revendiquer cette disposition constitutionnelle pour déstabiliser des procédures de contrôle qui n'ont de sens que dans la réactivité des uns et des autres »[1].

Cette imbrication des droits qui régissent simultanément une même situation ne remet pas pour autant en cause le fait que certaines règles parlementaires – en ce sens qu'elles sont « intérieures » au Parlement – sont applicables au gouvernement et traduisent ainsi la possibilité pour le Parlement de délimiter le périmètre du droit gouvernemental dès lors que l'on garde en tête l'idée selon laquelle la frontière entre le droit gouvernemental et le droit parlementaire ne se matérialise pas par une séparation claire mais au contraire par une « zone frontalière ».

Eugène Pierre avait déjà relevé cette difficulté sous la IIIe République, à une époque où n'existait pas le contrôle de constitutionnalité des règlements des assemblées parlementaires. En effet, après avoir noté la prérogative constitutionnelle des ministres, sous la IIIe République, de se rendre dans les assemblées et d'y prendre la parole – laquelle était d'ailleurs consacrée dans le règlement de chaque assemblée – Eugène Pierre soulignait que « les textes n'ont tranché ni en France ni ailleurs [...], la question de savoir si les ministres peuvent obtenir la parole dans les cas où le règlement interdit de la prendre et ne permet pas au Président de l'accorder ». Il précisait alors que « c'est un problème très complexe parce qu'il engage des conflits entre l'autorité du règlement et celle de la Constitution » (E. PIERRE, *Traité de droit politique, électoral et parlementaire*, *op. cit.*, p. 767).

[1] O. GOHIN, *Droit constitutionnel*, *op. cit.*, p. 1164.

L'étude des possibilités de délimitation du droit gouvernemental par le Parlement nous a conduit à envisager successivement la délimitation de l'application et du périmètre de ce droit par les assemblées. Les procédures législative et de contrôle étant régies alternativement par le droit gouvernemental (dans leur phase gouvernementale) et par le droit parlementaire (dans leur phase parlementaire), le Parlement peut délimiter l'application du droit gouvernemental. Par ailleurs, le gouvernement pouvant se rendre dans les assemblées et participer aux débats parlementaires dans le cadre de ces mêmes procédures, le Parlement peut fixer des règles qui s'appliquent au gouvernement dès lors qu'il participe à la fonction délibérante et au pouvoir parlementaire du Parlement. Sans qu'il s'agisse de déterminer si ces règles relèvent du droit gouvernemental ou du droit parlementaire, force est de constater qu'elles illustrent la capacité du Parlement de délimiter le périmètre du droit gouvernemental. Le Parlement peut alors apparaître comme un acteur limitant du droit gouvernemental. Il l'est d'autant plus au travers du contrôle qu'il exerce sur lui.

Section 2 : Le contrôle du droit gouvernemental par le Parlement

Nous avons pu voir que le Parlement exerce une fonction délibérante qui consiste à exprimer publiquement la pluralité des opinions tant dans le cadre des débats au sein des assemblées, que dans le cadre des différents votes qui peuvent être émis au sein de ces mêmes assemblées[1]. Pour ce faire, et dans ce cadre, le Parlement dispose d'un pouvoir parlementaire défini comme la capacité pour les parlementaires de parler, c'est-à-dire d'exprimer publiquement la pluralité des opinions, par le biais du débat

[1] *Cf.* Partie 1 - Chapitre 2 - Section 1.

et du vote, en vue d'exercer une influence[1]. Par cette fonction et par ce pouvoir, le Parlement ne peut certes pas forcément décider mais il peut au moins tenter d'influencer la décision. Or, cette fonction et ce pouvoir peuvent être déclinés dans le cadre du contrôle du droit régissant la fonction et le pouvoir du gouvernement.

Un tel contrôle du droit gouvernemental par le Parlement ne va pourtant pas forcément de soi. *A priori*, si le Parlement peut exercer un contrôle sur l'action du Gouvernement en vertu de l'article 24 de la Constitution, le contrôle du droit gouvernemental – c'est-à-dire un contrôle portant sur des normes – relèverait plutôt d'un organe juridictionnel. Par ailleurs, le contrôle exercé par le Parlement sur le Gouvernement – qui est le plus souvent analysé au travers de l'engagement de la responsabilité de ce dernier par l'Assemblée nationale en vertu de l'article 49, alinéas 1, 2 et 3 de la Constitution – est généralement présenté, si ce n'est comme inopérant, du moins comme ayant un bilan extrêmement limité. Les effets conjugués du fait majoritaire et des mécanismes de rationalisation du parlementarisme n'ont effectivement permis à l'Assemblée nationale de ne renverser que trois Gouvernements sous la Ve République (dans des périodes justement marquées par l'absence, au moins temporaire, du fait majoritaire)[2].

---

[1] *Cf.* Partie 1 - Chapitre 2 - Section 2.

[2] L'Assemblée nationale a ainsi adopté, le 5 octobre 1962, une motion de censure sur le fondement de l'article 49, alinéa 2 de la Constitution entraînant la démission du Gouvernement de Georges Pompidou. Or, on considère généralement que le fait majoritaire n'est apparu qu'à la suite des élections législatives de novembre 1962. La première chambre a également adopté, le 4 décembre 2024, une motion de censure sur le fondement de l'article 49, alinéa 3 de la Constitution entraînant la démission du Gouvernement de Michel Barnier. Cette assemblée a enfin refusé, le 8 septembre 2025, la confiance au Gouvernement de François Bayrou qui l'avait sollicitée sur le fondement de l'article 49, alinéa 1 de la Constitution, entraînant ainsi sa chute. Or, les résultats des élections législatives de juillet 2024, qui n'ont pas permis de

En dépit de ces éléments, il est possible de relever que, par le biais de son pouvoir parlementaire et de sa fonction délibérante, le Parlement peut opérer un contrôle sur le droit gouvernemental. Un tel contrôle peut apparaître comme un complément au contrôle juridictionnel avec lequel il coexiste puisque par son caractère informatif, il peut pallier les limites et les insuffisances de ce dernier (§ 1). De même, ce contrôle parlementaire du droit gouvernemental peut être considéré comme un prolongement du contrôle de l'action du Gouvernement – prévu à l'article 24 de la Constitution – en ce qu'il permet de contrôler le droit qui encadre cette action et ce, tant pour le Gouvernement *stricto sensu* que pour le Président de la République (§ 2).

§ 1. Un complément au contrôle juridictionnel

Le contrôle parlementaire du droit gouvernemental peut apparaître comme un complément à son contrôle juridictionnel à un double titre. D'une part, le contrôle opéré par le juge présente certaines limites. Celles-ci peuvent alors rendre d'autant plus nécessaire l'existence d'un contrôle parlementaire de ce même droit gouvernemental car ce contrôle permettrait de pallier les insuffisances de celui opéré par le juge. D'autre part, le

---

dégager une majorité claire et constante à l'Assemblée nationale, ont justement entraîné la disparition, au moins temporaire, du fait majoritaire.
Notons toutefois que cette conception qui consiste à évaluer l'effectivité de ce contrôle exercé par le Parlement sur le Gouvernement au nombre de gouvernements renversés – et donc au nombre de sanctions – est contestable. En effet, dès lors que l'on considère que le Parlement exerce une fonction délibérante et dispose pour ce faire d'un pouvoir parlementaire, l'effectivité de ce contrôle devrait être évaluée au nombre de motions de censure déposées et au nombre de vote de confiance sollicités car ce sont eux qui permettent effectivement à l'Assemblée nationale d'exprimer publiquement la pluralité des opinions en vue d'exercer une influence.

contrôle exercé par le Parlement, par le biais de son pouvoir parlementaire et de sa fonction délibérante, n'a pas pour objet de sanctionner mais plutôt d'informer.

Les limites du contrôle juridictionnel

Le droit gouvernemental, tout comme le droit parlementaire, peut faire l'objet d'un contrôle juridictionnel. Derrière cette similitude se cache un certain nombre de différences puisque le contrôle juridictionnel de chacun de ces champs disciplinaires présente certaines spécificités par rapport à l'autre. Certaines des sources de ces deux champs disciplinaires (Constitution et loi) étant identiques – et donc soumises au même contrôle juridictionnel – ces spécificités ne concernent que la partie auto-normée de chacun d'entre eux. Nous avons toutefois préalablement vu qu'elle en constitue une part essentielle puisque le droit gouvernemental, comme le droit parlementaire, sont en grande partie produits par ceux-là même auquel ils s'appliquent[1]. Ces spécificités sont alors autant de limites et d'insuffisances que présente le contrôle juridictionnel du droit gouvernemental. Deux d'entre elles peuvent être présentées.

Alors que le droit parlementaire est essentiellement contrôlé par le Conseil constitutionnel dans le cadre du contrôle des règlements des assemblées prévu par l'article 61, alinéa 1er de la Constitution, le droit gouvernemental est essentiellement contrôlé par le juge administratif dans le cadre du contrôle des actes administratifs. Damien Connil relève ainsi qu'« à la compétence restreinte du juge administratif en matière de droit parlementaire, s'oppose une compétence étendue – et pour cause : car, de principe – pour ce qui est du droit gouvernemental et, plus largement,

[1] *Cf.* Partie 2 - Chapitre 1er - Section 1.

du contrôle des actes de l'exécutif »[1]. Il résulte alors de cette différence que si le contrôle juridictionnel du droit parlementaire est obligatoire celui du droit gouvernemental est facultatif. De ce point de vue, le contrôle juridictionnel du droit gouvernemental peut présenter des limites par rapport à celui du droit parlementaire : si les règles produites par le Parlement pour s'auto-organiser sont obligatoirement contrôlées par le juge constitutionnel, celles produites par le gouvernement dans le même but ne le sont que facultativement par le juge administratif. Cette différence de traitement peut d'ailleurs s'expliquer en grande partie par la volonté des constituants de 1958 de rationaliser le parlementarisme, c'est-à-dire d'encadrer les pouvoirs du Parlement et de renforcer la place du gouvernement *lato sensu*.

Par ailleurs, le Conseil constitutionnel semble exercer un contrôle vigilant sur les règlements des assemblées parlementaires contrairement au contrôle exercé par le juge administratif sur les actes relatifs au droit gouvernemental. Pierre Avril, Jean Gicquel et Jean-Éric Gicquel notent ainsi qu'« à travers les 86 décisions rendues au titre de l'article 61, alinéa 1er C sur les règlements à la date du 1er octobre 2022 (41 RAN, 42 RS et 3 pour le Congrès du Parlement) le contrôle exercé par le Conseil constitutionnel apparaît caractérisé par la volonté de faire rigoureusement respecter les prérogatives de l'exécutif, tout en veillant à la protection des droits des parlementaires »[2]. L'une des premières décisions du Conseil constitutionnel en matière de contrôle de constitutionnalité en atteste. En effet, en 1959, le Sénat avait instauré dans son règlement une procédure de

[1] D. CONNIL, « La (non) spécificité contentieuse du droit gouvernemental devant le juge administratif ? », *in* V. BOYER, R. RENEAU (dir.), *Pour un droit gouvernemental ?*, *op. cit.*, p. 539.
[2] P. AVRIL, J. GICQUEL, J.-É. GICQUEL, *Droit parlementaire*, *op. cit.*, p. 31.

questions orales avec débat conclues par le vote d'une proposition de résolution qui n'était pas sans rappeler la procédure de l'interpellation connue sous la IIIe République laquelle avait permis au Sénat de renverser cinq ministères. Dans sa décision du 25 juin 1959, le Conseil constitutionnel déclara cette procédure contraire à la Constitution en ce qu'elle pourrait permettre au Sénat de voter des résolutions tendant à orienter ou à contrôler l'action gouvernementale, c'est-à-dire à mettre en jeu la responsabilité du Gouvernement, sans suivre les procédures prévues aux articles 49 et 50 de la Constitution[1]. Ce faisant, le Conseil constitutionnel a exercé un contrôle strict sur le Règlement du Sénat, car en censurant cette procédure restaurant celle de l'interpellation, il a préservé la volonté des constituants de 1958 de renforcer la place du Gouvernement au sein des institutions et a ainsi joué son rôle, imaginé par ces mêmes constituants, de gardien de la rationalisation du parlementarisme. À l'inverse, pour une partie de la doctrine, le juge administratif aurait tendance à faire preuve d'auto-limitation ou de prévention lorsqu'il a à connaître d'actes relatifs au droit gouvernemental. En effet, s'interrogeant sur une éventuelle spécificité contentieuse du droit gouvernemental, Damien Connil la recherche d'abord dans le fait qu'une « partie du droit gouvernemental

---

[1] « [...] dans la mesure où de telles propositions tendraient à orienter ou à contrôler l'action gouvernementale, leur pratique serait contraire aux dispositions de la Constitution, qui, dans son article 20, en confiant au gouvernement la détermination et la conduite de la politique de la nation, ne prévoit la mise en cause de la responsabilité gouvernementale devant le Parlement que dans les conditions fixées par les articles 49 et 50 ; que l'article 49 dernier alinéa de la Constitution, fixe la seule procédure d'application devant le Sénat dudit article 20 et ce nonobstant le fait que les conséquences de cette procédure ne soient pas visées à l'article 50 de la Constitution » (CC, décision n° 59-3 DC du 25 juin 1959, *Règlement du Sénat*, *JO*, 3 juillet 1959, p. 6643, *Rec.* p. 61). Pour approfondir, voir : V. BOYER, *La gauche et la seconde chambre de 1945 à nos jours*, *op. cit.*, p. 139-140.

échappe […] au contrôle du juge »[1]. Il est vrai que, comme l'a souligné Matthieu Caron, le droit gouvernemental est régi, en partie, « par des "petites sources" intragouvernementales, c'est-à-dire par des "*interna acta corporis*". Ces actes intimes du Gouvernement, "sorte de *shadow-legislation*", se caractérisent par leur faible degré de justiciabilité »[2]. Damien Connil note toutefois qu'il « ne semble pas ici en aller différemment (ou très différemment) de l'organisation interne de l'administration »[3]. De ce point de vue, il est d'ailleurs possible de relever que les « mesures intérieures [autres que le règlement des assemblées], et notamment l'Instruction générale du Bureau pour l'application pratique du Règlement, ne sont pas soumises au Conseil constitutionnel. […] Ne sont pas davantage soumis au contrôle du Conseil les règlements intérieurs des délégations parlementaires et offices parlementaires dont les articles 6 *bis* à 6 *decies* de l'ordonnance du 17 novembre 1958 prévoient qu'elles les établissent »[4]. Damien Connil

---

[1] D. CONNIL, « La (non) spécificité contentieuse du droit gouvernemental devant le juge administratif ? », *in* V. BOYER, R. RENEAU (dir.), *Pour un droit gouvernemental ?*, *op. cit.*, p. 541.

[2] M. CARON, *L'autonomie organisationnelle du Gouvernement. Recherche sur le droit gouvernemental de la Ve République*, *op. cit.*, p. 94.

[3] D. CONNIL, « La (non) spécificité contentieuse du droit gouvernemental devant le juge administratif ? », *in* V. BOYER, R. RENEAU (dir.), *Pour un droit gouvernemental ?*, *op. cit.*, p. 541-542.

[4] P. AVRIL, J. GICQUEL, J.-É. GICQUEL, *Droit parlementaire*, *op. cit.*, p. 30.

S'agissant de l'Instruction générale du Bureau de l'Assemblée nationale, Antonin Gelbat précise par exemple que son article 13-1, alinéa 4 « interdit la délégation du droit de vote au scrutin secret alors que le Conseil a censuré une disposition similaire que le Sénat avait tenté d'inclure dans son règlement ». Cet auteur précise en outre, qu'échappent également au contrôle de constitutionnalité les « décisions de la Conférence des Présidents comme l'illustre d'ailleurs la gestion de la crise sanitaire par cette institution au printemps 2020.

recherche ensuite la spécificité contentieuse du droit gouvernemental dans l'incompétence du juge administratif pour tout recours dirigé contre des actes de gouvernement mais il note que « cette spécificité n'est pas propre au droit gouvernemental dès lors que tous les actes de gouvernement [...] ne concernent pas nécessairement et exclusivement le droit gouvernemental [...] et que, inversement, le droit gouvernemental ne se réduit pas aux actes de gouvernement »[1]. Pour cet auteur, la spécificité contentieuse du droit gouvernemental résiderait alors, peut-être, dans la « préoccupation [d'auto-limitation] ou prévention » du juge en la matière, « ce qui ne veut pas dire qu'il ne [...] contrôle pas [les actes relatifs au droit gouvernemental], comme dans l'hypothèse exceptionnelle des actes de gouvernement pour lesquels il s'estime incompétent, mais qu'il peut être conduit à porter sur eux un regard particulier voire à faire preuve de "retenue" »[2].

Parce que le contrôle juridictionnel du droit gouvernemental produit par le gouvernement n'est pas un contrôle obligatoire et parce qu'en la matière le juge administratif peut faire preuve de retenue, ce contrôle présente certaines limites. L'existence de ce contrôle ne prive donc pas d'intérêt un contrôle parlementaire. Bien au contraire, ses caractéristiques – et les limites qu'elles révèlent – rendent ce contrôle d'autant plus nécessaire : le contrôle parlementaire du droit gouvernemental pourrait

---

Les députés comme la doctrine se sont interrogés quant à la compatibilité de ses décisions avec le principe du vote personnel, la liberté du mandat parlementaire ou les exigences de clarté et de sincérité des débats parlementaires » (A. GELBAT, « (Dés)aveu prétorien quant à la mise en place d'un "état d'urgence parlementaire" », *JP Blog*, 9 avril 2021).

[1] D. CONNIL, « La (non) spécificité contentieuse du droit gouvernemental devant le juge administratif ? », *in* V. BOYER, R. RENEAU (dir.), *Pour un droit gouvernemental ?*, *op. cit.*, p. 544.

[2] *Ibid.*, p. 545.

permettre de pallier les insuffisances de celui opéré par le juge et peut de ce fait être envisagé comme son complément. Il le peut d'autant plus que ce contrôle exercé par le Parlement n'a pas pour objet de sanctionner mais plutôt d'informer.

Le caractère informatif du contrôle parlementaire

Si par le biais de son pouvoir parlementaire et de sa fonction délibérante, le Parlement exerce un contrôle sur le droit gouvernemental, ce contrôle n'a pas pour objet de sanctionner le droit gouvernemental. Il faut en effet relever que, de manière générale, l'expression de « contrôle parlementaire » ne renvoie pas nécessairement et exclusivement à un contrôle-sanction.

Francis Hamon et Michel Troper affirment ainsi que, si en régime parlementaire le Parlement contrôle le Gouvernement, « ce contrôle doit être entendu à la fois dans un sens faible et dans un sens fort ». Plus précisément, le « contrôle au sens faible présente un caractère simplement informatif : il s'exerce selon des procédures qui permettent aux parlementaires de demander et d'obtenir des informations concernant l'activité du gouvernement ou le fonctionnement des services administratifs placés sous l'autorité de celui-ci ». Le contrôle au sens fort présente quant à lui « un caractère sanctionnateur : il s'exerce selon des procédures qui permettent de mettre en jeu la responsabilité du gouvernement, de le renverser »[1]. S'agissant du contrôle au sens faible, Francis Hamon et Michel Troper précisent qu'il s'exerce par trois procédures : « les questions, les commissions d'enquête et

[1] F. HAMON, M. TROPER, *Droit constitutionnel*, LGDJ, 30e édition, 2007, p. 716.
Cette distinction apparaît moins clairement dans les dernières éditions de ce même manuel.

de contrôle, les résolutions »[1]. S'agissant du contrôle au sens fort, ces auteurs relèvent qu'il s'exerce dans le cadre des règles prévues aux articles 20, 49 et 50 de la Constitution[2].

Ariane Vidal-Naquet opère également une distinction qui rejoint cette analyse. Cherchant à définir l'expression de « contrôle parlementaire » et s'appuyant sur la définition que le *Trésor de la Langue Française* propose du « contrôle », elle en distingue « plusieurs nuances ». Elle identifie tout d'abord « la surveillance », c'est-à-dire « une observation attentive pour comprendre le comportement de quelqu'un dont on peut, au surplus, se sentir responsable », qui est notamment assurée par le biais des questions et des commissions d'enquête et de contrôle. La deuxième nuance du contrôle est ensuite « la vérification » qui « correspond alors à l'examen de la conformité de quelque chose à des attentes, des exigences particulières et préétablies » et qui pourrait s'apparenter à l'évaluation des politiques publiques. La « direction » constitue en outre la troisième nuance du contrôle : « le contrôle parlementaire entend diriger le Gouvernement, c'est-à-dire le guider, le conduire dans une certaine direction, l'orienter ». Ce contrôle est mis en œuvre par le vote des résolutions (sur le fondement de l'article 34-1 ou de l'article 88-4 de la Constitution) ou les déclarations du Gouvernement. Enfin, « la domination » est l'ultime nuance du contrôle. Le contrôle s'apparente alors « à toutes les possibilités de renverser celui ou ceux sur lesquels il s'exerce » et s'opère donc par le biais des procédures permettant au Parlement de mettre en jeu la responsabilité politique du Gouvernement[3]. Ariane Vidal-

---

[1] *Ibid.*, p. 716.
[2] *Ibid.*, p. 728.
[3] A. VIDAL-NAQUET, « L'unité gouvernementale par le contrôle du Parlement », *in* V. BOYER, R. RENEAU (dir.), *Pour un droit gouvernemental ?*, *op. cit.*, p. 244-245.

Naquet note ainsi que « le contrôle ne se réduit pas à la sanction et à l'engagement de la responsabilité politique du Gouvernement, bien que la confusion ait pu être, un temps, entretenue entre les deux, à la fois par les textes et par la jurisprudence »[1].

Dans ces conditions, le contrôle parlementaire du droit gouvernemental peut être appréhendé comme ayant pour objet, non pas de sanctionner le droit gouvernemental, mais de permettre au Parlement, par le biais de sa fonction délibérante et de son pouvoir parlementaire, de s'informer sur le droit gouvernemental. Appliquant la distinction retenue par Ariane Vidal-Naquet, ce contrôle permet au Parlement de s'informer sur le contenu de ce droit (ce qui renvoie à la surveillance), d'en souligner les éventuelles incohérences, insuffisances (ce qui renvoie à la vérification) et d'en proposer des modifications (ce qui renvoie à la direction). Le rapport de la mission d'information du Sénat sur l'« affaire Benalla »[2] en constitue le parfait exemple puisque, comme en atteste ses

[1] *Ibid.*, p. 246.
Ariane Vidal-Naquet précise ainsi que « la polarisation du texte constitutionnel sur la question de l'engagement de la responsabilité, qui apparaît comme la manifestation la plus évidente du contrôle parlementaire, explique l'assimilation entre contrôle parlementaire et sanction ». Elle ajoute que la « confusion a également été entretenue par la jurisprudence constitutionnelle, qui, dès les premières décisions rendues sur le règlement des assemblées, n'a envisagé le contrôle parlementaire qu'à travers la mise en jeu de la responsabilité gouvernementale » (*Ibid.*, p. 246).

[2] Doc. Sénat, n° 324, 20 février 2019, *Rapport d'information fait au nom de la commission des lois constitutionnelles, de législation, du suffrage universel, du Règlement et d'administration générale sur la mission d'information sur les conditions dans lesquelles des personnes n'appartenant pas aux forces de sécurité intérieure ont pu ou peuvent être associées à l'exercice de leurs missions de maintien de l'ordre et de protection de hautes personnalités et le régime des sanctions applicables en cas de manquements*.

conclusions, cette mission d'information a permis au Parlement d'avoir connaissance de certaines règles relatives à l'organisation interne des services de la présidence de la République, d'en relever les limites et d'en proposer des évolutions[1]. Ainsi, si le contrôle du droit gouvernemental par le Parlement n'est pas un contrôle sanction, il n'en demeure pas moins un contrôle informatif qui est tout aussi important.

Il résulte des développements précédents que le contrôle parlementaire du droit gouvernemental complète son contrôle juridictionnel avec lequel il coexiste. Les limites de ce dernier révèlent toute l'utilité du premier. Deux remarques peuvent alors être formulées.

Premièrement, le contrôle parlementaire du droit gouvernemental, bien qu'étant un contrôle-informatif et non un contrôle-sanction, peut être perçu comme permettant de limiter le déséquilibre originel entre le contrôle constitutionnel du règlement des assemblées (obligatoire et opéré de manière vigilante par le Conseil constitutionnel) et le contrôle administratif des actes relatifs au droit gouvernemental (facultatif et pouvant être réalisé avec retenue par le juge administratif). Ce constat est d'ailleurs conforté par l'absence de contrôle gouvernemental du droit parlementaire.

Deuxièmement, la complémentarité évoquée entre le contrôle parlementaire et le contrôle juridictionnel du droit gouvernemental doit être d'autant plus soulignée que les parlementaires ne peuvent pas être à l'origine d'un recours juridictionnel contre les actes administratifs relatifs au droit gouvernemental. En effet, « la réserve du juge administratif [...] le conduit à [...] refuser [aux parlementaires] un intérêt

[1] *Ibid.*, p. 111-116.

à agir en matière de recours pour excès de pouvoir »[1]. Les parlementaires ne peuvent donc pas, en cette qualité, saisir le juge administratif pour contester un acte administratif relatif au droit gouvernemental. D'ailleurs, si certaines propositions de loi visent à reconnaître un tel intérêt à agir aux parlementaires, ou du moins à certains d'entre eux, par la voie du recours pour excès de pouvoir, celui-ci ne pourrait être intenté, selon les propositions, que contre certains actes administratifs. La proposition de loi sénatoriale du 23 décembre 2010 prévoit ainsi que « les membres de l'Assemblée nationale et du Sénat sont réputés justifier d'une qualité leur donnant intérêt à agir par la voie du recours pour excès de pouvoir contre une mesure réglementaire édictant une disposition relevant du domaine de la loi, une mesure réglementaire contraire à une disposition législative, ou contre le refus du Premier ministre de prendre dans un délai raisonnable les mesures réglementaires d'application d'une disposition législative »[2]. La proposition de loi sénatoriale du 16 juin 2021 précise quant à elle que « les présidents des assemblées parlementaires, les présidents de groupe politique de ces assemblées et les présidents de leurs commissions permanentes ont chacun intérêt à agir en cette seule qualité, par la voie du recours pour excès de pouvoir [...] contre le refus de prendre dans un délai raisonnable les mesures réglementaires d'application d'une disposition législative ; [...] contre une ordonnance prise sur le fondement de l'article 38 de la Constitution lorsque l'un des moyens soulevés est tiré de ce que cette ordonnance

[1] O. RENAUDIE, « Permettre au Parlement de saisir le juge administratif ? Une mise en perspective », *Revue générale du droit on line*, 2020, n° 53074.

[2] Doc., Sénat, n° 203, 23 décembre 2010, *Proposition de loi tendant à reconnaître une présomption d'intérêt à agir des membres de l'Assemblée nationale et du Sénat en matière de recours pour excès de pouvoir.*

méconnaîtrait le champ de l'habilitation fixé par la loi ; [...] contre un acte réglementaire autorisant la ratification ou l'approbation d'un traité lorsque le moyen unique soulevé est tiré de ce que cette autorisation aurait dû être accordée par la loi en vertu de l'article 53 de la Constitution »[1]. Ne sont donc pas concernés tous les actes administratifs et notamment ceux relatifs au droit gouvernemental.

Dans tous les cas, s'il convient ainsi de souligner la complémentarité entre le contrôle parlementaire du droit gouvernemental et son contrôle juridictionnel, il convient également de relever que le premier est le prolongement du contrôle de l'action du Gouvernement.

§ 2. Un prolongement du contrôle de l'action du Gouvernement

L'article 24 de la Constitution précise que le Parlement exerce le contrôle de « l'action du Gouvernement ». Le contrôle par les assemblées du droit gouvernemental peut alors être considéré comme le prolongement de celui-ci : à l'occasion du contrôle de l'action du Gouvernement, le Parlement peut contrôler le droit qui encadre cette action gouvernementale.

Le contrôle de l'action du Gouvernement

Dire que le contrôle parlementaire du droit gouvernemental peut être considéré comme le prolongement du contrôle de l'action du Gouvernement semble contenir une contradiction. En effet, « l'action du Gouvernement », mentionnée à l'article 24 de la Constitution, ne renvoie qu'au Gouvernement *stricto sensu*, alors que la définition ici retenue du droit gouvernemental –

---

[1] Doc., Sénat, n° 696, 16 juin 2021, *Proposition de loi tendant à reconnaître aux membres de l'Assemblée nationale et du Sénat un intérêt à agir en matière de recours pour excès de pouvoir.*

« droit encadrant l'exercice du pouvoir gouvernant et la réalisation de la fonction gouvernementale par le gouvernement *lato sensu* »[1] – fait également référence au Président de la République. Comment un contrôle portant sur le droit applicable au Gouvernement *stricto sensu* et au Président de la République peut-il être le prolongement d'un contrôle portant sur l'action du seul Gouvernement *stricto sensu* ? À travers cette question, semble se poser le problème de la différence du périmètre organique de chacun de ces contrôles.

Tel n'est pourtant pas forcément le cas. Si le contrôle de l'action du Gouvernement porte sur l'action du Gouvernement *stricto sensu*, il peut également porter, en pratique, sur l'action du gouvernement *lato sensu*. Le contrôle parlementaire de l'action du Gouvernement *stricto sensu* a effectivement tendance à s'étendre à l'action du Président de la République. Ariane Vidal-Naquet relève ainsi que « plusieurs pratiques soulignent l'attraction de la présidence de la République dans le périmètre du contrôle du Parlement »[2].

Elle note tout d'abord que « de très nombreuses questions orales au gouvernement visent, en réalité, l'action du Président de la République, qu'il s'agisse, pour la majorité, de l'approuver ou, pour l'opposition, de la critiquer, ce qui n'empêche pas le Gouvernement de veiller, dans ses réponses, à cantonner son propos à l'action gouvernementale [...], afin de ne pas impliquer le chef de l'État ». L'auteur ajoute d'ailleurs que « le processus est le même pour ce qui est des questions écrites. Les questions

---

[1] V. BOYER, R. RENEAU, « Conclusion – Pour un droit gouvernemental (?) », *in* V. BOYER, R. RENEAU (dir.), *Pour un droit gouvernemental ?*, *op. cit.*, p. 662.

[2] A. VIDAL-NAQUET, « L'unité gouvernementale par le contrôle du Parlement », *in* V. BOYER, R. RENEAU (dir.), *Pour un droit gouvernemental ?*, *op. cit.*, p. 249-250.

mentionnent ou citent quelquefois la présidence de la République mais la réponse à la question, elle, évite d'y faire référence »[1].

Ariane Vidal-Naquet relève encore que « par leur objet, les commissions parlementaires, qu'elles soient commissions permanentes ou commissions d'enquête, ont visé à la fois la présidence de la République et le Gouvernement comme pour l'affaire Outreau, la libération des infirmières bulgares ou encore pour les dépenses d'études d'opinions relevant des crédits budgétaires votés par le Parlement depuis 2007 »[2]. La mission d'information du Sénat sur « l'affaire Benalla » peut également en être une illustration, d'autant que l'une des propositions de son rapport vise justement à « conforter le pouvoir de contrôle du Parlement sur les services de la présidence de la République »[3].

Ariane Vidal-Naquet note enfin qu'« en pratique, toutes les motions de censure visent, plus ou moins directement, la présidence de la République. Il en va tout particulièrement ainsi de la [...] motion de censure adoptée [le] 5 octobre 1962, qui vise très explicitement le Président de la République, accusé d'avoir violé la Constitution en recourant à l'article 11 pour la réviser. Plus généralement, de nombreuses motions de censure, non abouties, visent le chef de l'État, qu'elles ne peuvent qu'atteindre,

[1] *Ibid.*, p. 250-251.
[2] *Ibid.*, p. 251.
[3] Doc. Sénat, n° 324, 20 février 2019, *Rapport d'information fait au nom de la commission des lois constitutionnelles, de législation, du suffrage universel, du Règlement et d'administration générale sur la mission d'information sur les conditions dans lesquelles des personnes n'appartenant pas aux forces de sécurité intérieure ont pu ou peuvent être associées à l'exercice de leurs missions de maintien de l'ordre et de protection de hautes personnalités et le régime des sanctions applicables en cas de manquements*, Proposition n° 11.

platoniquement, à travers l'engagement de la responsabilité politique du Gouvernement »[1].

Ces exemples montrent bien que si le contrôle de l'action du Gouvernement prévu à l'article 24 de la Constitution ne concerne *a priori* que le Gouvernement *stricto sensu*, il vise en pratique tant l'action de ce dernier que celle du Président de la République. Un tel élargissement peut être théoriquement contestable même s'il se comprend compte tenu de la pratique présidentialiste des institutions. Cette controverse a d'ailleurs été au cœur de « l'affaire Benalla » et a « provoqué une forme de scission au sein de la doctrine »[2]. Certains, telle Anne Levade, relèvent que « si le Parlement est fondé à contrôler le gouvernement, il ne saurait en aller de même lorsqu'il s'agit de l'Élysée »[3]. D'autres, tel Guillaume Drago, précisent qu'il faut admettre « un élargissement du contrôle parlementaire à l'ensemble du pouvoir exécutif, présidence comprise, pour une raison – d'ordre constitutionnel ou politique – qui tient aux spécificités du pouvoir exécutif sous la Ve République »[4].

Il n'en reste pas moins, qu'à l'occasion du contrôle parlementaire de l'action du Gouvernement – concernant en théorie le seul Gouvernement *stricto sensu*, mais pouvant s'étendre en pratique au Président de la République –, le

---

[1] A. VIDAL-NAQUET, « L'unité gouvernementale par le contrôle du Parlement », *in* V. BOYER, R. RENEAU (dir.), *Pour un droit gouvernemental ?*, *op. cit.*, p. 255.
Voir également en ce sens, la motion de censure déposée le 2 décembre 2024 en application de l'article 49, alinéa 3 de la Constitution et adoptée le 4 décembre 2024.

[2] V. BOYER, R. RENEAU, « Introduction – Pourquoi un droit gouvernemental ? », *in* V. BOYER, R. RENEAU (dir.), *Pour un droit gouvernemental ?*, *op. cit.*, p. 25.

[3] A. LEVADE, « Passe d'armes autour de la séparation des pouvoirs », *L'Express*, 27 février 2019.

[4] G. DRAGO, « À l'occasion de l'affaire Benalla, le Sénat étend son contrôle de l'exécutif… à juste titre », *Le Figaro*, 26 février 2019.

Parlement peut prolonger ce contrôle par un contrôle portant sur le droit gouvernemental.

Le contrôle du droit gouvernemental

Le contrôle du droit gouvernemental par le Parlement est le prolongement du contrôle de l'action du Gouvernement puisqu'il s'agit alors de contrôler le droit qui régit cette action gouvernementale. Contrôler le droit gouvernemental, c'est en effet contrôler le droit qui a pour objet d'encadrer l'exercice du pouvoir gouvernant et la réalisation de la fonction gouvernementale par le gouvernement *lato sensu*. D'ailleurs, le contrôle du droit gouvernemental est opéré selon les procédures permettant le contrôle de l'action du Gouvernement et à l'occasion de celles-ci. Cela signifie qu'ayant la possibilité d'exercer un contrôle sur l'action du Gouvernement, le Parlement peut faire porter son contrôle, non pas directement sur la fonction et le pouvoir de celui-ci, mais sur les règles les régissant, c'est-à-dire sur le droit gouvernemental. Matthieu Caron note ainsi que « le Parlement (par le biais de sa fonction de contrôle) [peut] s'immiscer dans l'ordre gouvernemental intérieur »[1].

Tel est le cas au travers de la procédure des questions. Matthieu Caron précise par exemple que « poser des questions orales et des questions écrites au Gouvernement [est] un merveilleux mécanisme de contrôle de l'activité gouvernementale intérieure ainsi que l'a illustré le travail de contrôle du député René Dosière sur le financement du pouvoir exécutif »[2]. En effet, en posant des questions relatives au budget et aux dépenses de l'Élysée et du

---

[1] M. CARON, « Le pouvoir gouvernant en question. Pouvoir exécutif, pouvoir gouvernant et droit gouvernemental », *in* P. JENSEL-MONGE, A. VIDAL-NAQUET (dir.), *Du pouvoir exécutif au pouvoir gouvernant*, *op. cit.*, p. 188.

[2] M. CARON, *Droit gouvernemental*, *op. cit.*, p. 176.

Gouvernement, ce sont des aspects du droit gouvernemental – telles les règles d'emplois des collaborateurs du Président de la République et la rémunération des membres des cabinets ministériels – qui sont finalement contrôlés[1].

Les commissions parlementaires permettent également d'opérer un tel contrôle. Matthieu Caron évoque sur ce point les commissions d'enquête dont les travaux, même s'ils portent « moins sur le contrôle de l'ordre intérieur que sur le contrôle de la politique gouvernementale […] peuvent concerner le contrôle de l'organisation gouvernementale » et donc du droit gouvernemental. Cet auteur cite ainsi l'exemple « de la Commission sur l'affaire Habache relative à la responsabilité des collaborateurs de cabinet ministériel (1992), de la Commission sur l'affaire Cahuzac (2012) ou encore, de la […] Commission du Sénat sur les mutations de la Haute fonction publique et ses conséquences sur le fonctionnement des institutions (2018) »[2]. Matthieu Caron dresse un constat similaire pour les commissions permanentes lorsqu'elles créent en leur sein des missions d'information. Il précise, en effet, que « les travaux de ces missions sont essentiellement

---

[1] Voir en ce sens : M. CARON, A. LE MOAL, « René Dosière, un parlementaire au service de la transparence financière de la vie publique », *RFFP*, 2016, n° 136, p. 253 ; M. CARON, R. JUANICO, Ch. PIRES-BEAUNE, « Rendre plus transparent le train de vie du Gouvernement », *Observatoire de l'éthique publique*, note n° 6, 17 juillet 2019.
Le même constat peut être formulé s'agissant de la rémunération et des avantages matériels du chef de l'État, du Premier ministre et des autres membres du Gouvernement : « À force de questions au Gouvernement posées par nos parlementaires […] bien des évolutions ont eu lieu qui rendent désormais un peu moins secrets les rémunérations et avantages en nature octroyés au pouvoir exécutif » (L. SPONCHIADO, « La rémunération et les avantages matériels des membres du pouvoir exécutif français », *op. cit.*).

[2] M. CARON, *Droit gouvernemental*, *op. cit.*, p. 175-176.

consacrés à la politique gouvernementale [mais qu'ils] peuvent également porter sur l'ordre intérieur du Gouvernement » et donc sur le droit gouvernemental « à l'image des Missions sur le contrôle des services du Premier ministre (2008), la modernisation du Quai d'Orsay (2009), la réorganisation du ministère de la Défense (2013) [...], l'affaire Benalla (2019) ou le contrôle des processus de gestion de postes diplomatiques (2019) »[1].

Plus précisément, et pour s'en tenir à un seul de ces exemples, si la mission d'information du Sénat sur l'« affaire Benalla »[2] était principalement destinée « à contrôler les conditions et les modalités de l'intervention d'un membre de l'exécutif dans une tâche matérielle de police », elle a permis « une réflexion générale sur l'organisation et le fonctionnement de l'exécutif, qu'il s'agisse de ses membres ou de leurs entourages. L'une des nombreuses conclusions tirées [...] réside en l'occurrence dans le constat de l'approfondissement nécessaire de la transparence dans le fonctionnement de l'exécutif »[3]. Pour cette raison, nous avons précédemment pu affirmer que cette mission d'information a permis aux sénateurs d'avoir connaissance de certaines règles relatives à l'organisation interne des services de la présidence de la République, d'en

---

[1] *Ibid.*, p. 176.

[2] Doc. Sénat, n° 324, 20 février 2019, *Rapport d'information fait au nom de la commission des lois constitutionnelles, de législation, du suffrage universel, du Règlement et d'administration générale sur la mission d'information sur les conditions dans lesquelles des personnes n'appartenant pas aux forces de sécurité intérieure ont pu ou peuvent être associées à l'exercice de leurs missions de maintien de l'ordre et de protection de hautes personnalités et le régime des sanctions applicables en cas de manquements.*

[3] V. BOYER, R. RENEAU, « Introduction – Pourquoi un droit gouvernemental ? », *in* V. BOYER, R. RENEAU (dir.), *Pour un droit gouvernemental ?*, *op. cit.*, p. 16.

relever les limites et d'en proposer des évolutions[1]. Ainsi, parmi les treize propositions de la mission, un grand nombre d'entre elles sont relatives à des règles relevant du droit gouvernemental[2], y compris lorsque les modifications proposées ne peuvent être réalisées que par le gouvernement lui-même[3]. L'évocation de cette affaire permet en outre de souligner que le contrôle parlementaire porte alors sur le droit gouvernemental applicable tant au Gouvernement *stricto sensu* qu'au Président de la République.

L'engagement de la responsabilité politique du Gouvernement peut également permettre au Parlement d'opérer un contrôle du droit gouvernemental. Telles sont les conclusions qui ressortent des débats ayant eu lieu à l'Assemblée nationale à la suite du dépôt de deux motions de censure le 31 juillet 2018. Faisant suite aux révélations sur cette même « affaire Benalla », la discussion sur ces deux motions de censure a ainsi porté sur l'organisation des services de la présidence de la République et du ministère de l'Intérieur. Illustration du contrôle alors opéré sur le droit gouvernemental, Christian Jacob a par exemple demandé, à cette occasion, que « l'organisation de la sécurité du Président soit désormais définie par la loi »[4].

---

[1] Doc. Sénat, n° 324, 20 février 2019, *Rapport d'information fait au nom de la commission des lois constitutionnelles, de législation, du suffrage universel, du Règlement et d'administration générale sur la mission d'information sur les conditions dans lesquelles des personnes n'appartenant pas aux forces de sécurité intérieure ont pu ou peuvent être associées à l'exercice de leurs missions de maintien de l'ordre et de protection de hautes personnalités et le régime des sanctions applicables en cas de manquements*, p. 111-116.

[2] Tel est notamment le cas des propositions n° 1, 2, 3, 4 et 7 (*Ibid.*, p. 117).

[3] Tel est par exemple le cas de la proposition n° 2 (*Ibid.*, p. 117).

[4] A.N., 1ère séance du mardi 31 juillet 2018, *JO*, n° 99, p. 8368.

Il apparaît donc que toutes les procédures qui permettent au Parlement, par le biais de son pouvoir parlementaire et de sa fonction délibérante, de contrôler l'action du Gouvernement, peuvent permettre aux assemblées d'opérer un contrôle sur le droit gouvernemental applicable tant au Gouvernement *stricto sensu* qu'au Président de la République. Ce contrôle peut, de ce fait, être considéré comme le prolongement de celui opéré, en vertu de l'article 24 de la Constitution, sur l'action du Gouvernement.

Complétant le contrôle juridictionnel et prolongeant le contrôle de l'action du Gouvernement, le contrôle parlementaire du droit gouvernemental peut dessiner de réelles possibilités d'encadrement du droit gouvernemental par le Parlement. De ce point de vue, si le contrôle parlementaire est parfois critiqué pour son inefficacité et pour sa faiblesse[1], il est possible de trouver dans le contrôle du droit gouvernemental de nouveaux motifs d'espoir. En effet, en exerçant ce contrôle, dans le cadre de l'exercice de son pouvoir parlementaire et de sa fonction délibérante, le Parlement pourrait contrôler la fonction et le pouvoir du gouvernement.

---

[1] Voir par exemple : É. LEMAIRE, « Carence du contrôle parlementaire et contrôle politique par les experts. À propos de la Mission d'évaluation de l'exécutif sur la gestion de la crise due au Covid-19 », *JP Blog*, 9 novembre 2021.

Conclusion du chapitre 2

Au terme de cette étude envisageant les possibilités de délimitation et de contrôle du droit gouvernemental par les assemblées, il est possible d'affirmer qu'apparaissent à ce double niveau des perspectives intéressantes. En effet, le Parlement peut délimiter l'application et le périmètre du droit gouvernemental. Il peut par ailleurs contrôler ce droit dans le prolongement du contrôle de l'action du Gouvernement. Ces possibilités de délimitation et de contrôle illustrent ainsi l'idée selon laquelle le Parlement peut être un acteur limitant du droit gouvernemental.

De ce point de vue, deux remarques peuvent être formulées. Premièrement, il convient de noter que les possibilités de contrôle sont sans doute les plus intéressantes. En effet, évoquant la délimitation de l'application du droit gouvernemental par le Parlement, nous avons pu relever que l'inverse – à savoir la délimitation du droit parlementaire par le gouvernement – était également possible. Tel n'est pas le cas s'agissant du contrôle du droit gouvernemental par le Parlement. Dans cette exclusivité réside peut-être l'importance de ce contrôle du point de vue de la revalorisation de la place du Parlement au sein des institutions. Deuxièmement, dès lors que le Parlement peut délimiter et contrôler le droit gouvernemental, il participe à la connaissance et à la formalisation de ce droit et peut alors d'autant mieux contrôler la fonction et le pouvoir du gouvernement et finalement son action.

Conclusion de la partie 2

Les rapports entre le Gouvernement et le Parlement peuvent être repensés à la lumière de l'existence d'un droit gouvernemental entendu comme « le droit encadrant l'exercice du pouvoir gouvernant et la réalisation de la fonction gouvernementale par le gouvernement *lato sensu* »[1]. Plus précisément, ils peuvent être appréhendés à l'aune de ce que le Parlement apporte au droit gouvernemental. À l'étude, il apparaît alors que les caractéristiques des sources constitutionnelles et législatives du droit gouvernemental limitent l'influence quantitative et qualitative du Parlement dans la détermination du contenu de ce droit. En revanche, les assemblées peuvent délimiter l'application et le périmètre du droit gouvernemental. Elles peuvent également le contrôler dans le prolongement du contrôle de l'action du Gouvernement. Autrement dit, si le Parlement est un acteur limité du droit gouvernemental du point de vue de ses sources et de la détermination de ses règles, il n'en reste pas moins un acteur limitant de ce même droit au niveau de sa délimitation et de son contrôle. Par conséquent, si des possibilités d'encadrement du droit gouvernemental par le Parlement existent, elles se manifestent davantage sous ces deux derniers aspects. Néanmoins, dans tous les cas – par le biais de la production, de la délimitation et du contrôle des règles de droit gouvernemental par les assemblées – apparaissent des possibilités d'action du Parlement sur le gouvernement *lato sensu* et par conséquent sur l'exercice de son pouvoir gouvernant et la réalisation de sa fonction gouvernementale.

---

[1] V. BOYER, R. RENEAU, « Conclusion – Pour un droit gouvernemental (?) », *in* V. BOYER, R. RENEAU (dir.), *Pour un droit gouvernemental ?*, *op. cit.*, p. 662.

Deux enseignements peuvent alors être relevés. D'une part, la fonction délibérante et le pouvoir parlementaire du Parlement, que nous avons préalablement identifiés, permettent effectivement d'assurer un encadrement du droit gouvernemental. D'autre part, ces possibilités d'encadrement du droit gouvernemental par le Parlement peuvent constituer une nouvelle façon d'appréhender la place du Parlement au sein des institutions et peuvent ainsi contribuer à sa revalorisation. Reste toutefois aux parlementaires à s'en saisir : « La Constitution de 1958 met à la disposition des parlementaires un arsenal d'instruments parfaitement adapté à l'exercice de l'ensemble de leurs missions [...]. Ce ne sont pas les outils juridiques qui font défaut – et qui expliquent la situation du Parlement français [...] mais, comme l'expliquait naguère Guy Carcassonne, la *volonté* de les utiliser. Pour une revalorisation du Parlement, c'est surtout une révolution des mœurs et de la culture politiques qui est indispensable »[1].

---

[1] A. FOURMONT, É. LEMAIRE, J.-J. URVOAS, « Un plaidoyer à contre-temps ? À propos du Plaidoyer pour un Parlement renforcé de Yaël Braun-Pivet », *JP Blog*, 14 décembre 2021.

Conclusion générale

Étudiant, sous la Ve République, les implications pour le Parlement de la consécration de l'existence d'un droit gouvernemental, nous pouvions *a priori* penser que les notions ainsi confrontées se situant sur deux niveaux d'analyse différents, peu d'enseignements pertinents pourraient être révélés par cette opération. Contrairement à cette idée, cet examen nous a permis de dresser un tableau fort différent.

Envisageant tout d'abord ce que le droit gouvernemental apporte au Parlement, nous avons pu relever que la définition du droit gouvernemental – qui illustre l'abandon du terme « exécutif » issu de la théorie de la séparation des pouvoirs en raison de son incapacité à traduire la réalité qu'il est censé désigner – invite pour la même raison à abandonner celui de « législatif ». De même, la définition du droit gouvernemental – qui est fondée sur une approche unifiée du gouvernement *lato sensu* qui se substitue, ou du moins complète celle, plus traditionnelle, du bicéphalisme de l'exécutif – invite à compléter l'approche unifiée du Parlement par une approche insistant sur la dualité des chambres (donc le bicamérisme) et sur leurs différences. À l'invitation du droit gouvernemental, c'est donc le constat d'une inadéquation des deux cadres conceptuels traditionnellement utilisés pour penser le Parlement sous la Ve République qui a été dressé. Dès lors, il fallait proposer un nouveau cadre conceptuel permettant de traduire la réalité du Parlement et de renouveler la réflexion y afférant. Pour ce faire, nous avons pu proposer d'identifier le pouvoir parlementaire dont dispose le Parlement (c'est-à-dire l'Assemblée nationale et le Sénat) pour l'exercice de sa fonction délibérante, proposition qui s'inscrit en miroir et en complément du pouvoir gouvernant dont dispose le gouvernement *lato sensu* (c'est-à-dire le chef de l'État et le Gouvernement) pour l'exercice de sa fonction gouvernementale.

Envisageant ensuite ce que le Parlement apporte au droit gouvernemental, nous avons pu noter que par le biais de son pouvoir parlementaire et de sa fonction délibérante, le Parlement participe à l'encadrement du droit gouvernemental au travers de sa production, de sa délimitation et de son contrôle. Sans qu'il s'agisse de nier totalement l'influence que peut avoir le Parlement sur l'élaboration et le contenu des règles constitutionnelles et législatives applicables au gouvernement, l'analyse a permis de démontrer que les caractéristiques de ces sources constitutionnelles et législatives du droit gouvernemental limitent toutefois l'influence quantitative et qualitative du Parlement dans la détermination du contenu de ce droit. Compte tenu de cet effacement, le Parlement apparaît alors comme un acteur limité du droit gouvernemental à ce niveau. À l'inverse, envisageant les possibilités de délimitation et de contrôle du droit gouvernemental par les assemblées, nous avons pu constater qu'apparaissent à ce double niveau des perspectives intéressantes. En effet, le Parlement peut délimiter l'application et le périmètre du droit gouvernemental. Il peut par ailleurs contrôler ce droit dans le prolongement de son contrôle de l'action du Gouvernement. Ces possibilités de délimitation et de contrôle illustrent ainsi l'idée selon laquelle le Parlement peut être un acteur limitant du droit gouvernemental.

De ces éléments révélant la nécessité d'une nouvelle approche du Parlement confirmée par le droit gouvernemental et attestant de la possibilité d'un encadrement de ce dernier par les assemblées, nous pouvons tirer un enseignement et quelques perspectives.

S'agissant du premier, il faut relever qu'en envisageant, sous la Ve République, le Parlement à l'aune du droit gouvernemental, les assemblées apparaissent sous un jour nouveau. Leur fonction délibérante et leur pouvoir parlementaire pourraient ainsi être mis à profit par celles-ci pour encadrer le droit gouvernemental et ce faisant pour encadrer l'action du gouvernement. Cette nouvelle appréhension du Parlement et de ses rapports avec le gouvernement, à travers l'existence d'un droit gouvernemental, constitue alors une piste pour envisager la revalorisation de la place des assemblées au sein des institutions.

Au titre des perspectives, il convient de relever que cette étude a permis d'envisager des problématiques qui n'ont fait, jusqu'à présent, que l'objet de recherches peu nombreuses, et qui ouvrent ainsi la voie à de nouvelles pistes de réflexion. La question de la délimitation et de la frontière du droit gouvernemental et du droit parlementaire, qui se pose avec une particulière acuité compte tenu de la consécration d'un droit gouvernemental, supposerait une étude plus systématique et plus complète. Il en va de même de la question du contrôle parlementaire du droit gouvernemental. Ce sont alors autant de pistes qui invitent à poursuivre la réflexion tant sur le Parlement et le gouvernement que sur leurs rapports.

BIBLIOGRAPHIE

---

1. Traités, manuels, dictionnaires

ARDANT Ph., **MATHIEU B.**, *Droit constitutionnel et institutions politiques*, LGDJ, 37e édition, 2025.

AVRIL P., **GICQUEL J.**, **GICQUEL J.-É.**, *Droit parlementaire*, LGDJ, 7e édition, 2023.

BRUNET P., **HAMON F.**, **TROPER M.**, *Droit constitutionnel*, LGDJ, 46e édition, 2025.

CADART J., *Institutions politiques et droit constitutionnel*, LGDJ, 2e édition, 1979.

CARON M., *Droit gouvernemental*, LGDJ, 2020.

CARRÉ DE MALBERG R., *Contribution à la théorie générale de l'État*, Tome deuxième, Sirey, 1922.

CHANTEBOUT B. :

– *Droit constitutionnel et science politique*, Armand Colin, 8e édition, 1988.

– *Droit constitutionnel*, Sirey, 33e édition, 2019.

CONSTANTINESCO V., **PIERRÉ-CAPS S.**, *Droit constitutionnel*, PUF, 7e édition, 2016.

CORNU G., *Vocabulaire juridique*, PUF, 15e édition, 2024.

DUHAMEL O., **MÉNY Y.**, *Dictionnaire constitutionnel*, PUF, 1992.

ESMEIN A., *Éléments de droit constitutionnel français et comparé*, Sirey, 6e édition, 1914.

FAVOREU L., **GAIA P.**, **GHEVONTIAN R.**, **MESTRE J.-L.**, **PFERSMANN O.**, **ROUX A.**, **SCOFFONI G.**, *Droit constitutionnel*, Dalloz, 28e édition, 2025.

GICQUEL J., **GICQUEL J.-É.**, *Droit constitutionnel et institutions politiques*, LGDJ, 39e édition, 2025.
GOHIN O., *Droit constitutionnel*, LexisNexis, 6e édition, 2024.
HAQUET A., *Droit constitutionnel*, Dalloz, 4e édition, 2024.
HAURIOU M., *Précis de droit constitutionnel*, Sirey, 2e édition, 1929.
KERLÉO J.-F., *La déontologie politique*, LGDJ, 2021.
LE POURHIET A.-M., *Droit constitutionnel*, Economica, 11e édition, 2021.
MÉLIN-SOUCRAMANIEN F., *Droit constitutionnel*, Sirey, 43e édition, 2025.
MOREAU F., *Précis élémentaire de droit constitutionnel (Organisation des Pouvoirs publics et Libertés publiques)*, Sirey, 9e édition, 1921.
PIERRE E., *Traité de droit politique, électoral et parlementaire*, Librairies-imprimeries réunies, 5e édition, Paris, 1924.
PORTELLI H., **EHRARD Th.**, *Droit constitutionnel*, Dalloz, 16e édition, 2025.
TUSSEAU G., *Droit constitutionnel et institutions politiques*, Seuil, 7e édition, 2024.
VEDEL G., *Manuel élémentaire de droit constitutionnel*, Sirey, 1949, rééd. Dalloz, coll. Bibliothèque Dalloz, 2002.
VERPEAUX M., *Droit constitutionnel français*, PUF, 2e édition, 2015.
VERPEAUX M., **JANICOT L.**, *Droit des collectivités territoriales*, LGDJ, 4e édition, 2025.

2. Thèses, mémoires, monographies

BARTHÉLEMY J., *Le rôle du pouvoir exécutif dans les Républiques modernes*, Paris, 1907.
BOYER V., *La gauche et la seconde chambre de 1945 à nos jours*, L'Harmattan, Paris, 2007.

CARON M., *L'autonomie organisationnelle du Gouvernement. Recherche sur le droit gouvernemental de la Ve République*, Institut Universitaire Varenne, 2015.
CHEVALIER F., *Le sénateur français 1875-1995*, LGDJ, Paris, 1998.
COMBRADE B.-L., *L'obligation d'étude d'impact des projets de loi*, Dalloz, Paris, 2017.
DE LA BIGNE DE VILLENEUVE M., *La fin du principe de séparation des pouvoirs*, Sirey, 1934.
DE MONTIS A., *La rénovation de la séance publique du Parlement français. Étude sur l'efficacité politique de la réforme constitutionnelle du 23 juillet 2008*, LGDJ, Paris, 2016.
DELCAMP A., *Le Sénat et la décentralisation*, Economica, Paris, 1991.
DUVERGER M. :
– *La Monarchie républicaine ou comment les démocraties se donnent des rois*, Robert Laffont, 1974.
– *Les constitutions de la France*, PUF, 2004.
FONDRAZ L., *Les groupes parlementaires au Sénat sous la Ve République*, Economica, Paris, 2000.
FOURMONT A., *L'opposition parlementaire en droit constitutionnel*, LGDJ, Paris, 2019.
HÉRIN J.-L., *Le Sénat en devenir*, Montchrestien, Paris, 2e édition, 2012.
JENSEL-MONGE P., *Les minorités parlementaires sous la Cinquième République*, Dalloz, Paris, 2015.
KLIMT P., *Les fonctions du Sénat français : entre continuité et mutations*, Thèse, Université de Rennes 1, 2020.
KOHLHAUER E., *Le droit politique comme théorie constitutionnelle : proposition de systématisation*, Thèse, Université de Montpellier, 2019.
MARICHY J.-P., *La deuxième Chambre dans la vie politique française depuis 1875*, LGDJ, Paris, 1969.

ROBBE F., *La représentation des collectivités territoriales par le Sénat*, LGDJ, Paris, 2001.
RUEDA F., *Le contrôle de l'activité du pouvoir exécutif par le Juge constitutionnel. Les exemples français, allemand et espagnol*, LGDJ, Paris, 2000.
VIKTOROVITCH C., *Parler, pour quoi faire ? La délibération parlementaire à l'Assemblée nationale et au Sénat (2008-2012)*, thèse, SciencesPo Paris, 2013.

3. Ouvrages collectifs

BLONDIAUX L., **MANIN B.** (dir.), *Le tournant délibératif de la démocratie*, SciencesPo Les Presses, 2021.
BOYER V., **RENEAU R.** (dir.), *Pour un droit gouvernemental ?*, IFJD, coll. « Colloques et Essais », 2022.
DEROSIER J.-Ph., **DORAY M.** (dir.), *La délibération après la révision constitutionnelle de 2008*, mare & martin, 2015.
HAMON F., **ROUSSEAU D.** (dir.), *Les institutions en question*, L'Harmattan, 1992.
JENSEL-MONGE P., **VIDAL-NAQUET A.** (dir.), *Du pouvoir exécutif au pouvoir gouvernant*, mare & martin, 2021.

4. Articles et contributions

AFROUKH M., « La portée du nouveau droit de message à la lumière de la déclaration du Président de la République au Congrès du 22 juin 2009 », *RFDC*, 2011, n° 87, p. 1-23.
AVRIL P. :
– « La majorité parlementaire ? », *Pouvoirs*, 1994, n° 68, p. 45-53.
– « La nature de la Ve République », *Cahiers français*, 2001, n° 300, p. 3-6.

BAGEHOT W. :

– « La Chambre des Communes. Les fonctions non-législatives du Parlement », *Jus Politicum*, 2012, n° 7.

– « Le travail invisible du Parlement », *Jus Politicum*, 2012, n° 7.

BEAUD O., « Le Conseil constitutionnel et le traitement du Président de la République : une hérésie constitutionnelle », *Jus Politicum*, 2013, n° 9.

BENETTI J. :

– « Les rapports entre gouvernement, groupes de la majorité et groupes d'opposition », *Jus Politicum*, 2011, n° 6, p. 1-9.

– « Le président du groupe majoritaire », *Pouvoirs*, 2013, n° 146, p. 33-42.

BERNARD S., « La réforme des mécanismes de protection des entreprises stratégiques », *AJDA*, 2019, n° 22, p. 1285.

BLACHÈR Ph., « Faut-il s'inspirer du référendum constituant italien ? », *AJDA*, 2016, n° 40, p. 2241.

BOYER V. :

– « Le Conseil constitutionnel et le découpage électoral pour les élections législatives de 2007 », *in* H. Roussillon et S. Mouton (dir.), *Les élections présidentielles et législatives de 2007*, Presses de l'Université des Sciences Sociales de Toulouse, 2007, p. 351-382.

– « Le Comité Balladur et le mode d'élection du Sénat », *Annales de l'Université Toulouse 1 Capitole*, vol. LII, 2010-2011, p. 93-112.

– « Le Sénat, contre-pouvoir au bloc majoritaire ? », *RFDC*, 2011, n° 85, p. 41-68.

– « Analyse institutionnelle de l'alternance de 2011 au Sénat », *in Mélanges en hommage à Henry Roussillon. Le pouvoir, mythes et réalité*, Presses de l'Université Toulouse 1 Capitole, 2014, p. 1190-1192.

– « Le Sénat et l'alternance (25 septembre 2011 - 1er octobre 2014) », *Politeia*, 2014, n° 26, p. 15-28.

– « Quelle gratuité des fonctions publiques électives ? », *Revue Générale des Collectivités Territoriales*, 2016, n° 59, p. 155-169.

– « Pour un Sénat désigné par tirage au sort », *Constitutions*, 2017, n° 1, p. 145-151.

– « Du tirage au sort et de l'élection en politique », *in Mélanges en l'honneur du Professeur Christian Lavialle*, Presses de l'Université Toulouse 1 Capitole, 2020, p. 129-136.

– « L'article 49, alinéa 4 C. De la volonté des constituants à la pratique politique », *Pouvoirs*, 2021, n° 176, p. 145-148.

– « La prise en compte du phénomène urbain et la redistribution des compétences des collectivités territoriales : faut-il recomposer le collège électoral sénatorial ? », *in* N. DROIN, A. GRANERO, *Le Sénat sous la Ve République, un acteur « méprisé » ?*, IFJD, coll. « Colloques et Essais », 2022.

BUGE É., **MUGNIER M.**, « Le rapporteur, clé de voûte de la délibération parlementaire », *Jus Politicum*, 2021, n° 26, p. 285-315.

BURDEAU G., « Remarques sur la classification des fonctions étatiques », *RDP*, 1945, p. 202-228.

CAMBY J.-P., « Le droit parlementaire, droit de la minorité ? », *in Mélanges Pierre Avril. La République*, Montchrestien, 2001, p. 419-434.

CAPITANT R., « La réforme du parlementarisme », *Écrits d'entre-deux-guerres (1928-1940)*, Panthéon-Assas, 2004, p. 325-342.

CARON M., **LE MOAL A.**, « René Dosière, un parlementaire au service de la transparence financière de la vie publique », *RFFP*, 2016, n° 136, p. 253.

CARON M., **JUANICO R.**, **PIRES-BEAUNE Ch.**, « Rendre plus transparent le train de vie du Gouvernement », *Observatoire de l'éthique publique*, note n° 6, 17 juillet 2019.
CARON M., « Les règlements autonomes existent… en droit gouvernemental », *AJDA*, 2021, n° 7, p. 375.
CARPENTIER M. :
– « Du système au bric-à-brac ? Le nouveau régime contentieux des ordonnances non ratifiées », *RDP*, 2021, n° 6, p. 1555.
– « Le Sénat et les ordonnances. Retour sur un curieux épisode de la vie parlementaire », *AJDA*, 2021, n° 41, p. 2380.
CLOUTIER É., « Représentation politique et représentation statistique du peuple », *Politique*, 1986, n° 9, p. 39-59.
CONNIL D., « Pour des secrétaires d'État parlementaires », *Constitutions*, 2017, n° 4, p. 534.
DAOUST M.-K., « Pourquoi délibérer ? Du potentiel épistémique à la justification publique », *Philosophiques*, 2016, vol. 43, n° 1, p. 23-48.
DE MONTALIVET P., « L'inflation des ordonnances », *RDP*, 2017, n° 1, p. 37-46.
DENQUIN J.-M., « Recherches sur la notion de majorité sous la Ve République », *RDP*, 1993, p. 949-1015.
DESMOULINS Th. :
– « La formalisation du présidentialisme sous la Cinquième République : le Conseil de défense et de sécurité nationale », *Jus Politicum*, 2021, n° 25, p. 221-254.
– « L'"hyperactivité" du Conseil de défense : une conséquence du présidentialisme français », *JP Blog*, 12 octobre 2021.
– « L'"hyperactivité" du Conseil de défense : une cause de dysfonctionnements exécutifs », *JP Blog*, 14 octobre 2021.

DEUMIER P., « Les ordonnances non ratifiées ou la pyramide baroque », *RTD civ.*, 2020, n° 3, p. 596.
DORD O., « Vers un rééquilibrage des pouvoirs publics en faveur du Parlement », *RFDC*, 2009, n° 77, p. 99-118.
DUCHARME Th., « Proposition de loi tendant à permettre l'examen par le Parlement de la ratification de l'ordonnance du 2 juin 2021 », *D.*, 2021, p. 2040.
DUHAMEL O., « Remarques sur la notion de régime semi-présidentiel », *in Mélanges en hommage à Maurice Duverger. Droit, institutions et systèmes politiques*, PUF, 1988, p. 581-590.
FARGEAUD B., « Auditions à huis clos au sein de l'Assemblée nationale : le règlement et la pratique », *JP Blog*, 25 juin 2021.
FELDMAN J.-Ph., « la séparation des pouvoirs et le constitutionnalisme. Mythes et réalités d'une doctrine et de ses critiques », *RFDC*, 2010, n° 83, p. 483-496.
FOURMONT A., « Révision du règlement de l'Assemblée nationale : refus du droit parlementaire d'exception », *JP Blog*, 25 mars 2021.
FOURMONT A., **LEMAIRE É.**, **URVOAS J.-J.**, « Un plaidoyer à contre-temps ? À propos du Plaidoyer pour un Parlement renforcé de Yaël Braun-Pivet », *JP Blog*, 14 décembre 2021.
FRANÇOIS B., « La question de la majorité parlementaire sous la Cinquième République », *in Mélanges Pierre Avril. La République*, Montchrestien, 2001, p. 319-328.
GAUDEMET P., « La séparation des pouvoirs. Mythe et réalité », *D.*, 1961, chronique 23, p. 121-124.
GELBAT A., « (Dés)aveu prétorien quant à la mise en place d'un "état d'urgence parlementaire" », *JP Blog*, 9 avril 2021.
GICQUEL J., « La reparlementarisation : une perspective d'évolution », *Pouvoirs*, 2008, n° 126, p. 47-60.

GICQUEL J.-É., « Quelques remarques sur le mimétisme bicaméral », *in Mélanges en l'honneur de Jean-Louis Hérin. Un haut fonctionnaire au service du Parlement*, mare & martin, 2020, p. 105-111.

GUILLAUME M., « Les révisions constitutionnelles : une constitution moins procédurale et plus fondamentale », *Pouvoirs*, 2018, n° 166, p. 27-39.

GUISELIN E.-P., « Le département, matrice du droit électoral français depuis 1789 », *RDP*, 2020, n° 2, p. 497.

KERLÉO J.-F., « Controverses sur l'exigence d'exemplarité politique », *Constitutions*, 2018, n° 3, p. 383.

LE DIVELLEC A. :

– « Bagehot et les fonctions du Parlement (britannique). Sur la genèse d'une découverte de la pensée constitutionnelle », *Jus Politicum*, 2012, n° 7.

– « Le droit constitutionnel est-il un droit politique ? », *Les cahiers Portalis*, Association de l'Institut Portalis, 2019, n° 6, p. 91-105.

LEMAIRE É. :

– « La procédure accélérée ou la regrettable normalisation d'une procédure dérogatoire », *JP Blog*, 5 juillet 2017.

– « Contrôle parlementaire de la crise sanitaire : interrogations autour de l'attribution des pouvoirs d'enquête à la mission d'information sur l'épidémie de Coronavirus à l'Assemblée nationale », *JP Blog*, 18 juin 2020.

– « Carence du contrôle parlementaire et contrôle politique par les experts. À propos de la Mission d'évaluation de l'exécutif sur la gestion de la crise due au Covid-19 », *JP Blog*, 9 novembre 2021.

LEMAIRE F., « Retour sur une formule convenue : la Ve République, une "monarchie républicaine" », *in Mélanges en l'honneur du professeur Hervé Rihal. Droits, protections, proximité*, Presses Universitaires Juridiques de Poitiers, 2021, p. 161-188.

MAGNON X., **VIDAL-NAQUET A.**, « Le droit constitutionnel est-il un droit politique ? », *Les cahiers Portalis*, Association de l'Institut Portalis, 2019, n° 6, p. 107-128.

MATHIEU B., « Séance d'ouverture du VIIe Congrès de droit constitutionnel », *RFDC*, 2009, n° 77, p. 35-40.

MILACIC S., « Les ambiguïtés du rapport français au Président de la République », *Constitutions*, 2013, n° 1, p. 7.

MILET M., « Pour une sociologie législative du pouvoir parlementaire en France », *RFAP*, 2010, n° 135, p. 601-618.

PADOVANI J., « Les ordonnances de l'article 38 de la Constitution : quelle nature juridique ? », *RFDA*, 2021, n° 3, p. 559.

PORTELLI H., « Le temps parlementaire », *Pouvoirs*, 2013, n° 146, p. 71-82.

RENAUDIE O., « Permettre au Parlement de saisir le juge administratif ? Une mise en perspective », *Revue générale du droit on line*, 2020, n° 53074.

ROBBE F. :

– « Le Sénat à l'heure des demi-réformes », *RFDC*, 2003, n°56, p. 725-758.

– « Le Sénat défenseur des collectivités locales : histoire d'une appropriation », *Pouvoirs Locaux*, n° 67, décembre 2005, p. 54-58.

ROUSSELLIER N., « Le Conseil de défense : dérive autoritaire ou régime de nécessité ? », *AOC*, 15 janvier 2021.

SPONCHIADO L., « La rémunération et les avantages matériels des membres du pouvoir exécutif français », *Observatoire de l'éthique publique*, note n° 18, mars 2021.
TOULEMONDE G., « Anciens présidents de la République : de la force des symboles », *Constitutions*, 2016, n° 4, p. 595.
URVOAS J.-J. :
– « La délégation parlementaire au renseignement, organisme bicaméral », *in Mélanges en l'honneur de Jean-Louis Hérin. Un haut fonctionnaire au service du Parlement*, mare & martin, 2020, p. 453-466.
– « Le rôle du Parlement en régime d'état d'urgence », *RDP*, 2021, n° hors-série, p. 121.
– « Crise ou renaissance de la fonction parlementaire ? », *Le Club des juristes*, 11 juillet 2025
VEDEL G., « Le problème des relations entre le législatif et l'exécutif », *RFSP*, 1958, n° 4, p. 757-781.
VERPEAUX M., « Le report des élections locales, une coutume française renouvelée par la pandémie de covid-19 », *RFDA*, 2021, n° 3, p. 479-490.
VIDAL-NAQUET A. :
– « L'institutionnalisation de l'opposition. Quel statut pour quelle opposition ? », *RFDC*, 2009, n° 77, p. 153-173.
– « Le renouveau de l'oppositions », *Pouvoirs*, 2013, n° 146, p. 133-147.

5. Rapports et documents officiels

- *Documents pour servir à l'histoire de l'élaboration de la Constitution du 4 octobre 1958*, Volume I, II, III, IV, V, La Documentation Française, Paris, 1988.
- Comité de réflexion et de proposition sur la modernisation et le rééquilibrage des institutions de la Ve République, *Une Ve République plus démocratique*, La Documentation française, 2017.

- WASERMAN S., *Rapport du groupe de travail chargé d'anticiper le mode de fonctionnement des travaux parlementaires en période de crise*, Assemblée nationale, novembre 2020.
- BRAUN-PIVET Y., *Institutions, où est le problème ?*, Fondation Jean Jaurès, 2021.

6. Documents parlementaires

- Doc., Assemblée nationale, n° 820, 23 avril 2008, *Projet de loi constitutionnelle de modernisation des institutions de la Ve République*.
- Doc., Sénat, n° 203, 23 décembre 2010, *Proposition de loi tendant à reconnaître une présomption d'intérêt à agir des membres de l'Assemblée nationale et du Sénat en matière de recours pour excès de pouvoir*.
- Doc., Assemblée nationale, n° 3100, 2 octobre 2015, *Rapport d'information « Refaire la démocratie »*.
- Doc., Sénat, n° 324, 20 février 2019, *Rapport d'information fait au nom de la commission des lois constitutionnelles, de législation, du suffrage universel, du Règlement et d'administration générale sur la mission d'information sur les conditions dans lesquelles des personnes n'appartenant pas aux forces de sécurité intérieure ont pu ou peuvent être associées à l'exercice de leurs missions de maintien de l'ordre et de protection de hautes personnalités et le régime des sanctions applicables en cas de manquements*.
- Doc., Sénat, n° 570, 12 mai 2021, *Proposition de loi constitutionnelle tendant à rendre publics les avis donnés au Gouvernement sur les projets de loi, d'ordonnance et de décret*.
- Doc., Sénat, n° 696, 16 juin 2021, *Proposition de loi tendant à reconnaître aux membres de l'Assemblée nationale et du Sénat un intérêt à agir en matière de recours pour excès de pouvoir*.

- Doc., Sénat, n° 795, 22 juillet 2021, *Proposition de loi constitutionnelle garantissant le respect des principes de la démocratie représentative et de l'État de droit en cas de législation par ordonnance.*
- Doc., Sénat, n° 858, 29 septembre 2021, *Proposition de loi tendant à permettre l'examen par le Parlement de la ratification de l'ordonnance n° 2021-702 du 2 juin 2021 portant réforme de l'encadrement supérieur de la fonction publique de l'État.*
- Doc. Sénat, n° 107, 27 octobre 2021, *Rapport fait au nom de la commission des lois constitutionnelles, de législation, du suffrage universel, du Règlement et d'administration générale sur la proposition de loi constitutionnelle garantissant le respect des principes de la démocratie représentative et de l'État de droit en cas de législation par ordonnance.*

7. Jurisprudences

- CC, décision n° 59-3 DC du 25 juin 1959, *Règlement du Sénat*, *JO*, 3 juillet 1959, p. 6643, *Rec.* p. 61.
- CE, Ass., 2 mars 1962, *Rubin de Servens*, n° 55049, *Rec.* p. 143.
- CC, décision n° 63-25 DC du 21 janvier 1964, *Résolution modifiant les articles 36, 39, 41, 50, 134, 135, 136 et 137 du règlement de l'Assemblée nationale*, *JO*, 29 janvier 1964, p. 1066, *Rec.* p. 23.
- CE, 7 juillet 1999, *Front National*, n° 198357.
- CC, décision n° 99-421 DC du 16 décembre 1999, *Loi portant habilitation du Gouvernement à procéder, par ordonnances, à l'adoption de la partie législative de certains codes*, *JO*, 22 décembre 1999, p. 19041, *Rec.* p. 136.
- CC, décision n° 2000-431 DC du 6 juillet 2000, *Loi relative à l'élection des sénateurs*, *JO*, 11 juillet 2000, p. 10486, *Rec.* p. 98.

- CC, décision n° 2009-579 DC du 9 avril 2009, *Loi organique relative à l'application des articles 34-1, 39 et 44 de la Constitution*, *JO*, 16 avril 2009, p. 6530, texte n° 2, *Rec.* p. 84.
- CC, décision n° 2009-582 DC du 25 juin 2009, *Résolution tendant à modifier le règlement du Sénat pour mettre en œuvre la révision constitutionnelle, conforter le pluralisme sénatorial et rénover les méthodes de travail du Sénat*, *JO*, 29 juin 2009, p. 10871, texte n° 17, *Rec.* p. 132.
- CC, décision n° 2012-654 DC du 9 août 2012, *Loi de finances rectificative pour 2012*, *JO*, 12 août 2012, p. 13496, *Rec.* p. 461.
- CC, décision n° 2019-780 DC du 4 avril 2019, *Loi visant à renforcer et garantir le maintien de l'ordre public lors des manifestations*, *JO*, n° 86, 11 avril 2019, texte n° 2.
- CC, décision n° 2020-843 QPC du 28 mai 2020, *Force 5 [Autorisation d'exploiter une installation de production d'électricité]*, *JO*, n° 130, 29 mai 2020, texte n° 58.

TABLE DES MATIÈRES

Structures éditoriales du groupe L'Harmattan

L'Harmattan Italie
Via degli Artisti, 15
10124 Torino
harmattan.italia@gmail.com

L'Harmattan Hongrie
Kossuth l. u. 14-16.
1053 Budapest
harmattan@harmattan.hu

L'Harmattan Sénégal
10 VDN SICAP AMITIE 3
BP 45034 Dakar-Fann
direction@senharmattan.com

L'Harmattan Cameroun
Tsinga/Derrière polyclinique FECAFOOT
BP 11486 Yaoundé
Jacques.koukam@harmattan.fr

L'Harmattan Burkina Faso
Villa 281, secteur 23 623, rue 14.32
Ouagadougou
zagbie@outlook.fr

L'Harmattan Guinée
Almamya, rue KA 028 OKB Agency
BP 3470 Conakry
harmattanguinee@yahoo.fr

L'Harmattan RDC
185, avenue Nyangwe
Commune de Lingwala – Kinshasa
matangilamusadila@yahoo.fr

L'Harmattan Congo
219, avenue Nelson Mandela
BP 2874 Brazzaville
deunovmikhael@gmail.com

L'Harmattan Mali
Immeuble Mgr Jean Marie Cissé
Aci Hamadallaye
BP 145 Bamako
syllaka@yahoo.fr

L'Harmattan Togo
Djidjole – Maison Amela
face EPP BATOME
02 BP 20680 Lomé
didieramela11@gmail.com

L'Harmattan Côte d'Ivoire
Résidence Karl – Cité des Arts
Abidjan-Cocody
03 BP 1588 Abidjan
harmattan.ivoire@gmail.com

L'Harmattan Bénin
Rue 604, (Immeuble à l'entrée
de la rue UCAO- Cite de Saint-Jean)
Cotonou
stepcorpus@gmail.com

Nos librairies en France

Librairie internationale
16, rue des Écoles
75005 Paris
librairie.internationale@harmattan.fr
01 40 46 79 11
www.librairieharmattan.com

Librairie des savoirs
21, rue des Écoles
75005 Paris
librairie.sh@harmattan.fr
01 46 34 13 71
www.librairieharmattansh.com

www.ingramcontent.com/pod-product-compliance
Lightning Source LLC
LaVergne TN
LVHW011301061026
849535LV00005B/1353